云南省教育厅云南省高校科技创新团队项目"企业国际化与云南面向南亚东南亚辐射能力提升研究"

云南大学"双一流"建设哲学社会科学创新团队项目"新发展阶段人口与劳动经济学问题研究"（项目编号：CY2262420213）

2023年云南大学哲学社会科学理论创新高地项目(边境民族地区乡村振兴理论与创新实践示范)

企业外向国际化竞争优势与行为模式研究

姚书杰　蒙丹◎著

中国社会科学出版社

图书在版编目（CIP）数据

企业外向国际化竞争优势与行为模式研究 / 姚书杰，蒙丹著. -- 北京：中国社会科学出版社，2024.8.
ISBN 978-7-5227-3963-2

Ⅰ. F279.243

中国国家版本馆 CIP 数据核字第 2024TK5521 号

出 版 人	赵剑英	
责任编辑	刘晓红	
责任校对	阎红蕾	
责任印制	戴　宽	
出　　版	中国社会科学出版社	
社　　址	北京鼓楼西大街甲 158 号	
邮　　编	100720	
网　　址	http://www.csspw.cn	
发 行 部	010-84083685	
门 市 部	010-84029450	
经　　销	新华书店及其他书店	
印　　刷	北京君升印刷有限公司	
装　　订	廊坊市广阳区广增装订厂	
版　　次	2024 年 8 月第 1 版	
印　　次	2024 年 8 月第 1 次印刷	
开　　本	710×1000　1/16	
印　　张	14.75	
字　　数	214 千字	
定　　价	86.00 元	

凡购买中国社会科学出版社图书，如有质量问题请与本社营销中心联系调换
电话：010-84083683
版权所有　侵权必究

摘　　要

全球生产网络是在当代企业国际化过程中的重大创新，深刻地改变了中国企业外向国际化的行为模式，融入全球生产网络成为中国企业发展的必然选择。基于全球生产网络研究竞争优势与企业外向国际化行为的关系，既是对企业竞争优势和国际化前沿理论与实践问题的探索，更是考察后发企业国际化行为的新思路，具有重要的学术价值与实践意义。

本书围绕"新的全球化分工模式和网络化竞争环境下发展中国家本土企业如何构筑竞争优势，并通过竞争优势优化国际化行为"这一中心问题，遵循"全球生产网络构建—竞争优势—企业国际化行为"的分析框架，从全球生产网络视角研究企业竞争优势对国际化行为的影响，分析全球生产网络构建构筑中国后发企业的竞争优势并动态地优化企业外向国际化行为，最终形成了两种国际化行为模式。

就具体分章内容来说，首先，本书在背景分析和文献综述的基础上，研究了全球生产网络视角的企业竞争优势蕴意和外向国际化行为特征，分析了全球生产网络构建构筑企业外向国际化竞争优势的理论逻辑并进行了经验验证。其次，研究了企业竞争优势对外向国际化行为的影响机制，并选取 2016—2019 年 A 股制造业上市公司的非投资（出口、委托加工等）、绿地投资和跨国并购等面板数据，利用 Logistic 模型进行验证，研究发现：在面临非投资和绿地投资选择，或者非投资和跨国并购决策时，企业竞争优势中的设计研发优势和网络位置优势越强，企业以绿地投资或者海外并购进行国际化的可能性就越大；在面临绿地投资和跨国并购决策时，设计研发优势、生产技术优势和市场开拓优势越强，企业选择跨国并购的可能性就越大；组织学习能力在企业竞争优势对国际化行为影响中起着中介作用，设计研发优势显著增强了组织学习能力，对企业国际化行为也产生了显著正向影响，推动企业以绿地投资或海外并购方式进行国际化；企业利润对组织学习能力具有正向调节作用，即经过企业组织学习能力的中介效应受调节变量企业利润的影响，且影响显著为正。最后，以华为、万向、TCL 为例，研究了后发企业竞争优势与国际化行为模式之间的关系。

关键词：全球生产网络；竞争优势；企业国际化行为

Abstract

The global production network is a great innovation in the process of internationalization of contemporary enterprises, which has also profoundly changed the behavior mode of external internationalization of Chinese enterprises. This research is from the view of global production networks competitive advantage and the behavior characteristics of native enterprise internationalization in our country and base on the global production networks, the competitive advantage and the relationship between outward internationalization. Our research that focused on the enterprise internationalization frontier problem of theory and practice of exploration, is a new idea of enterprise internationalization behavior of backwardness, has important academic value and practical significance.

This study focuses on the central problem of "how to build competitive advantages and optimize their outward internationalization behavior through competitive advantages in the new globalized division of labor and networked competition environment", and follows the analytical framework of "global production network construction – competitive advantage – enterprise internationalization behavior". From the perspective of global production network construction, this paper explores the mechanism and relationship between competitive advantage and internationalization behavior. Combining the theory research and practice investigation, this paper analyzes the competitive advantage of Chinese domestic enterprises to optimize their outward internationalization behavior.

In terms of the specific sub chapter content, firstly, on the basis of background analysis and literature review, this book studies the connotation of enterprise competitive advantage and the characteristics of outward internationalization from the perspective of global production network, analyzes the theoretical logic of global production network construction to build the outward international competitive advantage of enterprises and verifies the experience. Secondly, this book studies the influence mechanism of enterprise competitive advantage on internationalization behavior and selects the panel data of non-investment (export, entrusted processing, etc.), greenfield investment and cross-border M&A of A-share manufacturing listed companies from 2016 to 2019, and use the logistic model to explore the impact of the enterprise's competitive advantage on the outward internationalization behavior. The research demonstrates that: first, when facing the choice of non investment and greenfield investment, or when making non investment and cross-border M&A decisions, it is quite possible for enterprises to internationalize through greenfield investment or overseas M&A; second, in the face of green investment and cross-border M&A decisions, the stronger the advantages of design and R&D, production technology and market development, the greater the possibility of enterprises choosing cross-border M&A; third, organizational learning ability plays an intermediary role in the impact of enterprise competitive advantage on internationalization behavior. The advantage of design and R&D significantly enhances organizational learning ability, while the latter also has a significant positive impact on enterprise internationalization behavior, and promotes enterprises to internationalize through greenfield investment or overseas mergers and acquisitions; enterprise profit has a positive regulating effect on organizational learning ability, that is, the intermediary effect of enterprise organizational learning ability is affected by the regulating variable enterprise profit, and the effect is significantly positive. Finally, taking Huawei, Wanxiang and TCL as examples, the relationship between the competitive advantage of latecomer enterprises and the international behavior mode is studied.

Key words: Global Production Networks; Competitive Advantage; Enterprise Internationalization Behavior

目　　录

第一章　导论 …………………………………………………………… 1

　　第一节　研究背景与意义 ………………………………………… 1
　　第二节　研究内容与技术路线 …………………………………… 6
　　第三节　研究方法 ………………………………………………… 9
　　第四节　核心概念界定 …………………………………………… 10
　　第五节　创新点 …………………………………………………… 11

第二章　文献综述 ……………………………………………………… 13

　　第一节　全球生产网络理论沿革与多学科研究 ………………… 13
　　第二节　企业内向国际化与外向国际化研究 …………………… 37
　　第三节　比较优势与竞争优势研究 ……………………………… 51
　　第四节　企业国际化、竞争优势与国际化行为研究 …………… 66
　　第五节　文献评述 ………………………………………………… 78

第三章　基于全球生产网络视角的企业竞争优势蕴意和
　　　　　外向国际化行为特征研究 ………………………………… 83

　　第一节　全球生产网络视角下的比较优势与竞争优势 ………… 83
　　第二节　基于全球生产网络视角的企业国际化竞争优势蕴意 … 91
　　第三节　全球生产网络视角下企业国际化行为研究 …………… 97

第四章　"全球生产网络构建"构筑企业外向国际化竞争优势的
　　　　　理论与实证研究 …………………………………………… 115

　　第一节　全球生产网络构建构筑企业外向国际化竞争
　　　　　　优势理论机制 ………………………………………… 118

第二节　研究设计 …………………………………………… 122
　　第三节　假设检验及结果分析 ……………………………… 127
　　第四节　结论与启示 ………………………………………… 133

第五章　企业竞争优势对外向国际化行为的影响机制研究 ……… 136
　　第一节　内部专有能力优势对外向国际化行为的影响 …… 137
　　第二节　外部网络优势对外向国际化行为的影响 ………… 140
　　第三节　整合与学习能力的中介作用机制 ………………… 142

第六章　企业竞争优势对外向国际化行为影响的实证研究 ……… 150
　　第一节　研究设计 …………………………………………… 150
　　第二节　实证结果及分析 …………………………………… 154
　　第三节　结论与启示 ………………………………………… 167

第七章　基于全球生产网络构建的后发企业竞争优势与国际化
　　　　　行为模式研究 ………………………………………… 168
　　第一节　全球生产网络构建分类与企业国际化行为特征 … 170
　　第二节　全球生产网络构建、竞争优势演进和自主发展型
　　　　　　国际化行为模式
　　　　　　——以华为为例 …………………………………… 174
　　第三节　全球生产网络构建、竞争优势演进和嵌入—突破型
　　　　　　行为模式
　　　　　　——以万向为例 …………………………………… 178
　　第四节　TCL集团全球生产网络构建、竞争优势演进和
　　　　　　国际化行为模式研究 ……………………………… 182
　　第五节　全球生产网络构建与竞争优势、国际化行为模式
　　　　　　共演关系比较研究 ………………………………… 185

附录 …………………………………………………………………… 191

主要参考文献 ………………………………………………………… 195

第一章

导 论

第一节 研究背景与意义

一 研究背景

20世纪60年代以来,进行全球生产的国际化企业行为呈现出新特征:一是国际化生产各环节在世界范围内进行重新的地理调整和布局;二是网络化生产虚化了企业和市场的明确边界,对生产网络进行了重构;三是基于竞争优势重新确定了价值链地位;四是对企业的作用和核心竞争力进行全新界定[1]。国际市场上的专业化分工使生产网络节点分散到不同国家或地区,形成了产品内分工[2][3]。20世纪80年代后,全球生产网络(Global Production Networks,GPN)逐渐成为新的国际分工的重要载体,中国企业也不断推进国际化,出现了两种不同的国际化行为模式:一类企业保持了较为独立的发展形态,并没有参与到特定企业全球生产体系的专业分工中,如华为、上海贝尔等;另一类企业则选择了嵌入某一领先企业的全球生产网络,作为其中的

---

[1] Dicken P., *Global Shift*, *Reshaping the Global Economic Map in the 21 Century*, London: SAGE Publications Ltd., 2003.
[2] 卢锋:《产品内分工》,《经济学(季刊)》2004年第4期。
[3] 孙启俊:《跨国公司全球生产网络的形态研究——基于产业层面的分析》,博士学位论文,南开大学,2009年。

一个节点依附网络发展,如吉利、奇瑞等。国际化成为企业整合全球资源、获取成长动力的一种重要手段。在产品内国际分工与网络化组织模式下,国家间、企业间关系的深刻变化为后发企业创造了更多吸引全球合作者(这些合作者往往拥有战略资源和互补能力)的机会。后发企业的这种竞争优势不同于传统国际化理论的所有权优势,也并非全球价值链或全球生产网络嵌入观论述的基于低成本制造的比较优势,而是一种可以利用全球生产网络组织特点,并通过策略性的国际化行为创造的潜在竞争优势。正确地认识和评价这些优势,以科学的运行模式和国际化路径将这些潜在竞争优势转化为现实竞争优势,成为发展中国家本土企业走出全球价值链"低端锁定"困境、实现自主产业升级的重要内容。

　　进入 21 世纪后,在经济全球化与中国经济加速增长的共同作用下,中国企业的全球化程度速度加快。众多企业主动投入全球市场竞争,开拓对外商务,开展国际经营,经济全球化程度持续加深[①]。企业经营范围由国内市场延伸至国际市场,在更广的地域里吸纳新技术、管理经验,堆积对消费者需求的认知,因而创造出更强的关键竞争力。同时,伴随着经济全球化的加速发展,企业国际化的步伐也在加快,参与国际经济合作与竞争的广度和深度不断拓展,全方位参与国际分工,企业的竞争优势也得到极大提升。中国制造业企业通常规模不大,难以切实成为全球竞争力的巨型国际公司,介入世界资源配置的实力仍欠缺。此外,在中国制造业中,具有自主知识产权的产品很少,即使是拥有知识产权的商品,中国制造业企业技术能力和额外值也都不高,且大部分没有核心技术能力,更多地位于拼装和制造环节;而技术能力强、额外值高的工业产品,核心技术大多依靠进口。在制造业竞争能力、素养、自主关键技术与创新水平和全球化经历上,中国的制造业公司和国外国际大企业相去甚远,极大牵制中国制

---

① 冯磊:《中国企业国际化路径选择的现状及建议》,《国际经济合作》2011 年第 5 期。

造业的产业提升和在国际制造价值体系中升级①。

在全球化和网络化条件下，传统企业国际化理论已经难以解释新环境下的企业国际化行为，从全球生产网络视角考察竞争优势和企业国际化行为正成为新的研究焦点。从研究对象和内容来看，研究可分为两类。第一类是以发达国家跨国公司为研究对象，将"全球生产网络构建"视为一种新的国际化方式，研究通过全球生产网络构建优化国际化过程与强化动态竞争优势。此类研究可分为两种：一是从网络视角考察企业国际化行为模式和过程。将企业国际化视为多边网络发展过程，从战略网络、社会网络等角度分析企业国际化过程中的区位选择、进入模式、组织结构调整等行为。二是研究企业竞争优势与全球生产网络构建行为之间的关系。说明拥有价值链高端竞争优势是发达国家跨国公司组建全球生产网络的基础，企业构建全球生产网络的国际化行为不仅在于竞争优势的利用，更在于战略资产的寻求和动态竞争优势的强化与维持。第二类是针对后发国家企业国际化的研究。此类又可分为两种：一是对后发企业内向国际化的研究，将后发企业作为发达国家跨国公司全球生产网络构建过程中的一个节点，讨论其如何通过参与全球生产网络分工获得发展动力。二是对后发企业外向国际化的研究，乌普萨拉国际化模型（Uppsala Internationalization Model）、国家特定优势、关系网络理论等从新的全球化特征出发，讨论在全球生产网络中不具备绝对竞争优势的后发企业如何发掘相对优势并借此进行跨国投资，少量研究开始涉及后发企业"自我中心全球生产网络"的构建问题。全球生产网络是当代企业国际化的重要载体，从全球生产网络视角重新审视企业竞争优势和国际化行为特点是理论研究的新热点，更是考察后发企业国际化战略的新思路。

中国大部分企业特别是中小企业，在跨国公司价值链制造环节转移与国内引资政策推动下，被迅速纳入全球生产网络，成为某个大型制造商或购买商全球生产网络的一个节点。这类企业多以代工或合资

---

① 谢高峰：《基于关系网络的企业国际化知识获取研究——以我国制造业为例》，硕士学位论文，中南大学，2007年。

的形式承担跨国公司全球价值链非核心环节的加工组装活动。由于这类活动主要为劳动密集型，对企业技术、资金要求较低，加之迎合了"以市场换技术"的政策思想，成为推动中国制造企业融入全球生产体系最主要的一种方式。在发达国家跨国公司积极推进全球生产网络的过程中，作为后发者的中国本土企业主要以参与者的角色融入全球生产体系。在经历了前期以"引进来"为主的发展阶段后，中国已较为深度地融入了全球生产网络，成为重要的"世界工厂"。但这种主要以内向国际化和被动接受国际分工为主的发展模式，使这类企业被"俘获"，长期处于价值增值较低的价值链环节，处于这一环节的企业基本上只解决了就业问题，很难使企业升级或者产业结构转型[①]。从宏观层面来看，作为全球生产网络领导者的跨国公司已成为当代国际经济生活的核心组织者。培育中国的跨国企业，建立本土企业主导的全球生产网络成为中国制造业实现自主升级的关键。面对国际经济形势、国内资源优势和产业发展阶段的转变，中国对外政策有了明显的由"引进来"向"走出去"转变的趋势。为了突破"低端锁定"的困境，越来越多的中国企业开始"走出去"，主动寻求高端资源和发展空间，利用网络资源向价值链高端延伸，由全球生产网络的边缘节点成长为领导企业，但由于理论不足、经验缺乏，价值链攀升过程中困难重重。那么，后发国家企业在国际化时有哪些竞争优势？全球生产网络下企业间、国家间行为模式的变化，为发展中国家制造企业加速国际化创造了哪些条件？有着不同成长路径和资源、能力积累的企业如何正确认识、充分利用已有的资源、能力优势推进国际化进程？中国后发企业和机构组织又该如何充分构筑和发挥竞争优势，以优化企业外向国际化行为？对这一系列问题的研究可以推动中国企业由内向国际化经营向外向国际化经营转变，以一种新的全球生产体系构建来构筑竞争优势，优化企业国际化行为。当前，中国经济"新常态"和"一带一路"倡议为企业国际化提供了现实基础、激励和机遇，正

---

① 吴航：《企业国际化、动态能力与创新绩效关系研究》，博士学位论文，浙江大学，2013年。

确认识新环境下企业国际化特征、评价和利用已有的国际化优势,以及通过相应国际化实现路径将潜在优势转化为现实竞争力成为关键。

二 研究意义

本书将补充和深化企业国际化相关理论。尽管从全球生产网络的角度考察企业国际化新特点的研究已全面展开,但大部分关于企业如何布局全球价值创造活动、如何选择全球战略伙伴、如何融入东道国经济和社会网络等研究都是以发达国家跨国公司为研究对象的。针对发展中国家本土企业的研究仍主要集中于内向国际化问题,即从"引进来"的角度讨论其如何参与发达国家跨国公司的全球生产网络,而少有从"走出去"的角度研究其如何建设自己的全球生产体系。对新环境下后发企业国际化竞争优势的认识,如何依据竞争优势优化企业国际化行为,以及后发企业如何通过适当的全球生产网络构建活动利用与再创造竞争优势的研究都非常缺乏。本书从外向国际化的角度出发,以发展中国家跨国公司为研究对象,考察其如何正确审视自己的全球化竞争优势与外向国际化行为,通过全球生产网络构建构筑竞争优势,并进一步优化其国际化行为。这是对企业国际化理论研究的补充和深化,具有重要的学术价值。

本书将为构建中国本土企业主导的全球生产网络、塑造竞争优势和优化国际化行为提供实践指导。全球生产网络的形成和发展深刻地改变了中国企业国际化的成长模式,融入全球生产网络成为中国企业发展的必然选择。前一阶段,中国本土企业主要以内向国际化和被动接受国际分工的发展模式嵌入全球生产网络,带来了全球价值链"低端锁定"和网络陷阱等问题。当前,越来越多的中国企业希望通过外向国际化活动,构建以己为中心的全球生产网络。本书通过问卷调查、实证研究和案例分析等分析全球生产网络构建对竞争优势和企业外向国际化行为互动机制,以及实现两者良性互动关系,依据初始条件差异探讨全球生产网络构建的不同类型和路径,构筑相应的竞争优势和优化企业外向国际化行为,提出可行的、操作性较强的对策建议,可为中国企业"走出去",以及更好地利用全球资源和提升国际竞争力提供经验支撑,对推动中国企业以一种新的全球生产网络构建方式实现国际化具有重要的应用价值。

第二节　研究内容与技术路线

一　研究内容

本书围绕"新的全球化分工模式和网络化竞争环境下发展中国家本土企业如何构筑竞争优势，并通过竞争优势优化国际化行为"这一中心问题，遵循"全球生产网络构建—竞争优势—企业国际化行为"的分析框架，从全球生产网络的视角研究企业竞争优势对国际化行为的影响，分析全球生产网络构建构筑中国后发企业的竞争优势并动态地优化企业外向国际化行为，最终形成了两种国际化行为模式。全书共分七章。

第一章是导论。主要讨论了全球生产网络下企业竞争优势对国际化行为模式研究的背景与意义，概括了研究内容与技术路线，梳理了研究方法，界定了核心概念，总结了创新点，对本书进行了总括概览。

第二章是文献综述。从全球生产网络理论沿革与多学科研究、企业内向国际化与外向国际化研究、比较优势与竞争优势研究、企业国际化、竞争优势与国际化行为研究四个方面对现有文献进行梳理。通过对相关文献的回顾发现：全球生产网络已经成为企业价值创造和国际化竞争优势的重要来源，全球价值链"低端锁定"的后发企业陷入了价值链攀升困境；全球生产网络的研究领域、范围和学科等大为扩展；企业国际化是从内向国际化向外向国际化逐步转变并共存的动态过程；国际分工与贸易理论研究经历了从比较优势到竞争优势的逐渐融合；要优化企业国际化经营，必须不断构筑竞争优势；需要加强在新环境下对后发国家企业外向国际化竞争优势与行为研究。因此，全球生产网络是在当代企业国际化过程中的重大创新，从全球生产网络的视角重新审视企业国际化的竞争优势和行为特征是适应当前国际形势变化的重要理论问题，更是考察后发企业国际化行为模式的新思路。从外向国际化角度，以发展中国家跨国公司为研究对象，考察其如何正确审视自己的全球化优势，并借此选择恰当的国际化行为，实现自主全球生产网络的构建，更好地利用全球资源和提升国际竞争力。

第三章是基于全球生产网络视角的企业竞争优势蕴意和外向国际化行为特征研究。本章主要运用全球生产网络理论重新审视企业竞争优势蕴意和外向国际化行为特征。研究认为，企业外向国际化行为分为网络合作节点选择（涵盖了国际化区位、国际化合作对象选择等内容）及节点连接方式选择（包括各类联盟、并购等方式）两方面内容，主要研究企业外向国际化行为如何受到全球生产网络的影响、企业如何布局全球价值创造活动、如何选择全球战略伙伴、以何种方式融入东道国经济和社会网络等问题。对于全球生产网络下的竞争优势蕴意分析，本章以企业比较优势和竞争优势为切入点，讨论了企业如何通过产业比较优势进入产品价值链，价值链如何构成生产网络，并从节点企业的竞争、价值链竞争和产品生产网络的竞争三个层面分析了竞争优势的来源，最终将企业国际化竞争优势归纳为专有能力优势和网络结构优势，并进一步细化了竞争优势的度量指标，为实证分析奠定基础。

第四章是全球生产网络构建构筑企业外向国际化竞争优势的理论与实证研究。本章主要分析应该如何通过全球生产网络构建来构筑企业的外向国际化竞争优势。本章分别从全球化布局、网络化建设分析全球生产网络构建对企业专有能力优势和网络优势形成的作用机制，并以中国制造企业的问卷调查数据，使用 AMOS22.0 进行结构方程模型（SEM）检验。研究结果表明，生产体系的全球化布局和生产组织的网络化建设分别对专有能力优势和网络优势产生直接的正向作用；且因专有能力优势与网络优势间存在显著的互推关系，使生产体系的全球化布局通过影响专有能力优势间接作用于网络优势的形成；生产组织的网络化建设通过影响网络优势间接推动专有能力优势的培育，最终形成由全球生产网络构建触发的竞争优势螺旋递增效应。

第五章是企业竞争优势对外向国际化行为的影响机制研究。本章分别从内部专有能力优势和外部网络优势两方面分析了企业竞争优势对外向国际化行为的直接影响机制；考察了企业的整合与学习能力（资源整合能力、组织协调整合能力和组织学习能力）在两者之间的中介作用，阐述了竞争优势对整合及学习能力提升的作用，提出了企业动态匹配内部专有能力和外部网络优势培育整合与学习能力的三条路径，以及企业的整合与学习能力对外向国际化行为选择影响的作用机制。

第六章是企业竞争优势对外向国际化行为影响的实证研究。本章选取2016—2019年A股制造业上市公司的非投资（出口、委托加工等）、绿地投资和跨国并购等面板数据，利用Logistic模型探究了企业竞争优势对外向国际化行为的影响，研究发现：一是面临非投资和绿地投资选择，或者非投资和跨国并购决策时，企业竞争优势中的设计研发优势和网络位置优势越强，企业以绿地投资或者海外并购进行国际化的可能性比较大；二是面临绿地投资和跨国并购决策时，设计研发优势、生产技术优势和市场开拓优势越强，企业选择跨国并购的可能性越大；三是组织学习能力在企业竞争优势对国际化行为影响中起着中介作用，设计研发优势显著增强了组织学习能力，对企业国际化行为也产生了显著正向影响，推动企业以绿地投资或和海外并购方式进行国际化。企业利润对组织学习能力具有正向调节作用，即经过企业组织学习能力的中介效应受调节变量企业利润的影响，且影响显著为正。

第七章是基于全球生产网络构建的后发企业竞争优势与国际化行为模式研究。本章研究以华为、万向、TCL为例，遵循"全球生产网络构建可以构筑企业竞争优势，企业竞争优势直接影响了国际化行为"这一思路，研究了后发企业进行全球生产网络构建的两种类型：一是自主发展型全球生产网络构建；二是嵌入—突破型全球生产网络构建，不同类型蕴含着后发企业获取竞争优势的多种动力机制，也形成了生产网络、竞争优势和企业国际化行为协同演进的不同路径。分析比较了华为、万向、TCL的全球生产网络构建类型、竞争优势演进和国际化行为模式之间的协同演进关系，提出后发企业可以通过全球生产网络构建，调整和强化动态竞争优势，选择适合企业自身的外向国际化行为模式。

二 研究技术路线

本书从全球生产网络视角研究企业竞争优势对国际化行为的影响，最终形成基于整体网络的全球竞争力，技术路线如图1-1所示。

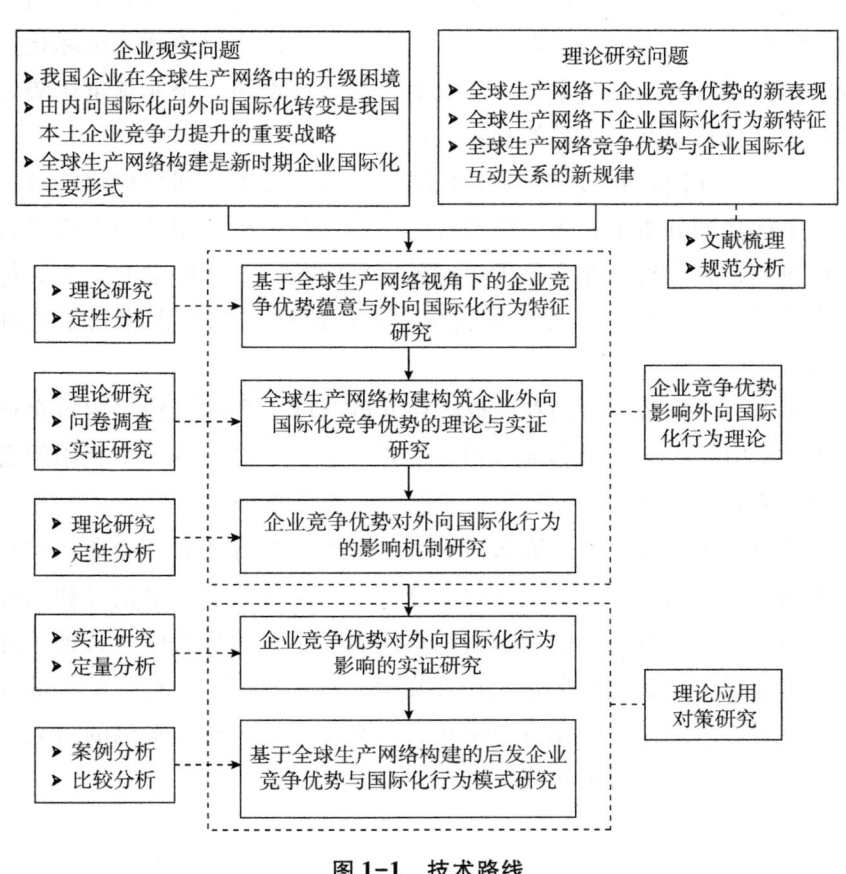

图1-1 技术路线

第三节 研究方法

本书使用了多种研究方法，在梳理现有研究的基础上开展理论与实证研究，利用专家访谈与问卷调查收集数据资料研究全球生产网络构建对竞争优势的影响，使用案例分析企业国际化行为模式等，具体如下。

第一，文献研究法。本书是一个跨学科的综合研究，涉及的文献资料既有纯理论的内容，又有实践应用的内容。通过对各类文献的阅读，掌握全球生产网络下企业国际化竞争优势的主要表现、国际化经验、国际化行为影响因素等，形成对全球生产网络、企业竞争优势与外向国际化行为互动关系的初步认识。

第二，理论研究与实证研究相结合。在全球生产网络构建构筑企业竞争优势的分析中，先分析两者的作用机制，再利用结构方程进行实证研究；在分析企业竞争优势对外向国际化行为的影响时，先分析了竞争优势对国际化行为的影响机制，再使用A股数据进行了实证研究。

第三，专家访谈与问卷调查。在分析全球生产网络构建构筑企业竞争优势时，充分咨询和征求相关专家的意见，之后进一步利用问卷调查收集相关数据。

第四，案例分析法。选取华为、万向和TCL等代表性企业，通过单案例研究纵向剖析单一企业的全球生产网络构建、竞争优势和国际化行为模式，从微观层面近距离观察代表性企业的行为模式特征，并进一步通过多案例比较归纳出企业竞争优势影响国际化行为的一般规律。在对中国企业国际化行为模式的研究中，通过典型案例的研究总结行为规律，提炼对策建议。

第四节 核心概念界定

对全球生产网络这一核心概念的界定和使用做出以下说明。

第一，对全球生产网络的定义，学界目前还未形成统一的认识。本书基于微观视角的分析，从国际化企业组织创新的角度，更多地从微观层面使用全球生产网络，考察中国后发企业如何通过构筑竞争优势来优化企业外向国际化行为。基于此,本书将其界定为一种组织国际化生产的载体,这种国际化生产组织方式的目标是实现网络节点共同价值最大化。网络节点企业横向和纵向相互交织,塑造了新的产业组织结构,逐渐形成了新的比较优势,这些比较优势会影响网络节点的竞争优势,进而影响企业国际化行为。因此,本书在涉及产业比较优势时,也从全球生产系统特征的层面使用全球生产网络的概念。

第二,这里还有必要区分一下"全球生产网络视角"和"全球生产网络构建"。为避免误解,当本书使用"全球生产网络视角"时,"全球生产网络"是一个外生的概念;当本书使用"全球生产网络构建"时,它是一个内生的概念。

第五节 创新点

本书从分析框架、研究视角、研究问题和研究内容方面都有所创新,具体内容如下。

第一,提出了"全球生产网络构建—竞争优势构筑—企业国际化行为优化"的分析框架。在利用全球生产网络对企业竞争优势和外向国际化行为重新审视的基础上,提出"全球生产网络构建"有助于"竞争优势构筑",同时"竞争优势构筑"有利于"企业国际化行为优化",本书研究正是基于此框架开展的,并于最后提出中国后发企业可以使用全球生产网络构建的两个不同类型和路径(自主发展型和嵌入—突破型)构筑不同的竞争优势,形成两种不同类型的企业(自主发展型企业和嵌入—突破型企业),进而形成了两种外向国际化行为模式。

第二,利用全球生产网络的全新视角研究企业竞争优势和外向国际化行为。本书从全球构建的微观角度,将企业国际化视为全球生产网络构建过程,研究发展中国家本土企业国际化竞争优势和行为。以网络组织中企业间竞合关系为出发点,研究后发企业在全球生产网络构建过程中的竞争优势,并据此设计企业国际化行为策略。本书形成了对后发企业竞争优势及其外向国际化行为决策的新认识。

第三，发展中国家后发企业可以通过主动构建全球生产网络来形成不同类型的外向国际化行为决策，这是研究问题的创新。现有主流研究很少把后发企业作为全球生产网络的主动构建者（更多的是被动参与者），且对发展中国家企业国际化的分析大多集中在内部国际化上。不同于已有研究，本书将中国本土企业作为全球生产网络的主动构建者，考察其通过外向国际化建设以己为中心的全球生产网络。

第四，研究内容的创新。一是从全球生产网络重新审视企业竞争优势和外向国际化行为，这是本书的基础理论。二是研究全球生产网络下后发企业竞争优势和外向国际化行为之间的互动关系，发展了国际化理论研究。三是从全球生产网络构建角度，以中国本土企业为对象，基于竞争优势研究后发企业国际化的行为模式，为企业国际化实践提供新思路和新视野。

第二章

文献综述

第一节　全球生产网络理论沿革与多学科研究

随着分工发展和专业化深化,企业生产和管理理念从全球商品链、全球价值链、全球价值网络、社会关系网到全球生产网络都经过了不断的革新。

一　全球商品链

全球商品链(Global Commodity Chain,GCC)是 Gereffi[①]在价值链基础上提出的,它是不同企业在产品设计研发、加工制造、营销推广和回收处理等活动中开展的合作。工业和商业资本通过两种不同类型的国际经济网络促进了全球化,这两种经济网络分别为生产者驱动型和买方驱动型[②]。买方驱动商品链的利润来自高附加值的研究、设计、销售、营销和金融服务的独特整合,使在海外工厂和贸易商与主要消费市场中逐渐演变的产品定位联系起来;生产者驱动商品链是大型制造商经由向前向后生产过程的连接以及借由标准化相关产业的内容提供、分配、服务来控制整个生产系统。生产者驱动型的商品链在

---

① Gereffi G., *The Organization of Buyer-Driven Global Commodity Chains: How U. S. Retailers Shape Overseas Production Networks*, London, 1994.

② Gereffi G., Korzeniewicz M., *Commodity Chains and Global Capitalism*, Contemporary Sociology, 1995.

生产时由大型制造商控制,买方驱动产业链下游的主要杠杆作用是由零售商和营销商驱动的,产品生产通常在第三世界承包商分层网络中进行,并为外国购买者生产最终产品或者服务,规格由大型零售商或者营销商提供①②。从全球商品链视角分析国际贸易网络的社会和组织维度,纺织品和服装制造业的生产贸易是重要案例,如北美服装商品链、亚洲服装商品链等。全球范围内的商品链越来越被视作当代全球经济一体化的决定性因素,从全球商品链分析到全球价值链分析再到全球生产网络分析的逐渐演变的一系列理论,都集中于关注商品链是如何运营的,但忽略了劳动力对链式结构和地理组织的积极作用③。

二 全球价值链

Porter 提出了价值链概念,分工深化和外包发展导致产品价值实现过程的各个环节由不同的企业主体完成,这些相对分散的企业实际上也形成了串联起来的价值共同体——价值链④。更进一步地说,全球化产品价值增值各环节发生在不同国家的不同产业,形成了较为复杂的纵横交织的价值系统(Value System),这个价值系统就是全球价值网络的雏形⑤。Gereffi 结合价值链和全球商品链提出了全球价值链(Global Value Chain,GVC),从产品生产和服务价值管理角度不断推进国际化进程⑥。Sturgeon 和 Lee 界定了全球价值链的内涵,认为需要从地理分布等多角度来定义⑦。Kaplinsky 和 Morris 指出全球价值链包

---

① Gereffi G., "International Trade and Industrial Upgrading in the Apparel Commodity Chain", *Journal of International Economics*, Vol. 48, No. 1, 1999, pp. 37–70.

② Gereffi G., "A Commodity Chains Framework for Analyzing Global Industries", 1999, Http://Eco. Ieu. Edu. Tr/Wp-content/Gereffi_ CommodityChains99.

③ Rainnie, et al., "Review and Positions: Global Production Networks and Labor", *Competition and Change*, Vol. 15, No. 2, 2011, pp. 155–169.

④ Porter M. E., *Competitive Advantage: Creating and Sustaining Superior Performance*, New York: Free Press, 1985.

⑤ 陈柳钦:《有关全球价值链理论的研究综述》,《重庆工商大学学报》(社会科学版) 2009 年第 6 期。

⑥ Gereffi G., "Beyond the Producer-driven/buyer-driven Dichotomy-the Evolution of Global Value Chains in the Internet Era", *IDS Bulletin*, No. 3, 2001, pp. 30–40.

⑦ Sturgeon T. J., Lee J. R., *Industry Co-Evolution and the Rise of a Shared Supply-base for Electronics Manufacturing Manufacturing*, Paper Presented at Nelson and Winter Conference, Aalgborg, 2001.

括了产品实现最终价值的全过程,即需求调研、产品定义、R&D、制造和售后服务等环节①。总的来说,全球价值链的研究主要有全球价值链嵌入、全球价值链的治理和产业升级、有效案例的实证研究等。

第一,全球价值链嵌入研究。全球价值链连接生产、分配、消费等实现商品或服务价值的过程,为企业在全球范围内的经济活动提供了组织平台,经济活动的所有参与者和产品生产、销售和营销等活动在网络组织中进行,企业在生产和提供最终产品和服务的过程中将全球价值创造、增值和获取等企业经营环节连接起来,形成了全球价值链。参与全球价值链和生产网络促进了出口规模和结构,有助于增加产品附加值,提升价值链地位,使网络位置向重心转移,但嵌入度要进行适当控制,对生产网络依赖程度过高反而会降低资源获取能力②。在供给侧结构性改革的新时期,中国制造业在全球价值链上的嵌入式升级路径要由低端节点嵌入转向高端节点嵌入、由被动挤压嵌入转向主动创新嵌入、由要素增加嵌入转向要素优化嵌入③。对全球价值链背景下的结构性嵌入、关系性嵌入、知识距离与企业创新能力的关系进行实证研究,认为低知识距离使制造业企业全球价值链结构性嵌入显著促进企业创新能力,高知识距离使结构性嵌入对企业创新能力影响不显著。全球价值链关系性嵌入对企业创新能力有显著正向影响,并且知识距离越低,关系性嵌入对企业创新能力的促进作用越显著④。Kano 等从国际商务、供应链管理、国际政治经济等多学科角度对嵌入全球价值链研究进行了评论,并提供了未来研究方向⑤。

第二,全球价值链的治理和产业升级研究。交易成本经济学、生

---

① Kaplinsky R., Morris M., *Governance Matters in Value Chain's*, Developing Alternatives, Vol. 9, No. 1, 2003.

② 辛娜、袁红林:《全球价值链嵌入与全球高端制造业网络地位:基于增加值贸易视角》,《改革》2019 年第 3 期。

③ 王珏、黄光灿:《全球价值链下制造业嵌入式升级研究》,《区域经济评论》2017 年第 5 期。

④ 康淑娟、安立仁:《知识距离视角下全球价值链网络嵌入与创新能力的关系研究》,《财经理论与实践》2019 年第 4 期。

⑤ Kano L., et al., "Global Value Chains: A Review of a Multidisciplinary Literature", *Journal of International Business Studies*, Vol. 51, No. 4, 2020, pp. 577–622.

产网络、技术能力和公司学习能力对全球价值链的治理和改变起到了重要作用,具体来说主要是交易的复杂性、整合交易的能力和基础供应的能力,这些理论产生了包含层次结构、价值链俘获、价值链关系、价值链模块和市场五种全球价值链治理模式。价值链研究的主要发现之一是进入发达国家市场的机会越来越依赖国际化生产网络[1]。聚集和价值链方法都强调了升级的重要性,价值链治理对知识更新、转化和扩散具有特别重要的意义,能够促进创新。本土化升级机会随着价值链治理方式的改变而变化[2]。全球价值链的治理主要集中于在行业中处于领先地位的领导企业以及在全球范围内组织供应链的方式,全球价值链升级涉及国家、地区和企业等经济活动参与者为改善价值链地位而进行的经济转型升级。在全球价值链的治理中,处于价值链不同地位的价值链参与者对价值链治理的话语权和治理对策也有所不同,价值链的地位和参与程度影响企业在价值链治理中提出的策略和做出的政策选择。邱斌和叶龙凤认为 R&D 和自由经济不能促进价值链提升,要提升价值链地位可以通过技术创新、资本密集和嵌入全球生产网络来实现[3]。刘中伟研究了价值链整合和东亚生产网络,认为东亚生产网络节点对网络治理和网络主导权争夺,正体现了价值链整合中的竞争与合作,也是竞争优势获取与区域合作的方向[4]。

发展中国家的经济和社会升级受到全球价值链和集群参与者的影响,考虑到公共环境、社会和私人对全球价值链治理形式之间的纵向和横向关系以及复杂的相互作用、紧张关系、冲突、地位变更、互补和协同,全球价值链和集群治理的类型需要扩大,全球价值链和产业集群参与者的积极协作有助于实现经济效益和社会效益。全球价值链

---

[1] Gereffi G., et al., "The Governance of Global Value Chains", *Review of International Political Economy*, No.12, 2005, pp.78-104.

[2] John Humphrey, Hubert Schmitz, "How does Insertion in Global Value Chains Affect Upgrading in Industrial clusters?", *Regional Studies*, Vol.36, No.9, 2002, pp.1017-1027.

[3] 邱斌、叶龙凤:《参与全球生产网络对我国制造业价值链提升影响的实证研究——基于出口复杂度的分析》,《中国工业经济》2012年第1期。

[4] 刘中伟:《东亚生产网络:全球价值链整合与东亚区域合作的新走向》,《当代亚太》2014年第4期。

框架的建立是为了更好地理解价值是如何在所有类型的行业企业中创造、获取、维持和杠杆化利用的。全球产业发展研究也有了新的较为全面的视角，即全球价值链治理和全球价值链升级①。企业的决策偏好很大程度上依赖价值链参与度，企业对政策维度的偏好更有可能是因企业而非行业而变化的。全球价值链理论和全球城市网络理论相交融，全球价值链理论可以从产业特征视角、提供企业业务和战略的定性信息视角来完善国际区域网络，国内区域网络和价值链能够促进先进生产者服务业来推动产业和城市的互动和协同升级②。随着产业间贸易向产业内贸易转移，不同价值链环节和增值活动的分工逐渐取代产业间分工成为国际分工的主导。分工促进了企业生产率的提高，对价值链地位的提升有积极的促进作用。

第三，对全球价值链的实证研究。价值链依赖度在一定程度上反映了企业在价值链中的地位，但正向关系不显著，价值链地位与价值创造核心企业的紧密联系度有关，与价值创造核心企业联系越紧密，其价值链地位就也越高，较低的前向参与度和较高的后向参与度表明这个国家的全球价值链地位指数处于中游至下游水平，中国制造业与服务业在全球价值链中总体还处于中下游水平，中国的劳动力密集型产业具有显性比较优势③。乔小勇等利用贸易统计和投入产出数据进行实证研究认为，2000—2014 年中国制造业对全球价值链依赖度不高，与价值创造核心企业联系不紧密，但价值链迂回度较高，且不同产业也存在着区别④。邰鹿峰和闫林楠研究认为，前向全球价值链参与对国际化速度及广度与绩效的关系具有显著的负向调节效应，对国

---

① Gereffi G., Joonkoo Lee, "Economic and Social Upgrading in Global Value Chains and Industrial Clusters: Why Governance Matters", *Journal of Business Ethics*, No. 133, 2016, pp. 25–38.

② 张少军、刘志彪：《全球价值链与全球城市网络的交融——发展中国家的视角》，《经济学家》2017 年第 6 期。

③ 乔小勇等：《中国制造业、服务业及其细分行业在全球生产网络中的价值增值获取能力研究：基于"地位—参与度—显性比较优势"视角》，《国际贸易问题》2017 年第 3 期。

④ 乔小勇等：《全球价值链嵌入的制造业生产分工、价值增值获取能力与空间分异》，《中国科技论坛》2018 年第 8 期。

际化深度与绩效的关系具有显著的正向调节效应，前向全球价值链参与对高技术企业国际化速度与绩效关系的负向调节效应更显著①。

全球价值链连接了产品和服务在全球范围内的价值创造、增值和获取的过程，产品和服务在发达国家市场营销依赖全球价值链，产业升级的一个重要支撑途径就是拥有较高的全球价值链协调能力。价值链的治理主要集中在处于主导地位的公司和全球范围内的组织供应链方式上，价值链治理促进了经济转型升级，从而实现了价值链地位的攀升。价值链升级是价值链治理研究的新视角，价值链嵌入地位与参与度对制造业升级和企业创新能力有重要作用，全球价值链和产业集群参与者的整合有利于实现经济效益和社会效益。

三　全球价值网络

基于相互独立的价值节点企业形成的一种共同体，传统垂直一体化企业在整个国际区域布局价值链节点纵横交织拼为价值网，链主企业通过对各价值节点协调和专业化分工对全球价值链进行维护和治理，最终构成了全球价值网络（Global Value Network，GVN）②。数字化时代，全球价值链节点不断扩展产品和服务范围，企业间为价值创造、增值和获取的竞争与合作关系逐渐构建形成了价值网络。

第一，全球价值网络中企业的升级机制和路径。知识储备、技术和创新等能力对企业在价值网络的地位产生了重要的影响，企业组织形式的动态网络化发展方式能促进企业提高附加值。企业应尽量选择综合路径来重构网络，网络重构是突破"低端锁定"并实现价值网络结构升级的重要途径，可以在价值网络拓展中实现企业价值最大化③。全球价值网络是通过各环节水平方向的竞合和垂直方向的全球外包形成的，企业的核心能力是全球价值链与全球价值网络的关联基础，价值网络可以通过网络租金的形式创造出更多的生产者剩余，这也是价

---

① 邰鹿峰、闫林楠：《全球价值链分工网络下的企业国际化战略与绩效关系研究》，《国际经贸探索》2020年第8期。
② 李海舰、郭树民：《从经营企业到经营社会——从经营社会的视角经营企业》，《中国工业经济》2008年第5期。
③ 王树祥等：《价值网络演变与企业网络结构升级》，《中国工业经济》2014年第3期。

值链向价值网络演变的内在动力,资源的互补效应、知识学习的外部效应、规模经济效应、市场控制效应等是获取租金的主要原因①。

模块后的服务型跨国公司边界的模糊化和动态化趋势对构建全球模块化价值网络起到了重要作用,对外开放性使服务型跨国公司全球模块化价值网络始终保持动态演进②。面向全球价值网络的中国先进制造模式是中国先进制造企业适应全球化竞争的必然选择,全球价值网络的构建是通过以产品开发为龙头、集成产品开发的流程体系、价值链的模块化、全球价值网络四个阶段动态演进形成的③④。华为公司的制造模式经过这四个阶段,形成了全球价值网络,为华为公司带来不断增强的竞争力⑤。解释全球价值网络作用途径比较好的理论是模块化理论,而全球价值链理论能够很好地解释全球价值网络的发展,全球价值网络理论前沿是研究其竞争优势构筑问题⑥。国际产业分工的深化构建了全球价值链和全球价值网络,网络节点从边缘向中心升级的过程是国际化企业发展的外在表现,持续满足市场需求是全球价值网成长的内在含义,价值构成从链条发展到网络越发丰富、坚韧⑦。

第二,在全球价值网络中后发企业的"低端锁定"与突破路径研究。大多数发展中国家和后发企业在全球价值网络中创造的价值被处于主导地位的跨国公司俘获,价值网络地位被"低端锁定",价值网络升级困难重重。面临价值网络被"低端锁定"和被俘获的困境,分

---

① 魏明亮、冯涛:《从全球价值链到全球价值网络——谈产业经济的全球化发展趋势》,《华南理工大学学报》(社会科学版)2010年第5期。

② 夏辉、薛求知:《论服务型跨国公司全球价值网络模块化——以跨国银行为例的实证检验》,《复旦学报》(社会科学版)2012年第6期。

③ 李放等:《面向全球价值网络的中国先进制造模式构建与动态演进——基于华为公司的案例研究》,《经济管理》2010年第12期。

④ 李放、刘扬:《面向全球价值网络的中国先进制造模式动态演进与实证研究》,《北京交通大学学报》(社会科学版)2011年第1期。

⑤ 李放等:《面向全球价值网络的中国先进制造模式构建与动态演进——基于华为公司的案例研究》,《经济管理》2010年第12期。

⑥ 程立茹、周煊:《企业价值网络文献综述及未来研究方向展望》,《北京工商大学学报》(社会科学版)2011年第6期。

⑦ 宗文:《全球价值网络与中国企业成长》,《中国工业经济》2011年第12期。

工的深化有利于改善企业在价值网络中的经营。卢福财和胡平波从企业间能力差距的微观视角,运用博弈分析方法研究了中国国际化公司和网络主导者的关系,认为由于受国内消费市场结构与规模、资金紧缺、企业创新能力等方面的限制,并且中国国际化公司向价值链顶端转移渠道也会被网络主导者阻断,依靠自身能力很难突破"低端锁定"状态,但价值网络是通过企业间合作连接起来的价值体系,由若干条价值链相互交错连接成的价值网络,在专业化分工的生产服务模式下为购买者创造价值的[1]。中国战略性新兴产业要成为全球主导设计、自主构建的全球价值网络,才能防止再次被跨国公司俘获、锁定在产业链低端[2]。当企业面临价值网络升级困难,价值网络被"低端锁定",在价值网络重构过程中构建自主价值网络体系是后发企业可以选择的价值网络升级路径。"浙商"企业的现实困境与全球价值网格(Global Value Grid,GVG)暗含的价值理论假设相背离,其全球价值链升级事实上是伪升级,在组织网络化条件下的企业核心能力源于价值支撑网络,全球价值网络理论在利益立场、价值假设和战略路径等方面都根本地区别于全球价值链理论[3]。

发展中国家和发达国家的不同分工水平产生瀑布效应[4]。发展中国家要突破瀑布效应并实现产业结构优化,需要进一步实行专业化分工,主动构建价值网络,形成良好的上下游网络节点关系,完善价值链和产业链,才能摆脱价值链被俘获的困境[5]。自主创新推动和国内需求拉动是本土企业在全球价值网络中实现攀升的两种路径,分工深化和广化将技术创新和市场需求相结合也是本土企业攀升的路径,本

---

[1] 卢福财、胡平波:《全球价值网络下中国企业低端锁定的博弈分析》,《中国工业经济》2008年第10期。

[2] 刘芸、朱瑞博:《架构创新与战略性新兴产业全球价值网络的自主建构及其治理挑战》,《中国地质大学学报》(社会科学版)2018年第4期。

[3] 俞荣建、吕福新:《由GVC到GVG:"浙商"企业全球价值体系的自主构建研究——价值权力争夺的视角》,《中国工业经济》2008年第4期。

[4] 刘明宇、芮明杰:《价值网络重构、分工演进与产业结构优化》,《中国工业经济》2012年第5期。

[5] Nolan P., "China and the Global Business Revolution", *Cambridge Journal of Economics*, Vol. 26, No. 1, 2002, pp. 119–137.

土企业可以通过这条路径实现从产品价值节点到行业价值链条再到产业价值网络的攀升①。在互联网经济下，功能模块化、联盟价值创造、市场机制与行政机制的融合、虚拟经营等是全球价值网络下企业行为的特征，平台企业是生产者和购买者的服务提供商，生产者和购买者是平台企业的客户，平台企业具有强大的信息优势和多边市场整合的效率优势，平台企业驱动的全球价值网络价值创造过程已经取代了由生产者、购买者驱动的全球价值链价值创造过程②，全球价值网络竞争也已经取代了全球价值链的竞争③。

企业根据自身拥有的资源、专有能力和竞争优势等因素而成功进行并购，有利于改善企业在价值网络中的位置。蒙丹④从全球价值网络中企业能力特征、竞争优势和所处网络位置因素出发，认为逆向并购对后发企业集聚价值链高端资源和改善网络关系具有重要意义，明确并购目标、并购优势、被并购方出售意图、把握并购机会及规避并购风险，有利于推动发展中国家后发企业实现跨越式发展。企业进行跨国并购能够重塑全球价值网络关系，构筑专有优势，加强专有能力，而这些都构成了企业竞争优势的源泉⑤。由发达国家跨国公司主导的全球价值网络对大多数发展中国家和后发企业进行价值链"低端锁定"和价值俘获，使价值网络中的价值分配失衡，不利于发展中国家和后发企业深入参与全球价值网络。而分工的深化、价值网络体系自主构建、企业创新能力和企业并购等行为有助于全球价值网络升级，使网络节点企业价值链地位向重要增值环节转移，有利于构筑持续竞争优势。

四 社会关系网

在企业的社会网络中，关系要素体现在网络联系的强弱、对称

---

① 王昌盛等：《本土企业在全球价值网络中的建构性升级——分工、技术与市场内生互动的"第三条路径"》，《世界经济与政治论坛》2014年第2期。
② 陈小勇：《基于全球价值网络的企业行为研究》，《国际商务（对外经济贸易大学学报）》2015年第2期。
③ 陈小勇：《基于"全球价值网络"的企业内生优势生成路径研究》，《当代经济管理》2017年第2期。
④ 蒙丹：《全球价值网中的逆向并购》，《现代经济探讨》2013年第12期。
⑤ 蒙丹：《竞争优势、跨国并购与全球价值网络的关联度》，《改革》2013年第1期。

性、规模、网络中心性、网络异质性等，结构要素主要体现在企业在社会网络中的位置方面。用社会网络理论分析国家或者企业在全球的贸易活动，测算社会网络地位、网络关联度等，对国家或者企业对外贸易有积极的指导意义。

马述忠等对国际市场上的农产品交易进行了深入分析，研究认为，网络联系强度、网络中心性和网络异质性等网格特征均为偏态分布，因此农产品贸易网格特征呈现出来的不是正态分布，这也说明了可以从这三个方面着手提升农业价值链分工地位[1]。陈丽娴研究了国际生产服务网络特征，认为国际贸易网络特征呈偏态分布，生产服务贸易联系日趋紧密且存在延续性，具体为企业全球价值链中的地位和依赖度与社会网络的联系强度、中心性是同向变化的，社会网络特征差异越大，企业的价值网络位置就越高，但对价值网络的依赖性也就越低[2]。许和连等对服务业双边出口进行增加值测算，认为离岸服务外包网络升级对服务业全球价值网络地位的提升作用显著，"承接国服务外包网络地位的提升促进了承接国在服务业各增加值网络中的地位提高，对返回国内的增加值网络影响更显著。离岸服务外包网络特征对服务业全球价值链网络地位的影响，受到承接离岸服务外包要素密集度和社团结构的影响而呈现异质性"[3]。

陈丽娴和沈鸿[4]实证考察了生产线服务贸易网络特征对制造业全球价值链分工地位的影响，认为全球价值链位置不受网络联系强度和中心性的影响，但价值链位置与网络特征差异呈现同向变化趋势。邓光耀[5]基于社会网络分析和投入产出模型，认为当前的全球价值网络

---

[1] 马述忠、任婉婉：《一国农产品贸易网络特征及其对全球价值链分工的影响——基于社会网络分析视角》，《管理世界》2016年第3期。

[2] 陈丽娴：《全球生产服务贸易网络特征及其对全球价值链分工地位的影响——基于社会网络分析的视角》，《国际商务（对外经济贸易大学学报）》2017年第4期。

[3] 许和连等：《离岸服务外包网络与服务业全球价值链提升》，《世界经济》2018年第4期。

[4] 陈丽娴、沈鸿：《生产性服务贸易网络特征与制造业全球价值链升级》，《财经问题研究》2018年第4期。

[5] 邓光耀：《全球价值链下中国增加值贸易的核算及网络特征研究》，《首都经济贸易大学学报》2019年第5期。

节点企业联系趋于紧密，交易频次逐步增加。外资企业网络关系嵌入对中国 OFDI 企业资源获取有正向影响，而中国后发企业获得东道国资源的途径是由嵌入发达国家跨国公司主导的全球价值网络间接实现的①。

五 全球生产网络

Dicken② 首次提出全球生产网络（Global Production Network，GPN）概念，全球生产网络吸收借鉴了经济学、管理学、国际贸易学、社会学、经济地理学等相关学科知识，是国家或地区、国际市场和跨国公司之间以契约关系为治理基础的一种组织形式。Coe 和 Yeung③ 提出的 GPN 2.0，对全球生产网络理论的分析架构、推理条理、影响机制和各种内生外生变量均做出了详细的论证，并通过案例进行了进一步的经验检验和说明。

第一，全球生产网络的概念。以企业为中心的全球生产网络的精确性质和连接，深受其嵌入的具体社会政治环境影响，全球生产网络以高度差异化的方式突破国家和区域边界，部分受到监管和非监管壁垒以及当地社会文化条件的影响，创造了不连续的网络④。Coe 等⑤将全球生产网络定义为全球有组织的公司与非公司机构之间相互联系的职能和运营，通过这些职能和运营来生产和分销商品和服务，这样的网络不仅将企业（和企业的部分）整合到通过发展各种形式的股权和非股权关系而模糊传统组织边界的结构中，而且以对区域和国家经济产生巨大影响的方式整合。全球生产网络中的领导者和各级下属公司

---

① 谭云清、翟森竞：《关系嵌入、资源获取与中国 OFDI 企业国际化绩效》，《管理评论》2020 年第 2 期。

② Dicken P., "Global-local Tensions: Firms and States in the Global Space-economy", *Economic Geography*, Vol. 70, No. 2, 1994, pp. 101–128.

③ Coe N. M., Yeung H. W., "Global Production Networks: Theorizing Economic Development in an Interconnected World", *New York*: Oxford, Vol. 2, 2015, pp. 147–150, 165–196.

④ Henderson J., et al., "Global Production Networks and the Analysis of Economic Development", *Review of International Political Economy*, Vol. 9, No. 3, 2002, pp. 436–464.

⑤ Neil M. Coe, et al., "Globalizing' Regional Development: A Global Production Networks Perspective", *Transactions of the Institute of British Geographers*, Vol. 29, No. 4, 2004, pp. 468–484.

的权利关系产生了特定的全球生产网络治理体系。中国由国家主导的（非私营部门）创新方法产生的结构动力有可能挑战商业效率，也可能无法挑战由西方国家领导的领先公司在全球生产网络中的权利性质，这意味着在新技术领域，中国的参与生产网络的公司可能处于相对次要的地位①。根据国内外关于全球生产网络的研究，全球生产网络的定义大致可以分为三类：其一，全球生产网络是超越本国或本地区以外的跨国生产网络，整合了全球的生产资源，把企业、政府和消费者等市场参与者联系到一起，在全球化时代要打破以国家为中心来理解经济发展、全球商品链、全球价值链和全球生产网络。其二，全球生产网络是基于主导地位的跨国公司控制下的全球价值创造、增值和获取的国际区位选择，为了既经济又效率地生产市场所需产品，国际化企业利用分布于世界各地的一体化企业进行分工协调，获得价值创造、增值和捕获。其三，全球生产网络研究领域已经超越了生产领域，全球生产网络研究延伸到地区发展不平衡、贫困问题、生产网络治理、地缘政治、地缘经济、劳动力、产业集群、企业并购、企业扩张等许多其他重要的领域。

第二，经济地理学领域的全球生产网络。全球生产网络在经济地理学中的发展对区域、国家和企业之间的关系进行了多方面的研究，解释了商品生产中的价值创造和获取过程。李小建②利用跨国公司区域综合分析方法，以生产链、组织链和所有权三个互相关联的系统和区域等级关系为跨国投资的理论背景，跨国公司在空间组织扩张的过程实质是权力的扩张，跨国公司和地理空间两者的联系中总有一方对支配地位起主导作用，使地理空间出现支配与被支配的关系。在经济地理学中的全球生产网络研究整合了战略管理理论的价值链框架、经济和社会组织学网络和嵌入观点、社会学研究的参与者网络分析以及经济社会学和发展研究全球商品链和全球价值链。Yeung 认为自从

---

① Henderson J., Nadvi K., "Greater China, the Challenges of Global Production Networks and the Dynamics of Transformation", *Global Networks*, Vol. 11, No. 3, 2011, pp. 285-297.

② 李小建：《跨国公司对区域经济发展影响的理论研究》，《地理研究》1997 年第 3 期。

1999年后，不同的发展中国家和跨国公司的嵌入关系能够很好地融入跨越不同国家和地区的全球价值链和全球生产网络，跨国公司已经逐渐和国家机构嵌在一起且重新迁入被公司动态竞争治理的全球生产网络[1]。全球生产网络理论可以解释在当代全球经济中，国家之间和国家内部的不均衡发展，全球生产网络和全球价值链是在全球范围内协调和组织初级产品、制造业和服务业生产的最关键的组织，全球生产网络是不同区域和国家经济体的参与者竞争和合作的组织平台，通过地理分散的经济活动来分享更大的价值创造、转化和获取[2]。Bernard等[3]研究了供应商网络特征和企业绩效之间的关系，重点从地理分布特征方面讨论了生产网络中地理邻近度对匹配供应商和客户起着关键作用，大多数网络节点的连接覆盖相对较短的距离。大型企业和生产效率更高的企业有更多的供应商，但供应商的距离更远，大型企业的贸易伙伴的联系性较差。Michael等讨论了国际生产网络和适当的工业政策，国际生产网络表明了区域和全球贸易关系，由于技术和人力资本的快速升级，各国在全球价值链中的地位不断变化，在全球背景下适当的工业政策对处于不同发展阶段的国家具有重要意义[4]。Coe和Yeung[5]重点介绍了全球生产网络理论的核心内容，认为继续密切关注全球生产网络的组织结构与不平衡发展之间的因果关系十分重要，全球生产网络的研究范围已经扩展到国家、金融、劳动力、环境和发展五个领域，跨领域的研究有助于实现全球价值链2.0解释相互联系的世界经济发展不平衡的潜力。

---

[1] Yeung H. W., "Governing the Market in a Globalizing Era: Developmental States, Global Production Networks and Inter-Firm Dynamics in East Asia", *Review of International Political Economy*, Vol. 1, 2014, pp. 70-101.

[2] Yeung H. W., Coe N. M., "Toward a Dynamic Theory of Global Production Networks", *Economic Geography*, Vol. 91, No. 1, 2015, pp. 29-58.

[3] Bernard A. B., et al., "Production Networks, Geography and Firm Performance", CEP Discussion Papers, 2016.

[4] Michael A., et al., "Structural Change, Trade and Global Production Networks: An 'Appropriate Industrial Policy' for Peripheral and Catching-Up Economies", *Structural Change and Economic Dynamics*, Vol. 48, 2019.

[5] Coe N. M., Yeung H. W., "Global Production Networks: Mapping Recent Conceptual Developments", *Journal of Economic Geography*, Vol. 19, 2019, pp. 775-801.

第三，作为组织创新的全球生产网络。全球生产网络是国际商务组织的一项重大创新，这些网络将价值链在企业边界和国家边界的集中、分散与整合网络参与者层次的并行过程相结合。国际经济贸易组织在激烈的全球竞争中发生了三次相互关联的革新，第一次是全球生产网络作为全球运营中的一项重大组织创新迅速扩散[1]；第二次是全球生产网络作为国际知识扩散的催化剂，为北美、西欧地区和日本工业中心以外低成本地区的地方能力形成提供了新机会；第三次是"数字融合"的长期进程使相同的基础设施能够适应语音、视频和数据的操作与传输，为组织学习、跨组织与国家边界的知识交流创造了新的机会[2]，这三次革新的结合，极大地改变了国际生产和创新的地理位置。第一次转型标志着工业组织出现了新的分化，从专注独立海外投资项目的跨国公司过渡到将分散的供应、知识和客户基础整合到全球和区域生产网络的全球骨干网络中[3]。为了捕捉全球化对产业组织和知识传播的影响，研究的重点要从产业和个体企业转移到商业网络的国际层面[4][5]。在第二次转型中，全球生产网络在其运营中向低成本地区的当地供应商传播重要知识，这可能会促使当地能力的形成。地方能力在吸收、适应和改进引进技术方面的重要性已经达成共识，但关于发展中国家地方能力形成的复杂过程研究很少。

全球生产网络作为一种企业组织创新，强调在网络成长中知识的流动与共享对地方产业升级的促进作用。全球生产网络是一个组织创新，它促进网络流动进而将集中分散与系统整合相结合，这些网络整

---

[1] Borrus B. M., Al D., "International Production Networks in Asia: Rivalry or Riches?", *Journal of Southeast Asian Economies*, Vol. 19, August 2000.

[2] Chandler, A. D., Cortada, J. W., "The Information Age: Continuities and Differences", In: Chandler, A. D., Cortada, J. W. (Eds.), *A Nation Transformed by Information*, Oxford University Press, New York. 2000, pp. 281–300.

[3] Ernst D., "From Partial to Systemic Globalization: International Production Networks in the Electronics Industry", Ucais Berkeley Roundtable on the International Economy Working Paper, Vol. 30, No. 1, 1997, pp. 182–183.

[4] Bartlett G., "The Multinational Corporation as an Interorganizational Network", *Academy of Management Review*, Vol. 15, No. 4, 1990, pp. 603–625.

[5] Rugman A. M., D'Cruz J. R., *Multinationals as Flagship Firms: Regional Business Networks*, Oxford: Oxford University Press, 2011.

合了在主导网络中分散的供应商和客户群,改善了企业获取资源和能力的机会①。Ernst 和 Kim② 探讨了全球生产网络的演进、主导网络在知识转移过程中的作用、本地供应商能力形成之间的关联,认为全球生产网络是国际商务组织的一项主要创新,这些网络结合了价值链在企业和国家跨边界上的集中和分散,以及整合网络参与者层次结构对应的过程。传统的生产组织两分法认为,生产要么通过企业内生产来实现,要么通过市场交易来实现,但全球生产网络的发展将企业和市场统一在同一个组织方式下,使其同时拥有二元治理的优点,产品质优价廉,因此产业间分工就逐步转化为产业内分工③。国际化大企业利用垂直一体化将市场交易转移到企业内部进行④。专业化分工和国际生产效率提高是全球生产网络形成的本质⑤。跨国公司在全球生产网络中有决定性作用,各国参与全球生产网络的方式在越来越大的程度上左右国际化大企业在世界范围内的布局。发达国家国际化企业在全球范围内组织生产,根据不同国家或地区布局不同的生产网络节点,比如,在劳动力成本低的地区布局劳动密集型生产环节,把非关键环节的简单技术转移到营商环境相对较好的国家或地区,而将技术密集型和资本密集型网络节点分布到自己国家,按照比较优势理论进行国际化生产,具有比较优势的各个网络节点串联形成全球供应链和生产网络,因此,全球生产网络已非产业间或产业内分工的结果⑥,而是产品内分工的结果。

---

① Ernst D., "Global Production Networks and the Changing Geography of Innovation Systems. Implications for Developing Countries", *Economics of Innovation and New Technology*, Vol. 11, No. 6, 2002, pp. 497-523.

② Ernst D., Kim L., "Global Production Networks, Knowledge Diffusion, and Local Capability Formation", *Research Policy*, Vol. 31, 2002, pp. 1417-1428.

③ 刘德学等:《全球生产网络、知识扩散与加工贸易升级》,《经济问题探索》2005 年第 12 期。

④ 刘春生:《全球生产网络的构建与中国的战略选择》,中国人民大学出版社 2008 年版。

⑤ 孔瑞:《跨国公司全球生产网络的形成——基于国际分工角度的理论探讨》,《云南财经大学学报》2009 年第 6 期。

⑥ 郑准、王国顺:《全球生产网络、俘获效应与集群企业转型升级——整合性分析框架与政策建议》,《国际经贸探索》2012 年第 2 期。

第四，扩展到生产领域之外的全球生产网络研究。Henderson 等[1]分析了经济一体化、经济和社会发展不平衡关系的框架，提出全球生产网络框架一方面要尝试打破以国家为中心的概念框架；另一方面要显著扩展政策分析和政策效应，认为公司组织和公司控制全球子公司和业务的方式可能会受到国家、工会、非政府组织和其他机构在特定区位的影响，由此产生的代理人和经营过程的结合可能会对产业升级产生影响。Coe 等[2]概念化了在跨国公司生产网络中体现全球化过程与特定地区形式的区域间联系，企业和区域经济体全球生产网络的动态战略耦合通过价值创造、提升和获取过程推动区域发展，区域发展取决于这种耦合机制促进价值创造、强化和获取能力，同时区域发展力量是多尺度和多维度的，强调了全球企业生产系统的组织结构与产业升级关系的重要性。Yeung 对全球生产网络的战略耦合进行了深化研究[3][4]。生产网络或位于不同网络系统连接处的网络节点采用一种基于广泛关系的方法，使研究者从这个网络节点出发向外沿网络解释各种社会活动参与者复杂的相互联系和相互依存关系的构成，以及全球生产网络并影响价值创造、攀升和获取的过程[5][6][7]。张继彤和宋超

---

[1] Jeffrey Henderson, et al., "Global Production Networks and the Analysis of Economic Development", *Review of International Political Economy*, Vol. 9, No. 4, 2002, pp. 436–464.

[2] Neil M. Coe, et al., "'Globalizing' Regional Development: A Global Production Networks Perspective", *Transactions of the Institute of British Geographers*, Vol. 29, No. 4, 2004, pp. 468–484.

[3] Yeung H. W., Coe N. M., "Toward a Dynamic Theory of Global Production Networks", *Economic Geography*, Vol. 91, No. 1, 2015, pp. 29–58.

[4] Yeung H. W., "Regional Worlds: From Related Variety in Regional Diversification to Strategic Coupling in Global Production Networks", *Regional Studies*, Vol. 55, No. 6, 2021, pp. 989–1010.

[5] Neil M. et al., "Global Production Networks: Realizing the Potential", *Journal of Economic Geography*, Vol. 8, 2008, pp. 271–295.

[6] Coe N. M., Yeung H. W., *Global Production Networks: Theorizing Economic Development in an Interconnected World*, Oxford: Oxford University Press, 2015.

[7] Coe N. M., Yeung H. W., "Global Production Networks: Mapping Recent Conceptual Developments", *Journal of Economic Geography*, Vol. 19, No. 4, 2019, pp. 775–801.

杰则发现了全球生产网络研究文献对重要行业的全球生产网络研究不足①。

第五，全球生产网络的技术转移、产业升级和促进出口等积极作用。全球化和经济发展、全球生产网络和全球价值链在技术转移、知识外溢、跨国组织联系中的作用十分关键，也是欠发达经济体的制造商向发达国家主导企业追赶学习的重要途径，公众和半政府机构在积极促进技术杠杆和知识外溢方面也发挥了重要作用②。在全球化时代中，打破以国家为中心来理解经济发展、全球商品链、全球价值链和全球生产网络分析已经加深了我们对国际先进公司的公司治理及其发展成果的理解，企业监管机构、生产者、购买者、国家参与全球生产网络的积极作用一直被强调③。产业集群的集群效应为中国台湾地方产业的发展创造了动力，并在地方网络嵌入全球网络的过程中给予了外部发展动力④。垂直整合的全球产业生产过程的不同阶段和条块的跨境分工已经成为全球经济的关键结构变化，印度未能融入电子产品的全球生产网络，而电子产品是中国出口的主要推动力⑤。全球生产网络的特性如节点中心度和贸易强度等均对全要素生产率具有显著的正向影响，且主要通过提高人力资本水平和资本化率提升全要素生产率⑥。

将嵌入全球生产网络的政治经济和全球生产网络的类型与功能联系起来，能够更好地从理论上解释全球生产网络、制度积累以及发展

---

① 张继彤、宋超杰：《全球生产网络的研究方法及影响因素：文献综述与展望》，《商业经济研究》2022年第11期。

② Poon T. S-C, "Beyond the Global Production Networks: A Case of Further Upgrading of Taiwan's Information Technology Industry", *Technology and Globalization*, Vol. 1, 2004, pp. 130-144.

③ Horner R., "Beyond Facilitator? State Roles in Global Value Chains and Global Production Networks", *Geography Compass*, Vol. 11, No. 2, 2017, pp. e12307.

④ Chen Shin-Horng, "Global Production Networks and Information Technology: The Case of Taiwan", *Industry and Innovation*, Vol. 9, No. 3, 2002, pp. 249-265.

⑤ Athukorala P. C., "Joining Global Production Networks: Experience and Prospects of India", *Asian Economic Policy Review*, Vol. 14, 2018, pp. 1-21.

⑥ 梁经伟等：《全球生产网络是否提升了全要素生产率?》，《北京工商大学学报》（社会科学版）2022年第4期。

与工业化模式之间的关系,也有利于国家治理与其邻国的地缘政治和地缘经济①。在全球生产网络视角下对金砖国家出口贸易价值含量进行比较,发现中国出口产品的国内价值含量较低,以低技术制造业为主。林秀梅和唐乐研究了金砖国家出口贸易附加值问题,发现金砖国家出口的高端产品所含大部分价值由发达国家贡献,而金砖国家内部贸易互补性不强且价值增值较低②。Alford 等③认为全球生产网络的整合为劳工机构带来了挑战和机遇,行业内处于领导者地位的公司治理会影响工作条件从而可能导致不稳定的就业。全球经济结构正在迅速变化,国际生产网络(International Production Network,IPN)代表着区域和全球贸易关系,各国由于技术和人力资本的快速发展,使其在全球价值链中的地位不断变化④。

全球生产网络的嵌入影响企业生产率,对产品升级、产业升级、出口升级和技术创新等具有重要作用。在全球生产网络视域下中国本土制造企业从多渠道获得了外商直接投资的知识转移,外商直接投资通过前向溢出渠道提高了高技术行业和低资本劳动比行业的全要素生产率,通过后向溢出渠道低出口外向度行业和高资本劳动比行业的全要素生产率,通过水平溢出渠道提高了各行业的全要素生产率⑤。参与全球生产网络直接促进了中国出口产品的升级,东部地区的研发投入能够促进出口质量升级⑥。网络节点企业对全球生产网络的参与度

---

① Adrian Smith, "The State, Institutional Frameworks and the Dynamics of Capital in Global Production Networks", *Progress in Human Geography*, Vol. 39, No. 3, 2015, pp. 290-315.

② 林秀梅、唐乐:《全球生产网络下出口贸易价值含量的国际比较——基于金砖国家国际投入产出模型》,《国际经贸探索》2015 年第 10 期。

③ Matthew Alford, et al., "Multi-scalar Labor Agency in Global Production Networks: Contestation and Crisis in the South African Fruit Sector", *Development and Change*, Vol. 48, No. 4, 2017, pp. 721-745.

④ Landesmann Michael A., Stöllinger Roman, "Structural Change, Trade and Global Production Networks: An 'Appropriate Industrial Policy' for Peripheral and Catching-Up Economies", *Structural Change and Economic Dynamics*, 2018.

⑤ 孙少勤、邱斌:《全球生产网络条件下 FDI 的技术溢出渠道研究——基于中国制造业行业面板数据的经验分析》,《南开经济研究》2011 年第 4 期。

⑥ 贺灿飞、陈航航:《参与全球生产网络与中国出口产品升级》,《地理学报》2017 年第 8 期。

在很大程度上决定了区域价值网对生产率的作用，双重网络嵌入效果依赖地区市场化进程和行业异质性，国家价值链和全球价值链的"双链融合"是中国制造业转型升级的战略方向①。中国战略性新兴产业的自主构建从兴起到蓬勃发展，经历了对区域、国家和全球市场需求的逐级满足，立足国内走出国门是本土核心技术成为全球主导设计的关键②。梁经伟等③梳理了全球生产网络在亚洲东部的演变过程，发现这一区域的生产分割长度呈现递增趋势，国内与国际生产阶段数呈互补关系，验证了东亚生产结构复杂度不断提升，以及参与全球化分工程度不断提升的事实，中国应以国内和国际外包的替代效应夯实国内产业链。苹果公司高价值环节的供应商主要以美国、日本、韩国为主，而中低价值环节以中国大陆和中国台湾以及日本供应商为主，且中国大陆与中国台湾在中间环节占据重要地位④。

高水平的信任对企业网络的成功有着积极作用。网络节点之间交易次数不断增加，相互之间熟悉了交易方式、交易时间、技术水平和产品质量等信息，使其逐渐形成固有关系降低了信息不对称程度和交易成本，从而达到高水平的信任并进一步促进网络升级⑤。在相互信任的基础上，网络成员会树立长期导向并自觉做出具有信任性特征的行为，最终会提高企业竞争力，改善经济绩效⑥。格兰多里认为，企业间网络是很多具有劳动、资本、技术和偏好等优势的公司组合在一起的组织结构，这一组织利用各种激励和约束机制进行分工与协调⑦。

---

① 陶锋等：《地方产业集群、全球生产网络与企业生产率——基于双重网络嵌入视角》，《国际经贸探索》2018年第5期。

② 刘芸、朱瑞博：《架构创新与战略性新兴产业全球价值网络的自主建构及其治理挑战》，《中国地质大学学报》（社会科学版）2018年第4期。

③ 梁经伟等：《东亚地区嵌入全球生产网络的演变路径研究——基于生产分割的视角》，《国际贸易问题》2019年第3期。

④ 康江江等：《苹果手机零部件全球价值链的价值分配与中国角色演变》，《地理科学进展》2019年第3期。

⑤ 张增臣：《现代企业的网络型组织模式》，《经济论坛》2003年第4期。

⑥ 张醒洲、唐莹莹：《合作企业间交易信任理论综述》，《现代管理科学》2005年第5期。

⑦ 安娜·格兰多里主编：《企业网络：组织和产业竞争力》，刘刚等译，刘刚校，中国人民大学出版社2005年版，第1—14页。

这种企业网络组织更倾向市场化的企业网络，企业间的相互信任与诚信经营在企业网络组织中发挥着重要的作用，组织网络式运行要求各网络组织节点间拥有较高的信任，节点间的信任影响并决定着节点间的交易行为。信任是网络组织形成的基础，它能使专业的人干专业的事，不会分出太多资源进行相互监督，降低交易成本①。刘春生也认为企业网络组织有利于提高分工与专业化效率，有利于增强市场竞争能力，使分工与合作关系在更大范围内得到扩大和加深。②

第六，作为价值链治理方式的全球生产网络。为了经济高效地向市场提供产品，跨国公司在全球范围内布局增值活动和价值节点，这些节点在生产活动中结成的多重关系就是全球生产网络，这也是生产国际化的微观基础③④。程新章⑤把模块生产网络看作一种价值链治理方式，认为节点普遍地附着于价值链中，默会知识融于节点内部，显性知识连接不同的节点，模块生产网络具有许多优越性，使其日益成为各个国家和企业关注的焦点。刘春生认为全球生产网络的构建是跨国公司、区域与产业、国家与政府共同作用结果，其根本动因在于分工与协作所带来的巨大经济效率。⑥ 在各经济体制造业价值链攀升过程中，处于价值链中后端的经济体表现出更快的提升速度以及更深的生产网络融入程度，参与亚太区域生产网络有利于提升中国制造业的国际分工地位，且影响非常显著⑦。以中国为核心的东亚生产网络与

---

① 郝臣：《信任、契约与网络组织治理机制》，《天津社会科学》2005 年第 5 期。

② 刘春生：《全球生产网络的构建与中国的战略选择》，中国人民大学出版社 2008 年版，第 75 页。

③ Ernst D., "How Globalization Reshapes the Geography of Innovation Systems: Reflections on Global Production Networks in Information Industries", Unpublished paper (first draft), Copenhagen Business School, Denmark, 1999.

④ Dicken P., Henderson J., "Making the Connections: Global Production Networks in Britain, East Asia and Eastern Europe", https://www.researchgate.net/publication/24287097.

⑤ 程新章：《全球价值链治理模式——模块生产网络研究》，《科技进步与对策》2006 年第 5 期。

⑥ 刘春生：《全球生产网络的构建与中国的战略选择》，中国人民大学出版社 2008 版，第 17—18 页。

⑦ 沈佳楠：《亚太区域生产网络背景下的中国制造业——从国际分工角度出发》，硕士学位论文，外交学院，2018 年。

世界经济仍然是耦合关系，不可能分割开，并且与美国、墨西哥、加拿大生产网络和欧盟生产网络相互依赖，互补性较强，东亚生产网络的国际分工仍然处于世界分工体系之中，世界分工体系是东亚生产网络发展的外在动力[①]。全球生产网络研究与全球价值链，已经从对立逐渐走向融合[②]。

第七，作为国际化战略与要素流动的全球生产网络。全球生产网络是那些在企业或战略联盟内部，执行整合一体化公司战略的跨国公司职能活动的加总，全球生产网络主导企业通过价值链和网络组织管理实现价值链不断向上攀升。垄断优势理论的提出标志着国际直接投资（Foreign Direct Investment，FDI）理论的兴起[③]。东道国本土企业和跨国公司竞争策略相互作用的结果是形成了区域生产网络，东道国本土企业和跨国公司不一样的战略对网络作用也有差异[④]。基于传统的产业组织理论，垄断优势理论认为企业外部因素如垄断竞争市场、寡头市场或垄断市场等使企业拥有垄断优势，此时企业为能够进行直接对外投资以获取收益，不得已而进行国际化，因此，这一行为是被动的，内部化理论也是如此[⑤]。Dunning 和 Harry[⑥][⑦]提出了国际生产折中理论，认为跨国公司进行直接投资的原因是具有所有权优势、内部化优势和区位优势。后发企业提高技术水平的最优选择就是融入全球生产网络，从全球生产网络或者 FDI 中获取知识溢出，中国企业应积

[①] 钟惠芸、黄建忠：《中国在全球生产网络中的角色演进：基于解耦争论的研究》，《亚太经济》2018 年第 3 期。

[②] 陈蕊、刘逸：《全球生产网络（GPN）的理论问题和中国实践启示》，《地理研究》2021 年第 12 期。

[③] 江小涓、杜玲：《国外跨国投资理论研究的最新进展》，《世界经济》2001 年第 6 期。

[④] 马丽、刘卫东：《经济全球化下地方生产网络模式演变分析——以中国为例》，《地理研究》2004 年第 1 期。

[⑤] 王国顺等：《企业国际化理论的演进》，人民出版社 2009 年版。

[⑥] Dunning J. H., John Harry, "Trade, location of Economic Activity and the Multinational Enterprise: A Search for An Eclectic Approach", in B. Ohlin Per Ove Hessel born and Per Magnus Wijkman (ed.), *International Allocation of Economic Activity*, London: Macmillan, 1997.

[⑦] Dunning J. H., *International Production and the Multinational Enterprises*, London: Allen and Unwin, 1981.

极创造条件进入跨国公司全球生产和经营网络①。现有的国际经济新秩序的重要基础是要素在国际上的自由流动，各个国家主动让渡一些权力使劳动、资本和技术等能够在国际上转移，为企业国际化战略实现和全球生产网络构建创造了基本条件②。劳动、资本和技术等全球网络的行程就是国际化大企业布局网络节点的结果③，曹监平从低级要素和高级要素的特点分析了网络节点位置，认为劳动力、自然资源等附加值较低，拥有此类要素的企业往往被动地处于全球生产网络边缘，而拥有技术、品牌、管理方法等的国际化企业通常处于全球生产网络关键节点或者核心位置。④

第八，对后发国家全球生产网络的研究。这类研究从价值链治理、网络分工、网络嵌入、地方生产网络、企业国际化、产业升级、企业网络组织等多方面展开。运行良好的全球生产网络通常蕴含了后发国家或地区的竞争优势⑤。全球生产网络边缘区域通常是发展中国家的本土企业，全球生产网络关键区域往往是发达国家跨国公司⑥。后发国家在全球价值链的路径变迁受跨国公司领导的全球价值链治理和全球战略布局约束，参与全球生产网络对中国价值链地位的影响呈现显著的倒"U"形曲线关系，后发国家价值链地位受参与全球生产网络的红利效应、吸纳效应和挤出效应影响，占优的红利效应使参与全球生产网络促进价值链的价值短期升级，占优的吸纳效应和挤出效

---

① 林季红：《跨国公司全球生产网络与中国产业的技术进步》，《厦门大学学报》（哲学社会科学版）2006年第6期。
② 姚璐：《全球化背景下的跨国公司与全球秩序——基于三维的分析框架》，博士学位论文，吉林大学，2012年。
③ 曹监平：《生产要素国际流动的政治经济学分析——基于全球生产网络的视角》，《国际经贸探索》2013年第6期。
④ 曹监平：《生产要素国际流动的政治经济学分析——基于全球生产网络的视角》，《国际经贸探索》2013年第6期。
⑤ Dicken P., *Global Shift: Transformation the World Economy*, London: Paul Chapman, 1998.
⑥ 邓智团：《产业网络进化论：城市—区域竞合范式的理论与实践》，社会科学文献出版社2010年版。

应使参与全球生产网络阻碍价值链的价值提升①。全球生产网络促进了中国制造业价值链提升，资本密集度和高技术资本密集度也可以显著提高价值链地位②，中国在不断融入全球生产网络的同时，参与产品内国际分工的程度也在不断加深，与处于价值链顶端的美国技术差距在不断缩小③。企业在全球生产网络中的参与度越高，地方生产网络对企业生产率增长的影响就越大，企业在全球生产网络中的参与度越低，地方生产网络对企业生产率增长的影响就越小④。区域生产网络和全球生产网络是对企业与市场两分法的发展，兼具两者特性，边界虽然模糊但仍然是存在的⑤。双重网络嵌入效果依赖地区市场化进程和行业异质性，国家价值链和全球价值链的"双链融合"是中国制造业转型升级的战略方向⑥。

姚志毅和张亚斌⑦对中国整体和省域两个层面的产业结构升级进行了测度，认为西部省份和东部沿海省份促进产业升级的渠道不同，西部省份产业升级是利用其矿产、地理位置和气候条件等优势成为全球生产网络节点的，而东部沿海省份以技术创新、资本密集等优势发展全球生产网络。区域一体化协定有利于促进生产网络的进一步发展，参与全球生产网络非正式一体化形式可以灵活地推动区域一体化进程⑧。贸易协定的深化将显著促进中间品贸易和最终品贸易流量，

---

① 沈能、周晶晶：《参与全球生产网络能提高中国企业价值链地位吗："网络馅饼"抑或"网络陷阱"》，《管理工程学报》2016年第4期。

② 邱斌等：《参与全球生产网络对我国制造业价值链提升影响的实证研究——基于出口复杂度的分析》，《中国工业经济》2012年第1期。

③ 赵立斌：《从全球生产网络的视角看中国与东盟、美国的不平衡贸易》，《首都经济贸易大学学报》2013年第2期。

④ 陶锋等：《地方产业集群、全球生产网络与企业生产率——基于双重网络嵌入视角》，《国际经贸探索》2018年第5期。

⑤ 王益民、宋琰纹：《全球生产网络效应，集群封闭性及其"升级悖论"——基于大陆台商笔记本电脑产业集群的分析》，《中国工业经济》2007年第4期。

⑥ 陶锋等：《地方产业集群、全球生产网络与企业生产率——基于双重网络嵌入视角》，《国际经贸探索》2018年第5期。

⑦ 姚志毅、张亚斌：《全球生产网络下对产业结构升级的测度》，《南开经济研究》2011年第6期。

⑧ 赵立斌：《东盟区域一体化与参与全球生产网络——基于GTAP-Dyn模型的研究》，《国际贸易问题》2013年第9期。

对中间品贸易的促进效用显著大于对最终品的促进效用，贸易协定的深度一体化对低技术、高技术和中高技术行业存在正向促进作用，对中低技术行业并无明显的促进作用①。西方发达国家跨国公司在世界范围内对全球生产网络节点进行转移和重构，将大宗中间品制造和加工布局到中国、日本、韩国等国家，这一区域已经形成了互补而非替代的东亚生产网络②。

跨国公司将生产网络节点分布到世界各地，发挥市场机制或者企业内生产机制等对全球生产网络进行管理，形成了国际垂直分离和地方产业集聚并存的现象③。在国际市场上，自由流动的劳动要素通过全球生产网络治理形成了新型劳资网络，为后发国家社会治理提出了新课题④。改革开放后，中国后发企业国际竞争优势逐渐增强，嵌入价值链的过程经历了内向国际化到外向国际化的转变，但在全球价值链所处地位较低且受间接附加值影响呈"V"形趋势发展。张志明和代鹏⑤对中国分行业总出口进行了分解，发现其变动幅度和网络位置均存在显著差异，但在动态视角下各行业的增加值出口率及全球价值链地位呈现相似的变动趋势。嵌入全球生产网络对中国西部制造业创新能力提升存在显著正向影响，但影响力度较弱⑥。也有少量研究者分析了后发企业的全球生产网络构建问题。后发国家经济发展的技术标准对制造业和创新的影响很少被关注，标准化最初被视作技术问题且仅能受到有限的高水平政策的支持。若技术标准对经济发展的贡献至少和专利一样，则能促进生产的增长⑦。蒙丹和姚书杰研究了全球

---

① 高疆、盛斌：《贸易协定质量会影响全球生产网络吗？》，《世界经济研究》2018年第8期。

② 华晓红等：《全球价值链与东亚生产网络》，《国际贸易》2013年第7期。

③ 李国学、何帆：《全球生产网络的性质》，《财经问题研究》2008年第9期。

④ 岳经纶、庄文嘉：《全球化时代下劳资关系网络化与中国劳工团结——来自中国沿海地区的个案研究》，《中山大学学报》（社会科学版）2010年第1期。

⑤ 张志明、代鹏：《中国分行业总出口的分解——兼论中国在全球价值链与全球生产网络中的地位》，《国际经贸探索》2016年第8期。

⑥ 肖远飞等：《全球生产网络嵌入对我国西部制造业创新能力的影响》，《科技进步与对策》2017年第22期。

⑦ Ernst D., *Standards, Innovation, and Latecomer Economic Development: A Conceptual Framework*, Oxford: Pergamon Press, Inc, 2014.

生产网络下后发企业的构建成长机制,认为主动构建全球生产网络能有效推动后发企业内部专有能力发展、产生网络整体竞争优势和提升企业在生产网络内部的竞争优势,能避免被动网络化引发的网络陷阱,是后发企业实现快速、持续成长的最优选择①。

第二节 企业内向国际化与外向国际化研究

一 企业国际化界定、动因、条件与路径研究概述

理论界对企业国际化的探讨可归纳为概念与分类、驱动因素、条件、路径四大类,本部分对此类文献进行梳理。

第一,企业国际化概念与分类。企业国际化相关问题的文献可以追溯到20世纪80年代,科技的发展使我们能够接近原本遥远的市场②。Mcdougall③认为,全球化是对于成立不久就开展国际业务的公司,或自成立以来就进行全球化经营的公司而言的,这些公司在运营早期阶段就已经在国际上很活跃了。发展初期,一部分新兴企业便已经开始了全球化进程④。此后许多文献都是围绕着"天生全球化"理论展开的,也有一些学者并不认可这样的定义,Zahra⑤主张,在对企业国际化进行研究时还需要包括成熟企业。企业的全球化在世界范围内开展生产运营,主要涉及国际化企业与东道国本土企业关系及其营

---

① 蒙丹、姚书杰:《全球生产网络下后发企业构建式成长机制研究》,《湖北社会科学》2016年第4期。
② Morrow J. F., "International Entrepreneurship: A New Growth Opportunity", *New Management*, Vol. 3, No. 1, 1988, pp. 59–61.
③ McDougall P. P., "International Versus Domestic Entrepreneurship: New Venture Strategic Behavior and Industry Structure", *Journal of Business Ven-turing*, Vol. 4, No. 6, 1989, pp. 384–400.
④ McDougall P. P., Oviatt B. M., "International Entrepreneurship: The Intersection of Two Paths", *Academy of Management Journal*, Vol. 53, No. 5, 2000, pp. 902–1008.
⑤ Zahra S. A., "Entrepreneurship and Financial Performance: A Taxonomic Approach", *Journal of Business Venturing*, Vol. 8, No. 4, 1993, pp. 319–340.

商环境的行为,越来越多的文献突破原有研究领域向更多范围扩展[①],对成熟企业国际化行为的研究同样具有重要意义,在跨境经济组织中旨在创造或提升企业竞争力的革新行为即企业的全球化,它是企业创设价值的跨境创新、开拓和冒险行为的结合。

  总的来说,在经济学文献中关于企业的全球化存在多样性结论。其中主要包含以下五个类型的观点:①企业国际化是指企业由国内市场向国际市场发展的渐进演变过程,以 Johanson 和 Paul[②]、Johanson 和 Vahlne[③] 等为代表的企业国际化阶段理论,将公司走向国际市场的行为看作不断提升海外市场承诺的接续发展过程。②企业在进行了主客观判断的基础上寻求海外市场机会的行为可以理解为企业的全球化,Robinson[④] 认为,全球化是指随着商品和投入的流动性不断增长,企业对全球市场的国际经营,而不是仅仅对某个国家市场采取行动的过程。③企业的跨国经营活动被称为企业的国际化,Young 等[⑤]认为,全球化是指包括商品出口、许可、特许经营、交钥匙工程、管理合同、直接投资等在内的跨越国界的生产经营活动。④企业走向海外市场的过程可以定义为企业的全球化,可以从两个方面对企业走向海外市场的过程进行探讨:一方面,公司活动的全球化,也就是企业的生产和营销活动如何由一个国家走向全球市场;另一方面,公司本身的全球化,即一个最初在国内诞生和成长的企业如何发展成为一个跨国公司[⑥],企业走向世界有两条道路,分别为"外向型"和"内向型"。

---

  ① Wright R. W., Riks D. A., "Trends in International Business Research: Twenty-Five Years Later", *Journal of International Business Studies*, Vol. 25, No. 4, 1994, pp. 687-701.

  ② Johanson J., Wiedersheim-Paul F., "The Internationalization of the Firm: Four Swedish Case Studies", *Journal of Management Studies*, No. 12, 1975, pp. 305-322.

  ③ Johanson J., Vahlne J. E., "The Internationalization Process of the Firm—A Model of Knowledge Development and Increasing Foreign Market Commitments", *Journal of International Business Studies*, Vol. 8, No. 1, 1977, pp. 23-32.

  ④ Robinson R. D., *Internationalization of business: An Introduction*, Dryden Press, 1984.

  ⑤ Young S., et al., "International Market Entry and Development Strategies and Management", *Jouroal of Wilollife Diseases*, Vol. 31, No. 2, 1989, pp. 228-232.

  ⑥ 梁能:《公司治理结构:中国的实践与美国的经验》,中国人民大学出版社 2000 年版。

⑤企业国际化分为外向国际化和内向国际化，Welch 和 Luostatinen[①]提出企业的外向国际化进程与发展往往会受其内向国际化发展的影响，这种影响是决定性的。沈灏和杨建君[②]指出，公司的国际化是指跨境识别和利用机会以获得国际竞争力的创新过程。

除了以上对企业国际化的内向和外向分类，学者对企业国际化的分类研究也根据不同的理论基础被分为几个不同的类别。Anderson[③]将对公司全球化的研究分为两类，即经济型和过程型，研究者对经济型全球化的研讨是建立在主流经济学学说之上的，在主流经济学中，决策制定者为理性经济人，他们依靠所掌握的全面市场知识在全球化发展过程中做出明智的决定；相反，对过程型全球化进行探讨的文献将组织理论作为研究根基，其中，决策制定者成为在不完善信息基础上做出合理决定的行为人。基于上述两种类型的相关理论支撑，行为和决策可归为组织学说，市场和贸易理论可归为经济学说。在已有的对企业国际化进行分析的文献中，基于贸易费用、产业组织和全球性交易的文献资料都属于经济型全球化研究；而基于各种组织学说的文献，如资源基础、企业行为理论、网络与创业、战略管理等，都属于过程型研究。对经济型公司全球化的研究始于 20 世纪 50 年代，当时，跨国公司的迅速发展首次导致公司取代国家成为全球贸易的主要研讨主体，自此便开启了国际商务理论的新时代。自 20 世纪 70 年代初以来，组织学说在企业国际化研究的多项理论支撑中处于领先的位置，学者在基于组织学说的各项研究中，提出了不同的原则和模型框架：基于行为理论的乌普萨拉国际化模型、与创新相联系的企业国际化模型、以创业理论为基础的国际创业研究、以网络理论为基础的国际化理论、基于资源基础理论和战略管理理论的资源型全球化战略选

---

① Welch S., R. Luostatinen, "Inward-outward Connection in Internationalization", *Journal of International Marketing*, No. 4, pp. 44–56.
② 沈灏等：《关于企业国际化的国外理论研究综述》，《管理学报》2009 年第 12 期。
③ Anderson S., "The Internationalization of the Firm from an Entrepreneurial Perspective", *International Studies of Management and Organization*, Vol. 30, No. 1, 2000, pp. 63–92.

择研究等①。Mtigwe②指出，关于企业国际化的相关理论支撑无不是行为理论、市场和贸易理论、决策理论，所以对企业国际化进行讨论的文献可以分为三种类型：公司、市场和创业。

第二，企业国际化的驱动因素。Vernon③将企业进行全球化的驱动因素与商品生命周期相互挂钩，提出全球化是企业避免低价竞争的一种方法，当其商品在本国市场成熟并开始"走下坡路"时，企业开展国际化活动可以维持其市场占有率和竞争力水平。Hymer④在对美国公司国际直接投资的工业部门结构进行考察后发现，美国进行国际直接投资的公司基本上是少数拥有特殊优势的部门，而企业进行全球化的驱动因素是为了充分发挥其生产要素所拥有的独特优势，以达到利润的最大化。公司享有的各类不同的优势就被称为独占性的生产要素，包括成规模的经济体系、完善的产品进出口贸易渠道、领先的科学技术、充足的资本、经营者的管理能力等方面，这被称为垄断优势学说。Buckley和Casson⑤在其内部化理论中提到，企业可以通过开展全球化活动以内部市场取代外部市场，处理不完全市场交易费用过高的问题。Dunning⑥科学性地分析了公司从事跨境活动的动机，并将其分为寻求市场、寻求要素、寻求战略资金和追求效率四种不同类型的动机。李江帆和顾乃华认为跨国企业是能够通过制度和科技等地区间

---

① 王增涛：《企业国际化：一个理论与概念框架的文献综述》，《经济学家》2011年第4期。

② Mtigwe B., "Theoretical Milestones in International Business: The Journey to International Entrepreneurship Theory", *Journal of International Entrepreneurship*, Vol. 4, No. 1, 2006, pp. 5–25.

③ Vernon R., "International Investment and International Trade in the Product Cycle", *Quarterly Journal of Economics*, Vol. 80, No. 2, 1966, pp. 190–207.

④ Hymer S., *The International Operations of National Firms: A Study of Direct Foreign Investment*, MIT Press, 1976.

⑤ Buckley P. J., Casson M. C., *The Future of the Multinational Enterprises*, London: The Macmillan Press, 1976.

⑥ Dunning J. H., "Trade, Location of Economic Activity and the Multinational Enterprise: A Search for An Eclectic Approach", In B. Ohlin Per Ove Hessel-born and Per Magnus Wijkman (ed.), *International Allocation of Economic Activity*, London: Macmillan, 1977.

差异获取套利利润的有价值的选择权的集合①。

第三，公司进行国际化经营的条件。上述垄断优势学说和内部化理论在一定程度上回答了企业国际化的条件问题，但Dunning②认为垄断优势理论和内部化理论对企业国际化的分析不够全面，没有将全球生产与进出口外贸活动或其他类型的资源转移联系起来。基于这些学说，Dunning发展了国际生产折中理论。根据国际生产折中学说，企业需要同时具备所有权优势、内部化优势和区位优势三种优势时，才能开展全球化活动。关于影响企业国际化因素的相关研究还有很多，姚凯和王亚娟③研究认为，在完全竞争市场，海归高管与企业国际化显著正相关，在垄断竞争市场，海归高管与企业国际化的系数为正，但是统计上不显著。家族涉入对企业国际化具有显著的负向影响，国有股权参股可以有效抑制这种负向影响④。企业通过嵌入全球价值链，利用知识学习的中介作用，将获得的知识资源转化为自身学习能力，使企业竞争力得到提高，进而能够更好地开展国际化活动，促进企业国际化拓展⑤。陈志红等、田海峰等认为CEO国际化背景促进了企业国际化，企业创新能力⑥、首席执行官对海外市场的关注度⑦对公司首席执行官全球化视野和公司全球化的影响存在一定的中介效应。

---

① 李江帆、顾乃华：《从内向国际化到外向国际化——CEPA背景下珠三角国有服务企业国际化路径安排》，《南方经济》2004年第3期。

② Dunning J. H., "Trade, Location of Economic Activity and the Multinational Enterprise: A Search for An Eclectic Approach", In B. Ohlin Per Ove Hessel-born and Per Magnus Wijkman (Ed.), *International Allocation of Economic Activity*, London: Macmillan, 1977.

③ 姚凯、王亚娟：《海归高管与企业国际化——基于我国高科技上市公司的实证研究》，《经济理论与经济管理》2020年第11期。

④ 徐炜等：《家族涉入、国有股权与中国家族企业国际化》，《经济管理》2020年第10期。

⑤ 赖雨盟：《全球价值链嵌入对中国企业国际化影响研究》，硕士学位论文，华东政法大学，2020年。

⑥ 陈志红等：《CEO开放性特征、创新能力和企业国际化程度》，《中国科技论坛》2020年第2期。

⑦ 田海峰等：《CEO国际化背景促进企业国际化了吗？——基于认知与动机视角的研究》，《财经问题研究》2021年第6期。

第四，企业国际化的路径选择。鉴于分析主体的不同，在理论研究中有两种对立的看法，第一种是以 Johanson 和 Vahlne[①] 为代表的研究者主张的公司全球化途径选择的"渐进式"发展理论。这部分学者认为，在开展全球化活动的过程中，企业对市场规模和业务开展模式的选择体现了明显的"渐进主义"的特点，这部分学者还从企业不断向海外市场学习的方面对这种"渐进主义"特征进行了理论分析。Knudsen 等[②]利用实证分析观察到这种渐进式的全球化形式并不适用于全部企业，部分具有强烈全球化倾向的中小型企业从成立之初就极力开展全球化业务，利用全球市场寻求获得非常稀少且珍贵的资源，并在全球市场上销售其商品以增强公司竞争力，这就是企业国际化路径选择的"跳跃理论"[③]。

二 企业内向国际化

内向国际化之所以被称为"引进来"，是因为企业在开展内向国际化活动中通过吸收海外高新科技、优质商品和经营经验，提高了公司的科技能力，获得了独特竞争力，最终获取接续发展的能力。内向国际化由商品引进、获取海外科技、三来一补、国内外资本合作和成为海外公司在国内的子公司或分公司等[④]方面构成。

第一，发达国家企业内向国际化的研究。1970 年中期阶段，一些北欧的研究人员，如芬兰学者 Luostarinen 及瑞典的 Johanson、Vahlne、

[①] Johanson J., Vahlne J. E., "The Internationalization Process of the Firm—A Model of Knowledge Development and Increasing Foreign Market Commitments", *Journal of International Business Studies*, Vol. 8, No. 1, 1977, pp. 23–32.

[②] Knudsen T., et al., "International Market Strategies in Small and Medium-Sized Enterprises", Karnov Group, 2002.

[③] 李江帆、顾乃华：《从内向国际化到外向国际化——CEPA 背景下珠三角国有服务企业国际化路径安排》，《南方经济》2004 年第 3 期。

[④] 冯德连：《中小企业外向国际化理论与实践研究》，经济科学出版社 2010 年版。

Paul 等在公司行为学说的基础上发展出了全球化阶段理论①②③④。这些学者深入地研究了四个典型的瑞典制造业公司，在比较这四家企业的国外业务开展流程后发现，这部分公司开展跨境经营的策略步骤是非常类似的：首先，企业以偶发的、零散的商品出口开始了与全球市场的首次接触；其次，母公司随着跨境业务的不断扩张获得了越来越多的国外市场信息和交流途径，通过国外代理人，这些企业的外贸市场也开始趋于稳定；再次，由于外国客户对商品需求的不断增加和公司在国外的业务扩张，母公司开始设立销售子公司在国外从事商品贸易；最后，母公司随着市场条件不断发展完善，逐步在国外设立生产和制造基地开展国际直接投资。因此，北欧研究者将公司开展国外业务的整个过程划分为四个差异性阶段：第一个阶段是偶然的对外出口业务，第二个阶段是由外国代理人代理出口，第三个阶段是在国外设立子公司进行海外销售，第四个阶段是企业在境外开展生产经营活动。从第一个阶段到第四个阶段企业国际化程度不断加深，这整个过程是循序渐进而不是动态跳跃的。"市场信息"被北欧研究者用来阐述公司进行全球化经营时为何要采取循序渐进的形式。一个公司由只在本国市场开展业务发展到全球化经营，由内向型公司成长为国际化的公司是一个繁杂的过程，存在较强的不确定性和危险性。企业家不会等到获得了跨境经营所需的全部知识以后才开始开展国际化业务，更不会无知地对一个陌生市场进行巨额投资。企业通常采取的方法是以比较了解，且遭遇风险的可能性最低的邻近国家为起点的，通过间接出口进行小规模的投资，逐渐积攒海外经验、扩展跨境交易的覆盖面。因而，企业国际化发展的整个过程本质上是企业家理解、把握并

---

① Jan Johanson, Finn Wiedersheim-Paul, "The Internationalizaton of the Tirm-Four Swedish Cases", *Journal of Management Studies*, Vol. 12, No. 3, 1975, pp. 305-323.

② Jan Johanson, Jan-Eric Vahlne, "The Internationalization Progress of the Firm-A Model of Knowledge Development and Inceasif Foreign Market Commitments", *Journal of International Business Studies*, Vol. 8, No. 1, 1977, pp. 23-32.

③ Johanson, J. and Vahlne, "The Mechanism of Internationalization", *International Marketing Review*, Vol. 7, No. 4, 1990.

④ R. Luostarinen, "Internationalization of the Firm", Ph. D. dissertation, Hdsinki School of Economics, 1979.

不断积攒在海外进行跨境经营所需知识的过程，同时也是公司自身发育和进步的过程。因此，企业决策者对国外市场的了解程度决定了企业如何在国外开展业务活动是北欧模型的关键假设。

邓宁[①]从宏观分析的角度提出了投资发展阶段理论，在对1967—1975年67个国家的GDP与国际直接投资之间的关系进行探究分析之后提出，经济发展程度决定了公司海外投资的总额以及进行国际直接投资的能力。Welch和Luostatinen[②]从非宏观视角对公司在全球化进程中内向型业务与外向型业务的关系进行了分析，指出公司通常以生产装备、生产所需材料、科技的进口为其全球化经营的开端。内向国际化的经济网络不仅为公司的进一步成长提供了科技支持和要素基础，更打通了公司与海外市场之间沟通的桥梁。相互贸易、跨国战略联盟、交叉许可、国际分包工程、企业间各种合作等活动，在企业全球化进程中内外联系最为密切。例如，长时间开展进口经营的公司不仅打通了商品出口的通道，同时还通过海外出口经济人的各种关系网络开展了各类进出口贸易业务。

第二，发展中国家企业内向和外向国际化的研究。Wells[③]提出了小规模技术理论，根据该理论，成本低是发展中国家后发企业的竞争力来源，而低成本与其国内市场的特性有密切联系。Wells指出了发展中国家后发企业竞争优势的三个来源：①发展中国家企业拥有小规模的生产技术，以满足小市场的需要。对52家印度制造业多国企业的研究显示，大多数印度企业从海外引进制造工艺，同时为了迎合第三世界国家对小规模、差异性商品的需求，一定程度地改进了其进口

[①] Dunning J. H., *International Production and the Muttinational Enterprises*, London: Allen and Unwin, 1981.

[②] Welch L. S., Luostatinen R. K., "Inward-outword Connection in Internationalization", *Journal of International Marketing*, No. 4, 1993, pp. 44-56.

[③] Wells L. T., "The Internationalization of Firms from Developing Countries", In Tamir Agmon and Charles P. Kindleberger (ed.), *Multinationals from Small Countries*, Cambridge, MA: MIT Press, 1977.

的国外科学技术①，Lecraw②在一项对泰国企业的研究中得出结论，即第三世界国家的多国企业规模较小，大多数发展中国家跨国公司都是劳动密集型的。②第三世界国家在国外生产民族商品方面具有优势地位，第三世界国家国际直接投资的另一个特点体现在，这些国家的海外投资具有其自身的民族烙印，主要是为了满足国外具有同一文化属性同胞的需要而设立的。能够明显体现该特征的一个例子是，在海外市场中，华人团体对民族餐饮、新闻和出版业等的需求，使一系列外国资本进入东亚和东南亚地区开展投资生产活动，这些民族商品通常是使用原产国的本地资源进行生产的，在其成本开销方面具有得天独厚的低成本优势。在马来西亚、印度、新加坡、泰国以及中国台湾、中国香港等地这种具有"民族属性"的国际直接投资都有相当程度的占比。③产品低价营销策略。良好的质量和低廉的价格是发展中国家后发企业获取市场占有率的工具，发达国家国际化企业的商品销售策略通常是通过大力投资广告来提高品牌声誉、获得品牌溢价。相反，发展中国家的国际化企业一般使用低价销售策略，在营销上投入的资金较少。

投资发展周期理论是Dunning的国际生产折中理论在发展中国家的进一步发展和应用③，在Dunning论述的投资周期理论中，以人均国内生产总值为指标划分了四个具有不同特征的阶段：人均国内生产总值小于400美元的定义为第一阶段，这类国家的特征是国际直接投资较少同时对外直接投资基本为0；人均国内生产总值为400—1500美元的定义为第二阶段，这类国家的特征体现为国际直接投资体现出初步的增长趋势，但对外直接投资的值依然保持为0，正因如此，营运净收入这一指标为负增长；人均国内生产总值为2500—4750美元

---

① Wells L. T., *Third World Multinationals: The Rise of Foreign Investment from Developing Countries*, Mass: MIT Press, 1983.

② Lecraw, and J. Donald, "Performance of Transnational Comporations in Less Developed Countries", *Journal of International Business Studies*, No. 1, 1983, pp. 15-33.

③ 王方华等：《长三角都市圈制造业企业国际化战略研究》，上海三联书店2007年版；曹亚娟：《发展中国家跨国公司阶跃式演进分析》，硕士学位论文，复旦大学，2004年；刘英：《中国企业对外直接投资和技术能力提升研究》，硕士学位论文，武汉大学，2005年。

的定义为经济发展的第三阶段①,该阶段国际直接投资的值比对外直接投资大,但国际直接投资与对外直接投资的差值不断收缩;而当国际直接投资开始实现正的增长趋势时,该理论将其定义为经济发展的第四阶段②。Lall 对印度跨国企业的国际化竞争力和对外投资驱动因素进行探究后,提出了技术地方化理论,该理论是一个以发展中国家国际化企业为主要对象的研究③,指出广大发展中国家的跨国企业拥有的技术面临运用范围小、运用停留在表面和劳动力依赖较强的问题,但这些技术的形成仍然蕴含着公司内部的迭代创新。下列因素可以让第三世界国家跨国公司整合提升其"独特竞争力":①对第三世界的广大国家,对从国外引进的科技进行本土化的过程是在与西方国家差异较大的环境中开展的。②第三世界国家的相关企业出产的商品适应于其自身的经济发展程度和偏好,也就是说,通过对引进的科技和相关商品开展本土化改进,让该类商品和技术能更好地迎合本国与相邻国家市场的需求,就会使相关企业拥有难以替代的比较优势。③发展中国家企业国际竞争力的来源并不仅局限于生产与销售环节与该地供需的密切联系,更为重要的是在不断地创新发展中产生的新兴科技在小规模生产范围内能爆发出巨大的经济利益。④从商品特点这个方面来看,发展中国家企业可以生产出与发达国家名牌商品差异化的特色产品,即使是在消费者偏好和消费力存在巨大差异性的大型消费市场中,发展中国家企业生产的商品依然具有一定程度的竞争优势④,以上提到的四种竞争优势会由于文化传播、语言沟通程度的加强而得到提升。

三 企业外向国际化界定和研究进展

本部分从企业外向国际化的范畴、企业外向国际化过程理论、内

---

① 闫立罡、吴贵生:《中国企业国际化模式研究》,《科学学与科学技术管理》2006 年第 8 期。

② Dunning J. H. , *International Production and the Multinational Enterprises*, London: Allen and Unwin, 1981.

③ 何勇:《我国中小企业国际化经营与竞争力问题研究》,硕士学位论文,安徽大学,2005 年。

④ Lall S. , *The New Multinationals: The Spread of Third World Enterprises*, New York: John Wiley & Sons, 1983, pp. 250-268.

向国际化与外向国际化的关系和其他外向国际化理论几个方面展开。

第一,企业外向国际化的范畴。赵兰洋和段志蓉认为,国际化是公司踊跃加入国际合作,从本国经营延伸到在全球范围开展业务的过程,外向国际化和内向国际化是企业国际化的两个主要组成部分[①],具有相互促进性。具体来说,外向国际化包含了直接或间接出口、科学技术转出、与国外企业订立合同、国际资本进入、向国外建立子公司或分公司;而内向国际化多体现为进口、主动引进海外技术、三来一补、国内资本合作、成为海外企业的子公司或分公司[②]。冯德连认为,外向国际化指的是直接或间接的出口活动、科学技术转出、与海外企业订立合同、国际资本进入,以及向国外建立子公司或分公司等[③]。

第二,企业外向国际化过程理论。企业外向国际化渐进理论提出全球化并不是跳跃的,而是一个循序渐进的动态发展过程,从本国市场逐渐延伸到海外市场,深度从浅及深,该理论描述的是中小企业限于自身资源的限制,其外向国际化是一个由国内到国外、国际化程度由低到高的逐步发展的过程[④]。乌普萨拉国际化模型是由瑞典乌普萨拉国际化大学的 Johanson 和 Paul[⑤]、Johanson 和 Vahlne 从企业行为理论出发,建立的一个用来阐述跨国公司如何选择目标市场以及怎样实现全球化的过程模型,分为四个阶段,由国际化程度由低向高依次进行。该模型运用静态和动态两方面的相互作用,解释企业开展国际经营活动的两种模式:一是解释在特定国外市场开展国际经营活动的顺

---

① 赵兰洋、段志蓉:《内向与外向国际化的联系机理及其对中国企业的启示》,《特区经济》2006年第4期。

② 鲁桐:《企业的国际化——兼评中国企业的海外经营》,《世界经济与政治》1998年第11期。

③ 冯德连:《中小企业外向国际化理论与实践研究》,经济科学出版社2010年版。

④ 朱春兰:《浙江民营科技企业国际化影响因素分析——基于200家浙江民营科技企业的实证调查》,《改革与战略》2014年第11期。

⑤ Johanson J., Wiedersheim-Paul F., "The Internationalization of the Firm: Four Swedish Case Studies", *Journal of Management Studies*, No.12, 1975, pp.305-322.

序，二是解释所选择进入国外市场的次序（按照心理距离接近程度排列）①。Bilkey 和 Tesar② 提出了出口行为理论，虽然该理论对国际化阶段的划分理解不同，但都认为企业的跨国经营是渐进发展的，强调企业国际化是一个连续的发展过程。Pederson 和 Petersen 建立了包含市场信息、要素规模、市场范围及结构四个方面在内的企业全球化路径的四要素模型③。Welch 和 Luostatinen 研究了企业国际化中的内外联系④。Yip 等提出了站点模型，该理论包括六个步骤，分别是动机和战略计划、市场调查、市场选择、进入模式选择、突发事件和问题的计划、进入战略和资源投入⑤，企业必须追随这个路径，企业国际化过程在受到有规律的站点模型影响的同时，也受到其他竞争优势的影响。Contractor 等⑥提出了国际化扩张的三阶段模型，认为随着国际化程度的加深，企业绩效会呈现第一阶段下降、第二阶段上升、第三阶段再下降的三阶段关系。

第三，内向国际化与外向国际化的关系。企业的内向国际化与外向国际化是相互联系、互相促进的。Luostatinen 对 586 家芬兰的公司进行调查，主要考察了其全球化进程，结果具有明确的指向性：超过一半企业（336 家）的跨境商务联系起始于内向国际化，并且这种由内向外的规律在大型企业的国际化过程中体现得更为明显。研究还发现，在规模由小到大的三类企业中，遵循由内而外规律开展全球化业

---

① Johanson J., Vahlne J. E., "The Internationalization Process of the Firm—A Model of Knowledge Development and Increasing Foreign Market Commitments", *Journal of International Business Studies*, Vol. 8, No. 1, 1977, pp. 23–32.

② Bilkey W. J., Tesar G., "The Export Behavior of Smaller-Sized Wisconsin Manufacturing Firms", *Journal of International Business Studies*, Vol. 8, No. 1, 1977, pp. 93–98.

③ Pederson T., Petersen B., "Explaining Gradually Increasing Resource Commitment to a Foreign Market", *International Business Review*, No. 7, 1988, pp. 483–501.

④ Welch L. S., Luostatinen R. K., "Inward-outward Connection in Internationalization", *Journal of International Marketing*, Vol. 1, No. 1, 1993, pp. 44–56.

⑤ Yip G S., et al., "The Role of the Internationalization Process in the Performance of Newly Internationalizing Firms", *Journal of International Marketing*, Vol. 8, No. 3, 2000, pp. 10–35.

⑥ Contractor F. J., et al., "A Three-Stage Theory of International Expansion: The Link Between Multi-Nationality and Performance in the Service Sector", *Journal of International Business Studies*, No. 34, 2003, pp. 5–18.

务的企业占样本总数的比值分别为53%、59%和69%。由内而外的全球化进程是多路径、多形式的,且该种关联不但存在于全球化开端,而且渗透于企业全球化的整个过程。就第三世界国家及其产业和企业来说,内向国际化阶段是其走向全球化的必经之路。任何企业由小到大,从对内的小企业发展成为在整个全球经济体系内开展经济活动的大公司,都是一个充满不确定性和危险性的过程。若公司决策者没有充分了解市场并获取相关的经营信息,天生对风险的厌恶则会使其最大限度地减少对国外市场的资本投放;这个阶段公司所采取的决策往往属于企业的初级尝试阶段;随着国外业务量的增加,决策者不断获取、积攒有关市场信息,越来越多地投资于国外业务;同样,国外业务的发展又使决策者对市场的了解更加深入,最终成为企业把握国外市场新机会的开端,促使公司在国外市场进行进一步的投资[①]。当企业的内部国际化发展到一定阶段后,其必然会走向外部国际化,用运动的眼光来看,内向和外向国际化从始至终都运用于企业全球化的全流程,两者是相伴相生、互相推动的[②]。

在企业刚开始进行全球化时,内部国际化对这一阶段的影响最为明显,大部分跨国公司的全球化就源于最初的内向国际化。企业的外部国际化并不会自动触发,跨国公司在吸引外资、商品进口、国内外合作等内向国际化阶段中,获得并不断积累能够促使企业家开展全球化业务的经营经验,公司的经营者意识到在内部国际化中获取的经验和知识能够很好地应用于国际市场,在此基础上企业就有可能开始开展外向国际化业务。外向国际化开展后,企业在内向国际化中积累的关系网便能发挥效能[③],例如,企业自海外进口生产要素是内向国际化的体现,在这一过程中,企业与海外出口商所建立的联系就能够对

[①] 鲁桐:《中国企业如何向外发展?——兼评企业国际化阶段论》,《国际经济评论》1998年第Z2期。
[②] 鲁桐:《中国企业跨国经营战略》,经济管理出版社2003年版,第60页。
[③] 赵兰洋、段志蓉:《内向与外向国际化的联系机理及其对中国企业的启示》,《特区经济》2006年第4期。

企业开展外向国际化业务产生帮助。房帅和田珺①通过建立信息溢出模型，分析了国际直接投资对东道国产品持续出口的影响，国际直接投资降低了东道国企业出口的生产率门槛并提高了企业持续出口的概率，这些效应在东道国具有比较优势的行业中更加显著。

第四，其他的外向国际化理论。外向国际化快速理论阐释了规模较小的跨国公司的全球化发展模式，一般为传统类型中小企业的国际化成长现象，即由国内到国外，国际化程度逐渐加深的中小企业。但近10年来，国际上出现了许多从成立初期或者成立后不久就开展国际化活动的现象，出现了解释此现象的国际化快速理论。天生国际化理论与渐进国际化理论处于两个对立面，其讨论的主要对象是在建立初期就开展全球化经营的企业。国际新创投资理论定义了国际新创企业，认为内部交易、可替代的管理结构、外国特定区域优势和独特资源支持了企业发展。世界历史经验表明，中小企业外向国际化程度的提高一般发生在该国工业化后期，黄烨菁和钱颖②揭示了中小企业出口与国际化策略特有的路径与模式，以及其对产业竞争力研究的价值，例如，美国在1920年前后大体实现了现代化工业，同一阶段，美国的中小型公司开始加大对海外投资的力度③；日本在1970年末结束了其现代化工业转型，进入20世纪80年代后，日本的中小企业对外直接投资进入了快速发展阶段。网络方式理论指出，创建、维护和发展网络联系等活动是公司在工业体系中不断积累知识经验的过程。由于这种积累性质，市场位置成为一个很重要的概念，每个企业都有一定的位置，体现的是这家企业和其他公司之间的关联性。公司的全球化进程就是在全球经济关系网络中与其他企业建立联系的过程④，企业在国际化过程中建立和发展其在国际生产、市场网络中的位置。

---

① 房帅等：《外国直接投资、比较优势与发展中国家产品出口持续时间》，《世界经济研究》2020年第7期。
② 黄烨菁、钱颖：《如何认识中小企业特有的出口竞争优势？——以天生国际化理论为视角》，《国外社会科学前沿》2020年第5期。
③ 焦军普：《产业国际化的内涵与演进路径研究》，《经济纵横》2013年第6期。
④ 朱春兰：《浙江民营科技企业国际化影响因素分析——基于200家浙江民营科技企业的实证调查》，《改革与战略》2014年第11期。

基于企业家精神的国际化理论认为，企业在成立之初就进行国际化是因为特殊企业家精神的存在。在企业家创业定位中的冒险精神、创新意识维度和企业家的年龄对国际新创企业进入新市场的决策有积极影响。组织学习视角的国际化理论运用组织学习理论说明企业获取知识的路径，并解释快速国际化企业的国际化成长过程，这是对乌普萨拉国际化全球化理论的升华。国际化企业通过开展模仿训练来获取、积累海外经营知识和经验，并影响企业的国际化进程，刺激、鼓励和推动着企业的国际化。

第三节　比较优势与竞争优势研究

随着经济全球化程度的不断深化，国际化企业对世界经济的促进功能逐渐凸显。一个国家具有强大国际竞争力的跨国公司数量越多，这个国家的经济实力和国际竞争优势往往越强。中国企业的国际化竞争优势和跨国经营问题已经引起研究者的广泛关注，随着改革开放深化，中国企业竞争能力得到长足提升，已经有一批中国企业，如福耀、华为、万向、小米、联想等走出国门进行国际化建设。本部分梳理了比较优势、竞争优势研究，以及两者之间关系的相关文献。

一　基于比较优势理论的研究

理论界普遍认为由斯密[1]提出的绝对优势理论和李嘉图[2]阐述的比较优势理论共同建构了古典贸易理论，赫克歇尔和俄林[3]、俄林[4]等建立的要素禀赋论、萨缪尔森[5]提出的资源禀赋论共同组成了新古典

---

[1] [英]亚当·斯密：《国富论》，唐日松译，华夏出版社2005年版。
[2] 转引自[英]彼罗·斯拉法：《李嘉图著作和通信集》（第一卷），商务印书馆1962年版。
[3] [瑞典]伊菲·赫克歇尔、[瑞典]戈特哈德·贝蒂·俄林：《赫克歇尔-俄林贸易理论》，商务印书馆2020年版。
[4] [瑞典]伯特尔·俄林：《区际贸易和国际贸易》，逯宇铎等译，华夏出版社2013年版。
[5] [美]保罗·萨缪尔森、[美]威廉·诺德豪斯：《宏观经济学》（第18版），萧琛译，人民邮电出版社2008年版。

贸易理论，新贸易理论典型代表人物则是克鲁格曼、赫尔普曼、格罗斯曼等，而杨小凯①阐明了新兴古典贸易理论。其中，传统的比较优势理论是由古典贸易理论和新古典贸易理论组成的，而现代的比较优势理论是由新贸易理论和新兴古典贸易理论组成的。以上这些理论被看作国际贸易理论的进一步延伸与发展。

第一，古典贸易理论：以生产技术差异为基础的比较优势②。古典贸易理论创始人斯密③提出了众所周知的"看不见的手"理论，该理论以市场交易的全新视角分析了国际分工与国际贸易是如何发展的，不同的产品由于生产要素和条件的差异造成了劳动生产率和成本的差别，而这也正是国际贸易产生的原因，一国的绝对优势源于该国的自然优势和获得性优势。自然资源优势和独特的生产要素优势，让一些国家拥有了在生产贸易方面的独特优势，该理论被称为绝对优势理论或绝对成本理论，该理论注重国家后天优势的分析，因此，绝对成本理论在学术界又被称作内生比较优势，它虽然解释了国际贸易产生的重要动因，并为自由贸易找到了理论论据④，但局限性在于它只是解释了国际贸易中的一种特殊情形，即具有绝对优势的国家之间进行自由贸易才能获益，对没有绝对优势的国家在自由贸易中能否获益并没有说明。

李嘉图继承和发展了斯密的理论，进而发展了比较优势理论，为国际贸易理论的发展打下了坚实基础。国际贸易的全球化分工并不仅仅源于绝对成本的不同，因为就算某国生产所有商品的劳动生产率都在全世界范围内具有领先优势，只要优势或劣势的影响程度有所差异，这个国家就能够以制造劳动生产率差别不大的商品融入国际贸易并从中获得比较优势，这是由劳动生产率的差别造成了不同国家制造同类商品时具有大相径庭的机会成本⑤。在这种假设下，即使某一国

---

① 杨小凯：《经济学：新古典与新兴古典经济学框架》，华夏出版社2003年版。
② 赵丽红：《比较利益原则与拉美国家的发展悖论》，《拉丁美洲研究》2011年第1期。
③ [英]亚当·斯密：《国富论》，唐日松译，华夏出版社2005年版。
④ 林斌：《比较优势理论：文献综述》，《全国商情（经济理论研究）》2007年第1期。
⑤ 梁丹：《突破比较优势理论的束缚 推进竞争优势战略的实施——河南经济贸易发展战略选择研究》，《河南教育学院学报》（哲学社会科学版）2007年第6期。

家不具备绝对优势，只要满足"生产某商品的机会成本比其他国家制造此商品机会成本小，这一国家对生产这一商品就具有了比较优势"，"在这种条件下倘若各个国家能够向外出口具有比较优势的产品，进口本国不拥有比较优势的商品，两国就都将会在这样的全球化贸易之下获得双赢"。① 换句话说，在这样的前提下拥有较多比较优势的国家，应该将这些优势汇总起来生产更多的优势商品，不具有或者具有较少比较优势的国家应该挑选那些比较优势相对较大的商品进行制造，按照"两利相权取其重，两弊相权取其轻"的规律安排全球化生产②。各个国家之间生产技术的差异造成了比较优势各有不同，这就是产生国际贸易的原因，反过来也影响企业全球化模式的选择。比较优势理论的进步在于弥补了绝对优势理论的缺陷，表明无论国家发展程度如何、落后与否都能够主动地参与到全球化中，这一理论也为经济全球化范围和深度的不断扩展打下了坚实的理论基础③。但对造成比较优势不同的原因是什么，以及贸易利得的分配、互利贸易的范围等问题，李嘉图没有做出回答。此外，比较优势理论研究的是一个静态世界，对国家长期的动态利益，该理论是无法很好预期的。同绝对优势理论一样，劳动价值论是比较优势理论的前提，两者都假定劳动的供给是同质无差别的，劳动成本的大小差异决定了这一产品的价值不同，仅用劳动成本的差异来解释国际贸易利益也是不完整的。

第二，新古典贸易理论：基于资源禀赋差异的比较优势。1800—1900年，新古典经济学应运而生，该理论在原有的新古典经济学分析体系下对国际贸易进行分析，认为国际贸易不是"零和博弈"，而是双方都能获利的一种活动，这为自由贸易政策提供了理论基础。赫克歇尔（Heckscher）④ 表明了要素禀赋论的重要观点，提出要具有比较

---

① ［英］彼罗·斯拉法：《李嘉图著作和通信集（第一卷）》，商务印书馆1962年版。
② 张红霞、赵丽娜：《国际贸易理论的演进与发展趋势研究》，《山东理工大学学报》（社会科学版）2008年第6期。
③ 姜延书：《寡头垄断条件下的中国大宗商品进口可持续发展问题研究——基于大豆和铁矿石进口实证分析》，博士学位论文，对外经济贸易大学，2010年。
④ ［瑞典］伊·菲·赫克歇尔、戈特哈德·贝蒂·俄林：《外贸对收入分配的影响》，商务印书馆2020年版。

优势就需要满足两个最基础的前提假设,他的学生俄林（Ohlin）[①]进一步论证并发展了生产要素禀赋理论,被称为 Heckscher 和 Ohlin 的要素禀赋理论,简称 H-O 理论,与古典贸易模型中的单要素投入不同,将比较优势作为贸易根基的 H-O 模型,在多于两个（包含两个）的生产因素机制下研究商品的生产成本,以总体均衡思想分析世界贸易和因素变化互相的作用。该理论分析比较优势的逻辑线条是有差异的要素禀赋（要素供给的比例）→有差异的生产要素价格（如土地、劳动力、资本）→存在差异的产品价格→国际贸易形成→逐渐相等的生产要素全球价格[②]。该理论认为,两个国家保持着两类生产要素,并据此产出两种商品时,在同样的生产函数下,产生比较优势的根本原因是各国或区域之间存在着有差异的生产要素禀赋和在形成各种互异产品过程中存在着有差异的要素使用密集度。要素禀赋差异确定着要素价格差,要素价格差又确定着产品成本差。在一个完全竞争的市场上,产品价格取决于产品成本差,究其根本,确定全球分工与贸易的是要素禀赋差,也就是说一个国家的比较优势取决于要素丰裕度,因此本国应产出并对外国出售自己相对廉价和丰富的要素密集型商品,从外国购进对自身相对高昂和稀少的要素密集型商品。作为古典国际贸易理论的发展和完善,要素禀赋论从许多不同的要素角度来诠释国际贸易问题[③④]。但 H-O 模型忽略了国与国之间生产技术上的差别,并固定规模收益,忽略了国际国内经济因素的动态变化,使理论存在缺陷。除此之外,要素禀赋论主要从供给角度分析贸易产生的原因,忽视了需求的作用,影响了对现实问题的分析,且该理论只能解释要素禀赋不同的国家之间的分工与贸易行为,而对大量发生在要素

---

① ［瑞典］伯特尔·俄林：《区际贸易和国际贸易》,逯宇铎等译,华夏出版社 2013 年版。
② 赵春艳：《比较优势与竞争优势的关联机理及转化机制研究》,博士学位论文,武汉理工大学,2010 年。
③ 林建红、徐元康：《比较优势与竞争优势的比较研究》,《商业研究》2004 年第 9 期。
④ 徐元康：《从比较优势到竞争优势：论我国外贸发展的战略转变》,硕士学士论文,华南师范大学,2003 年。

禀赋相似、需求格局接近的工业国之间的国际贸易现象无法解释①。萨缪尔森②运用数学方法演绎 H-O 模型提出,由于各个国家收入差距受到国际贸易影响,国际贸易一定会让各国之间生产要素的相对价格和绝对价格呈现均等化,这一定理也被称为生产要素价格均等化定理或 H-O-S(Heckscher-Ohlin-Samuelson)定理。该定理潜在地指出,即使要素不跨国流动且只有商品自由贸易,生产和资源的有效配置也能在世界范围内变成现实③。但要素价格均等是以商品价格均等为先决条件的,在实际中,因为有运输成本和贸易壁垒、不一致的生产技术条件等各种障碍因素,要想让国际要素价格均等化成为现实存在一定难度④。

  里昂惕夫(Leontief)⑤以美国为例,向赫克歇尔、俄林等提出的要素禀赋理论发起了挑战,里昂惕夫运用自己创立的投入—产出法,两次对美国 200 种产业的出口产品和进口替代品中所需的劳动和资本量进行了比较,美国是一个拥有丰厚技术资源和资本的国家,理论上其应该从外购进劳动密集型商品,对外销售资本密集型商品,而现实与理论截然不同⑥:美国是在出口劳动密集型产品,进口资本密集型产品,这就是国际经济学界著名的"Leontief 之谜"或"Leontief 悖论",这样的论证结果无法用传统的贸易理论加以解释与说明,基于此,各式各样的理论被经济学家创建出来,区别劳动密集型商品和资本密集型商品的是投入要素而非产品本身,这点是非常明确的,相同的一类产品,在不发达国家或许是以劳动密集产生的,而在发达国家

---

  ① 张红霞、赵丽娜:《国际贸易理论的演进与发展趋势研究》,《山东理工大学学报》(社会科学版)2008 年第 6 期。
  ② [美]保罗·萨缪尔森、威廉·诺德豪斯:《经济学》(第 19 版),萧琛译,商务印书馆 2013 年版。
  ③ 梁嘉庆:《奥迪品牌汽车的进口策略研究》,硕士学位论文,吉林大学,2011 年。
  ④ 张洁:《试析传统国际贸易理论的研究路径——基于方法论的探讨》,《商场现代化》2012 年第 34 期。
  ⑤ [美]沃西里·里昂惕夫:《1919—1939 年美国经济结构:均衡分析的经验应用》,商务印书馆 1993 年版。
  ⑥ 徐元康:《从比较优势到竞争优势:论我国外贸发展的战略转变》,硕士学位论文,华南师范大学,2003 年。

或许是以资本密集产生的①。

第三,新贸易理论:基于规模经济差异的比较优势。20世纪80年代,以克鲁格曼②、赫尔普曼③等为代表的经济学家创立了"新贸易理论",这个理论阐明了规模经济、垄断竞争等关键概念,对传统贸易理论仅诠释了发展中国家与发达国家间的贸易现象,但难以表明相同发达水平的国家,特别对发达国家间或存在细微要素禀赋结构国家间贸易现象的局限进行了发展和完善④。

第四,新兴古典贸易理论:以交易效率差异为基础的比较优势。交易费用理论作为新兴古典贸易理论的关键基础,是由科斯⑤创建的,该理论通过深度研究和拓展,逐步进步成一个既能诠释企业、市场和两者混合形式等各类组织的互替互补,也能诠释各类组织内部有效治理机制的理论。该理论指出:企业的契约关系是长期且固定的,但市场是短期的,所以企业是组织生产的方式,而不是市场。企业与市场的契约完成交易并不相同,企业是通过权威在内部完成的。企业之所以存在,究其根本原因在于企业是价格机制的替代物,交易成本会由于交易转移到企业内部而有所降低,也就是说,企业生产、生存及替代市场机制的唯一动因是节约交易费用,如果在公开市场上完成相同交易所耗费的成本与企业内部用于额外交易的这笔成本相等时,则企业的拓展将不会再继续。基于新兴古典贸易理论,新兴古典经济学提出了分析的新框架,把由分工导致的专业化经济和交易费用两难冲突

---

① 程恩富、丁晓钦:《构建知识产权优势理论与战略——兼论比较优势和竞争优势理论》,《当代经济研究》2003年第9期。
② [美]保罗·克鲁格曼:《克鲁格曼国际贸易新理论》,黄胜强译,中国社会科学出版社2001年版。
③ [以色列]埃尔赫南·赫尔普曼、[美]保罗·R.克鲁格曼:《市场结构和对外贸易:报酬递增、不完全竞争和国际贸易》,尹翔硕、尹翔康译,上海人民出版社2009年版。
④ 赵春艳:《比较优势与竞争优势的关联机理及转化机制研究》,博士学位论文,武汉理工大学,2010年。
⑤ [美]奥利弗·E.威廉姆森、[美]西德尼·G.温特编:《企业的性质》,商务印书馆2010年版。

相互作用的结果作为贸易的缘由①。

第五,"比较优势陷阱"的研究。比较优势理论在理论界长期占据主流地位,许多发展中国家相继选择比较优势战略来发展经济,在国际分工中获得了比较利益,而在国际上,会产生一种日益严重的贸易环境和贫穷状况,使其陷于"比较优势"之中,即这些国家很可能会掉进"比较优势陷阱"。从国际竞争的现实来分析,仅强调劳动成本低的比较优势是不合理的,劳动成本低并不能为中国企业在国际化中创造出难以替代的竞争优势。从宏观角度来看,虽然长三角地区的发展遵从了比较优势战略,但是掉入"比较优势陷阱"是因为处于世界产业分工的价值链底层,并且过度依靠低廉的自然资源和劳动力②。长三角区域是以比较优势来制造和输出的,与主要以技术和资金密集型商品出口的经济发达国相比,虽然可以获得利润,但由于其贸易结构的不确定性,始终处在劣势,掉入了"比较利益陷阱"③,要在国际贸易中避免掉入"比较优势陷阱",就要抓住机遇,将比较优势转为竞争优势,才能在国际分工中实现自身利益最大化。对比较优势理论与竞争优势理论,林建和徐元康④发现,在产业竞争中,生产要素的价值在迅速地减弱,更低成本的生产背景层出不穷是以生产成本或国家补助为比较优势的缺点。对于拥有传统资源优势的国家来说,新技术的迅速进步,使其迅速丧失竞争力。那些拥有劳动成本或天然资源优势的行业由于资金周转率不高、进入壁垒较低,使很多国家会首先选择发展这些产业,许多竞争者也闻声而来,从而优势逐渐褪去,资产由于投入过多也被套牢而掉入"比较优势陷阱"。

发展中国家掉入"比较优势陷阱"的一个更重要原因是发展中国

---

① 赵春艳:《比较优势与竞争优势的关联机理及转化机制研究》,博士学位论文,武汉理工大学,2010年。

② 洪银兴:《经济全球化条件下的比较优势和竞争优势》,《经济学动态》2002年第12期。

③ 张少兵:《长三角纺织服装业发展透视:从比较优势到竞争优势》,《华东经济管理》2008年第3期。

④ 林建红、徐元康:《比较优势与竞争优势的比较研究》,《商业研究》2004年第9期。

家企业在国际化时通过大批量的引入、借鉴先进技术，采用技术溢出和改善技术等方式来提升自身在世界范围内的竞争地位，以期攀升到高附加值环节，然而，这些比较优势战略对技术引入的过分依赖，会导致其自身的创新水平在很长一段时间内难以得到提升；如果不能充分利用后发技术，就必须依靠先进技术。例如，纺织、服装行业的架构调整速度很慢，在中期甚至长期内都位于较弱地位，行业间存在着较大的同构现象和激烈的市场竞争，这主要是由当地政府与企业习惯性地教条化使用比较优势策略所致①。石军伟②构建了"等竞争优势"曲线模型，分析了发达国家主导的全球价值链治理使后发国家掉入"比较优势陷阱"的理论机制，着眼充分发扬资源和劳动力优势，还将形成一批控制资源和劳动力要素的利益团体，进而摒弃进步技术的引进与创新，尤其是资源或劳动力代替技术；从国际贸易进步的实际来看，对国际贸易利益分配中的非公正现实，比较优势战略也无法更改，甚至有可能加剧不平衡；有些以出口导向型经济为主的不发达国家，比较优势战略过度突出贸易的静态利益，忽视了贸易对产业架构演变、技术进步和体制创新的促进影响。

第六，比较优势理论研究的进展。比较优势理论顺利地诠释了在实际中的一些贸易格局，并在比较久的时间里形成了国际分工与贸易理论的主流地位，然而这些研究忽视了需求因素对贸易的作用，并且也只简略粗糙地考核了供给因素对贸易的作用。除此之外，国际贸易逐渐朝着要素禀赋和收入水平相似的国家之间的贸易进步，同一产业中类似商品的"产业内贸易"在高收入国家之间更为繁华，这会为比较优势理论带来威胁③，比较优势理论显示出告急的缺陷，对比较优势理论的不赞同使贸易理论发育得更快。杨小凯和张永生认为要素禀赋的比较优势分析结构仅仅突出怎样配置资源，但不突出专业化和分

---

① 张少兵：《长三角纺织服装业发展透视：从比较优势到竞争优势》，《华东经济管理》2008年第3期。
② 石军伟：《比较优势陷阱、创新偏差与后发大国全球价值链突破——一个新的理论视角与经验证据》，《产业经济评论（山东大学）》2020年第1期。
③ 缪国书：《比较优势、竞争优势与中部崛起的路径依赖》，《中南财经政法大学学报》2006年第3期。

工，这种看法存在缺陷，于是提出使用超边际分析方式能够改正其缺点，进而构建了新古典经济学的李嘉图模型，该模型从专业化、分工层面扩展了对内生比较优势的解析，提出分工的不断改善会提升内生比较优势①。这个理论更加突出了分工的优势，提升了个人的专业化程度，进而加快了个人人力资本累积的速度②。因此，在事前同样的个体决定用不同的专业化水平生产互异的商品的情况下，若专业化报酬增加，则或许会存在比较优势，也就是说在事前相同的情况下，每个个体或许都有比较优势，人们对专业化程度的决定确定了这种比较优势是否存留③。该理论找到了内生比较优势和分工之间的关系，以及内生比较优势形成的原因，但在修正要素禀赋比较优势分析框架时，该理论只关心资源配置问题和专业化分工的优点，导致其理论不具有全面性。

林建红和徐元康④认为，"传统贸易理论"突出的比较利益结构是基于一国产业比较优势而构建的，不发达国家拥有丰裕且低廉自然和劳动力资源，但是缺乏技术与资本，而这正是发达国家的优势所在，所以，发达国家从外国购进劳动密集型、自然资源密集型商品，对外国销售资本或技术密集型商品，欠发达国家从外国购进资本或技术密集型商品、对外国销售自然资源、劳动密集型商品，这也正是比较优势贸易格局的普遍形式。可以说，国际贸易在很长一段时间内是按照此格局进行的，但按照这种比较优势进行贸易很可能让发展中国家掉入"比较优势陷阱"，不利于国家的长久发展。程恩富和廉淑⑤论证了比较优势理论越来越不能充分合理地解释新现象的具体表现有六个方面：①比较优势理论的一些前提条件在当今世界已经不存在。

---

① 赵春艳：《比较优势与竞争优势的关联机理及转化机制研究》，博士学位论文，武汉理工大学，2010年。
② 杨小凯、张永生：《新兴古典发展经济学导论》，《经济研究》1999年第7期。
③ 杨小凯、张永生：《新贸易理论及内生与外生比较利益理论的新发展：回应》，《经济学（季刊）》2002年第4期。
④ 林建红、徐元康：《比较优势与竞争优势的比较研究》，《商业研究》2004年第9期。
⑤ 程恩富、廉淑：《比较优势、竞争优势与知识产权优势理论新探——海派经济学的一个基本原理》，《求是学刊》2004年第6期。

②对比较优势理论中涉及的比较成本，是针对本国商品来说的，这并非表明国内比较成本低的商品，肯定会在全球竞争中存在优势，存在比较优势也并不表明存在竞争优势①。③比较优势理论仅关注经济原因，却忽视了非经济原因和经济安全。④比较优势理论只重视静态的比较利益，却忽视了动态发展。⑤比较优势理论并不全面地突出资金的必要性，且忽视了信息技术、知识、人力资本的培育，事实上这些要素在信息技术创新方面有较为重大的作用。⑥比较优势理论着重突出"看不见的手"的影响，忽略了企业这个竞争主体的影响。基于综合、归纳各派比较优势思想，王世军阐述了综合比较优势理论的基础思维和梳理模型，构建了衡量综合比较优势的指标体制和测量方式，构造了跨国和时间序列数据库，对综合比较优势理论进行了实证分析，评价了运用综合比较优势理论对其他比较优势理论流派的观点和模式②。樊纲认为，比较优势和后发优势是发展中国家在不同发展阶段上继承的互不相干的两个优势，中国过去的高速发展难以用比较优势加以解释③④。刘培林和刘孟德认为，唯有遵循比较优势的战略才能顺利、充分地释放后发优势，这正是破解"发展悖论"的"发展的机制"⑤。

二 基于竞争优势理论的研究

与比较优势相对的、容易混淆的概念是竞争优势，研究者对比较优势和竞争优势有不同的理解⑥。与比较优势理论的成熟与系统相比，

---

① 张冲：《从比较优势到竞争优势——中国贸易模式的选择》，《中国证券期货》2013年第3期。

② 王世军：《比较优势理论的学术渊源和评述》，《杭州电子科技大学学报》（社会科学版）2006年第3期。

③ 樊纲：《"发展悖论"与"发展要素"——发展经济学的基本原理与中国案例》，《经济学动态》2019年第6期。

④ 樊纲：《"发展悖论"与发展经济学的"特征性问题"》，《管理世界》2020年第4期。

⑤ 刘培林、刘孟德：《发展的机制：以比较优势战略释放后发优势——与樊纲教授商榷》，《管理世界》2020年第5期。

⑥ 赵春艳：《比较优势与竞争优势的关联机理及转化机制研究》，博士学位论文，武汉理工大学，2010年。

竞争优势理论较为宽泛①，其中最成功的是波特的"竞争优势理论"。

第一，波特的竞争优势理论。波特是竞争优势理论的开拓者与集大成者，他从企业、行业和国家层面，以及微观、中观、宏观方面，详细地阐述了如何培养国家竞争优势以及如何运转竞争战略②。波特③通过探索行业内或行业间怎样抉择更有利的竞争地位，进而阐述了三个关于公司如何获取竞争优势战略措施，也就是目标聚集战略、低成本战略、差异化战略。还阐述了一种用于透析公司之间竞争优势起源的架构（价值链），研究了提高企业竞争优势的方法，他提出有差异的价值链是公司之间竞争优势的核心起源。波特认为国家的经济背景、政策、组织和结构等因素在产业竞争优势中起着重要作用，其可以帮助一个国家保持产业竞争优势，进而他提出了"钻石理论"，利用这一理论可以研究一个国家怎样在某个领域构建属于自己的竞争优势，以及怎样在某些产业中充分发扬其竞争优势，"钻石理论"还可以研究产业形态的变更，进一步构建出完善框架来诠释一个国家的整体竞争力④。波特认为，一国国内市场竞争的激烈程度同该国企业的国际竞争力成正比；倘若国内市场对企业的商品需求小于国际市场，取得规模经济优势就对构建国家竞争优势非常有益；倘若本国购买者需求水平不低，这就有利于有关企业获得竞争优势；倘若本国消费者向其他国家的需求攀比，本国产业及时调整产业结构，且改进产品的能力强，这就有利于该国竞争力的提高。一国的竞争优势是企业、行业的竞争优势，竞争优势高低取决于其产业发展和创新的能力高低，企业因压力和挑战才能战胜竞争对手而获得竞争优势。竞争优势理论认为，是竞争优势而非比较优势决定了企业（进而国家）在国际市场上能否获利和获利多少⑤。比较优势发展战略有利于宏观经济

---

① 魏敏：《论我国高星级饭店业提升竞争优势的战略路径》，《财贸经济》2007年第12期。
② 杨东辉：《我国对外贸易贫困化增长问题及政府战略对策研究》，硕士学位论文，重庆大学，2007年。
③ ［美］迈克尔·波特：《竞争战略》（第2版），华夏出版社2005年版。
④ ［美］迈克尔·波特：《国家竞争优势》，华夏出版社2002年版。
⑤ 曹晓超：《中澳农产品贸易发展策略研究》，硕士学位论文，湖南科技大学，2013年。

的快速发展,而具体某类行业在发展战略选择上应遵循竞争优势原理,特别是在对外贸易中,竞争优势战略有利于发展中国家改变在国际贸易中的不利地位。因此,近年来人们越来越强调用竞争优势原则来指导对外贸易的发展①。

第二,竞争优势理论研究进展。陶然建立了国内首个由比较优势到竞争优势的理论架构,传统理论对国家竞争优势形成的不全面的理解被国家竞争优势理论打破了,抛弃了原子状竞争的传统比较成本说,转而面向不充分竞争假设下企业的分析,指出了在提升国家竞争优势中政府可以起到的作用;政府这一"看得见的手"在不完全竞争条件下可以促进建立竞争优势,但其没有说明在企业国际化下政府的作用到底有多大,以及会不会因为超越国界难以控制而使作用发挥不到最大化②。刘国亮和薛欣欣认为竞争优势是一个地区范围内的产业与其他地区同类产业的竞争所表现出来的优势,它更多地由本地区的需求条件、生产要素、关联产业、企业战略等决定③。竞争优势存在着一些缺陷:①竞争优势的许多结论不适合解释发展中国家的情况。②竞争优势理论隐藏的前提条件包括资本是非短缺的,以及企业得到领先的管理经验和技术的渠道是轻松的。而这不完全符合现实生活,对于全世界来说资本流动依旧遭遇许多阻碍,部分不发达国家本身积累能力不足,技术落后和管理经验不足的情况更严重。③钻石体系并不能够全面透彻地反映相应的问题,多个因素会干扰一国经济发展,以至于国家间干扰因素也不相干。④跨国公司的因素没有在波特的考虑中,在国际贸易往来、分工中跨国公司的作用不容忽视。⑤波特模型的条理是企业和行业的竞争力决定了国家的竞争力,所以他是从企业竞争策略着手的,然而他几乎全面认为是企业来自外部的市场的推力导致了企业竞争优势,企业的外部环境确实不可忽视,如果过度突

---

① 李晓钟:《产业比较优势动态性的实证分析》,《国际贸易问题》2004年第7期。
② 陶然、周巨泰:《从比较优势到竞争优势——国际经济理论的新视角》,《国际贸易问题》1996年第3期。
③ 刘国亮、薛欣欣:《比较优势、竞争优势与区域产业竞争力评价——以山东省制造业为例》,《产业经济研究》2004年第3期。

出关联产业、国内市场、同行斗争、政府和机会等外在影响而忽略企业本身的影响同样缺乏信服力①。高柏和朱兰对逆全球化、贸易摩擦和科技革命下竞争优势理论在中国的新应用进行了研究②。贺灿飞和陈韬在出口比较优势里分化出需求侧、供给侧比较优势,剖析供给侧、需求侧处于有利形势的产业,在网络中的相近度怎样影响产业出口比较优势。

三 比较优势与竞争优势的替代、互补关系

现有文献对比较优势与竞争优势的关系可归纳为替代和互补两种关系。

第一,替代关系。波特提出竞争优势理论的原意是取代比较优势的概念,由此理论界展开了关于比较优势与竞争优势理论关系及其适用性的争论③。支持竞争优势理论的学者通常对立竞争优势与比较优势两个范畴,抑或直接利用前者来反驳后者④,这类把竞争优势与比较优势彻底分割、相互敌对的看法大多是不正确的,不正确理解竞争优势与比较优势相互的联系对国家(地区)经济增长道路的抉择存在隐藏伤害力,该理解也许在规划经济发展策略时引致国家(或地区)选择违反自身比较优势的进步策略。其后果为,原本是旨在提升产业竞争力的方针,却破坏了一个国家整体竞争力以及自身产业竞争力的提升。李曼⑤认为比较优势理论与竞争优势理论分别隶属经济学与管理学两大学科,两种理论的理论基点不同,作用目标不同、发展路径不同,故称其相对独立。在比较优势理论中所论及的生产要素自然禀赋、技术水平、人力资本等方面的比较优势,形成了国家、区域、企

---

① 程恩富、廉淑:《比较优势、竞争优势与知识产权优势理论新探——海派经济学的一个基本原理》,《求是学刊》2004年第6期。
② 高柏、朱兰:《从"世界工厂"到工业互联网强国:打造智能制造时代的竞争优势》,《改革》2020年第6期。
③ 庄丽娟:《比较优势、竞争优势与农业国际竞争力分析框架》,《农业经济问题》2004年第3期。
④ 林毅夫、李永军:《比较优势、竞争优势与发展中国家的经济发展》,《管理世界》2003年第7期。
⑤ 李曼:《比较优势理论与竞争优势理论关系探究》,《国际商务研究》2008年第6期。

业竞争优势的源泉。有关比较优势理论和竞争优势理论关系的认识存在两种极端的观点：一种观点认为，比较优势理论和竞争优势理论不相容，只能择其一；另一种观点认为，比较优势理论和竞争优势理论不存在本质区别，只是采用了不同称谓。这两种观点都具有片面性。

第二，互补关系。熊贤良认为比较优势和竞争优势往往是不可分割的，实质皆为世界范围内的生产力比较，企业能够以一系列创新压低存在比较优势的本国商品的成本，进而压低供给的价格，增加在世界范围内的争夺力，径直将该国的比较优势转变为竞争优势①。有学者提出，多类原因确定了不同国家产业在世界经济体系中的位置，从国际分工层面来看，比较优势拥有关键性效用；从产业竞争的层面出发，竞争优势则存在着关键性效用，事实上许多国家许多产业的国际位置和变动方向都被两个优势同时影响着，竞争优势和比较优势两个要素同时确定着产业竞争力，归根结底，比较优势是一个国家（地区）的先天资源，竞争优势则是该国（地区）相同产业间的联系，尤其是，因为比较优势与竞争优势不完全相同，比较优势的禁锢可以被竞争优势破解②。林毅夫和李永军③提出竞争优势与比较优势没有互相对立的替换联系，想要拥有竞争优势，就必须依赖比较优势的存在；不发达国家如果想创造自身的竞争优势，最大限度地推进经济的进步，就只能完全依赖和发扬比较优势。庄丽娟④认为竞争优势是对比较优势的扩展，两者之间存在天然的有机联系；当存在规模经济和不完全竞争的假设时，比较优势由价格竞争优势确定，竞争优势则是由非价格竞争优势确定，当有政府的帮助时，比较优势和竞争优势有机融合对全球竞争力程度产生决定性作用。刘国亮和薛欣欣认为，比较优势和竞争优势在本质上都是生产力水平的相互比较，两者通常能

---

① 熊贤良：《比较优势与竞争优势的分离和结合》，《国际贸易问题》1991年第6期。
② 吴群刚、冯其器：《从比较优势到竞争优势：建构西部地区可持续的产业发展能力》，《管理世界》2001年第4期。
③ 林毅夫、李永军：《比较优势、竞争优势与发展中国家的经济发展》，《管理世界》2003年第7期。
④ 庄丽娟：《比较优势、竞争优势与农业国际竞争力分析框架》，《农业经济问题》2004年第3期。

够彼此转换，往往较突出的竞争优势都出现在那些拥有比较优势的行业里，而那些拥有竞争优势的行业能够吸收外来生产要素并深化提高比较优势①。林建红和徐元康②认为比较优势与竞争优势相互依存，都是生产力的国际比较，这两者并不相互排斥，而是一种互补关系。缪国书③探讨了中国中部地区的比较优势和竞争优势，认为要将比较优势转化为竞争优势，注重培育和扶持具有竞争优势的产业和企业。陈立敏研究了竞争优势理论和比较优势的中心思想和理论架构，认为：①对于国家财富和竞争力，李嘉图等构建的比较优势体系和波特的竞争优势理论是相同的，后者被包含在前者内。②企业竞争优势理论的中心思想"超额价值"的核心与比较优势的本质"生产率/工资率"是一脉相传的。③制度环境的必要性是竞争优势理论的创新点，而比较优势最广泛的来源是国家制度。④比较优势聚焦贸易交换，竞争优势则聚焦怎样取胜④。

李钢等创新性地提出了产业竞争优势和比较优势的探测模型，实证分析了中国比较优势与竞争优势的变动走向和相互联系，提出产业的竞争优势与比较优势并非一组对立的范畴⑤。洪银兴认为，开放型经济的基础理论指导需要由比较优势转向竞争优势，改变以劳动密集和资源密集为比较优势的外向结构，提升外商投资企业在中国产业链环节的科技含量，发展具有竞争优势的产业⑥。张清正分析了中国农产品贸易、农产品结构、市场结构，采用国际市场占有率、显示性比较优势指数、贸易竞争优势指数、显性竞争力指数对中国各类出口农

---

① 刘国亮、薛欣欣：《比较优势、竞争优势与区域产业竞争力评价——以山东省制造业为例》，《产业经济研究》2004年第3期。

② 林建红、徐元康：《比较优势与竞争优势的比较研究》，《商业研究》2004年第9期。

③ 缪国书：《比较优势、竞争优势与中部崛起的路径依赖》，《中南财经政法大学学报》2006年第3期。

④ 陈立敏：《波特与李嘉图的契合点——从国家竞争力角度对竞争优势理论和比较优势理论框架及核心概念的对比分析》，《南大商学评论》2006年第4期。

⑤ 李钢等：《比较优势与竞争优势是对立的吗？——基于中国制造业的实证研究》，《财贸经济》2009年第9期。

⑥ 洪银兴：《以创新支持开放模式转换——再论由比较优势转向竞争优势》，《经济学动态》2010年第11期。

产品的比较优势和竞争优势进行了实证测度和分析①。黄梓豪认为比较优势理论是一国产业发展的先天优势,必须通过竞争优势的协同作用才能发挥作用②。承接地比较优势、竞争优势和企业自身特征是影响企业跨域投资的重要因素;比较优势有利于提升竞争优势对企业投资的影响系数,竞争优势将有利于提升比较优势对企业对外投资的影响,扩大比较优势③。构建竞争优势必然依赖比较优势的发挥,要想形成自身独特的竞争优势,必须尽可能地依赖和发展比较优势,只有充分发挥各个地区的比较优势,协调区域发展,造就广阔的产业簇群,比较优势才能够在全球市场上更彻底地转化成竞争优势④。

第四节　企业国际化、竞争优势与国际化行为研究

一　企业国际化与竞争优势的互相促进关系研究

在企业国际化过程中,基于劳动生产率差异、资源禀赋、规模经济、交易效率等竞争优势在国际市场中进行价值创造、增值和获取。企业国际化在全球分工背景下主动融入或者被动嵌入全球价值链,利用竞争优势在全球价值链上不断攀升,以实现在价值链上的高端地位。企业国际化实际上是通过一系列的传输带或"向量"进行的,涉及金融、贸易、移民、知识和权利的跨境流动,以及与全球和区域治

---

① 张清正:《基于比较和竞争优势的中国农产品竞争力路径选择》,《经济问题探索》2014年第5期。
② 黄梓豪:《国际贸易的理论依据:从比较优势到国际竞争优势》,《环渤海经济瞭望》2018年第2期。
③ 汪行东、贾荣:《承接地比较优势、竞争优势与产业转移——基于上海企业对外投资数据的实证研究》,《投资研究》2020年第1期。
④ 林毅夫:《比较优势、竞争优势与区域一体化》,《河海大学学报》(哲学社会科学版)2021年第5期。

理相关的制度问题①。此外,企业拥有的特定优势、动态能力、制度优势和创新能力等对企业国际化的广度和深度、绩效等都具有重要影响,企业国际化与竞争优势相互影响,企业国际化程度影响竞争优势,竞争优势也影响着企业国际化。

第一,企业国际化构筑竞争优势。中小企业依靠产品质量、客户服务、差异化创新、竞争对手定价、成本控制、量身定制产品和专注市场细分来获得位置优势②。在企业国际化活动中,企业资源规划通过敏捷的反应来应对变化,可以为中小企业在交付方面提供竞争优势,中小企业同时使用各种缓冲和软着陆技术来解决不确定性,从而在交付时赢得竞争优势③。企业家精神、企业资源和国际化网络是国际新创企业竞争优势的根源,三者的良性互动能保证国际新创企业构建并保持企业在国际市场上的竞争优势④。企业进行国际市场分工定位是获得和保持竞争优势的前提,持续的竞争优势获取需要结合国际市场分工定位、竞争战略和品牌战略,并用技术创新和制度创新来激励⑤。企业国际化广度和深度的提高对企业短期经营绩效和长期竞争优势都具有积极的影响⑥。企业国际化在全球价值分工背景下表现为嵌入全球价值链和在价值链上的地位攀升,集群企业的分工资源、环

---

① Jeffrey Henderson, Khalid Nadvi, "Greater China, the Challenges of Global Production Networks and the Dynamics of Transformation", *Global Networks*, Vol. 11, No. 3, 2011, pp. 285-297.

② O Donnell A., et al., "Competitive Advantage in Small to Medium-Sized Enterprises", *Journal of Strategic Marketing*, Vol. 10, No. 3, 2011, pp. 205-223.

③ Koh S., et al., "Could Enterprise Resource Planning Create a Competitive Advantage for Small Businesses?", *Benchmarking An International Journal*, Vol. 14, No. 1, 2007, pp. 59-76.

④ 薛求知、周俊:《国际新创企业竞争优势形成机理研究》,《外国经济与管理》2007年第5期。

⑤ 王亚星、张磊:《国际市场分工定位下的企业国际化经营模式选择》,《经济管理》2009年第7期。

⑥ 盛斌、杨丽丽:《企业国际化动态能力的维度及绩效作用机理:一个概念模型》,《东南大学学报》(哲学社会科学版)2014年第6期。

境资源、网络资源决定了企业国际化竞争优势和动态能力①。黄嫚丽等②认为中国企业国际竞争优势源于制度优势。自主构建全球生产网络是企业实现持续成长的最优选择，企业构建全球生产网络的基础是竞争优势，竞争优势来自企业内部的专有能力和企业外部的网络优势③。

企业全球化越深，企业的市场、财务和技术等竞争优势越强，两者关系紧密程度较高④。跨国并购显著提高了企业的区域性特定优势，并存在持续递减的推动作用，但跨国并购不能对非区域性企业特定优势产生显著影响⑤。肖鹏等⑥基于国际化理论与动态能力理论，以安徽省上市公司中跨国经营企业为研究对象，通过收集二手数据进行回归分析，探讨企业国际化程度、动态能力、竞争优势（财务优势、市场优势、技术优势）之间的复杂关系。结果表明，企业国际化程度、动态能力、竞争优势三者呈现较高的紧密关系；在企业全球化程度与竞争优势（除技术优势）中间，中介效应由动态能力所发挥，但在全球化程度与技术优势关联中没有中介效应。邬爱其等⑦提出"跨境数字平台参与—国际化增值行为—企业国际竞争优势"理论模型，指出企业的全球竞争优势的传导途径和内在架构，会因为加入跨境数字平台而受到影响，开拓数字经济时代的企业全球化理论。学术界认为社会实体的竞争优势由国际化程度带来，但实证分析并没有得到相同的

---

① 傅昌銮、潘伟康：《我国集群企业国际化典型模式和路径研究——基于全球价值链治理的理论拓展》，《苏州大学学报》（哲学社会科学版）2015年第6期。

② 黄嫚丽等：《中国企业国内横向整合与国际所有权优势》，《管理学报》2015年第3期。

③ 姚书杰、蒙丹：《后发企业自主构建全球生产网络的成长机制——基于专有能力和网络优势的互动研究》，《科技与经济》2018年第4期。

④ 肖鹏等：《企业国际化与竞争优势：动态能力的中介效应》，《科技进步与对策》2019年第11期。

⑤ 陈岩、郭文博：《跨国并购提高了中国企业的竞争优势吗？——基于区域性与非区域性企业特定优势的检验》，《外国经济与管理》2019年第4期。

⑥ 肖鹏等：《企业国际化与竞争优势：动态能力的中介效应》，《科技进步与对策》2019年第11期。

⑦ 邬爱其等：《跨境数字平台参与、国际化增值行为与企业国际竞争优势》，《管理世界》2021年第9期。

结果。对全球化程度与绩效之间有认为是正向相关的，有认为是负向相关的，有认为是"U"形关系的，还有认为是倒"U"形关系的。

第二，竞争优势促进了企业国际化。谢晓晖等认为中小企业能否在国际市场中实现可持续成长，关键在于企业是否拥有自身的竞争优势；中小企业必须采取合理的模式进入国际市场，同时进行观念创新，制定科学的国际化战略，加快信息化建设以及合理配置生产要素①。中小企业在构建国际化竞争优势时，还必须考虑机会成本，不能仅为了国际化而国际化，企业国际化的最终目的是提高企业的价值。谭伟强等②认为，中国专业化企业比多元化企业具有更大的竞争优势和经济绩效，企业选择规模竞争的原因可能是中国国内市场竞争激烈，以及外向国际化过程中引起的全球化压力。中国企业应充分利用要素成本比较优势、后发优势和市场优势，加快国际化步伐；环境不确定性和动态能力的互动，影响企业国际化投资竞争策略和时机选择，通过构建不完全竞争市场的投资决策模型发现，企业之间投资竞争战略平衡由先动优势、后动优势与企业间相对能力同时决定，竞争战略平衡因环境风险和内部经营风险的冲击而形成反向变动③。边春鹏等基于内生异质性企业理论，研究认为中国国有企业的国际竞争力最强，要充分利用国际化竞争能力和潜力，全面实施国际化战略④。杨丽丽等⑤认为国际化动态能力对企业国际化扩张和绩效提升具有重要意义，环境感知能力、组织结构柔性、资源获取与整合能力通过国际化广度扩张，来提升企业国际化的经营绩效和竞争优势，价值链重构能力、环境感知能力和资源获取与整合能力有助于公司以深层次挖

---

① 谢晓晖等：《中小企业国际化成长的竞争优势构建》，《工业技术经济》2008年第6期。

② 谭伟强等：《规模竞争还是范围竞争？——来自中国企业国际化战略的证据》，《管理世界》2008年第2期。

③ 吴崇、胡汉辉：《不确定性和动态能力互动下企业投资竞争决策》，《管理科学学报》2013年第5期。

④ 边春鹏等：《中国企业国际化竞争优势评价—基于内生异质性视角》，《现代管理科学》2015年第11期。

⑤ 杨丽丽等：《国际化动态能力、国际扩张战略与企业绩效：基于江苏制造业企业的经验研究》，《国际商务（对外经济贸易大学学报）》2015年第3期。

掘全球化来加深公司全球化竞争优势。

第三，企业国际化与竞争优势影响方向不明确。21世纪全球各国经济增长的贡献者是拥有巨大竞争优势的跨国企业，跨国公司之间的经济竞争即国家之间的竞争。因此，须推动全球化经营竞争优势的不断攀升，以便本土跨国企业拥有全球竞争力；民营企业全球化竞争优势意味着相较于非国际化经营的本土、外国企业，在国际化经营活动中民营企业具有的生产、营销、组织、技术、R&D、管理等方面的优势，民营企业开展国际化经营是企业实现竞争优势的过程，也是民营企业在更大范围内寻求竞争优势的过程[1]。刘晓燕[2]通过实证分析和规范分析，研究了中国制造企业的国际竞争优势，发现中国制造企业国际竞争优势较弱、行业分布不均。企业拥有特定优势是企业获得持续国际竞争优势和国际化盈利的根本，但未必是企业国际化的前提条件[3]。企业可以通过中外合资合作经营、特许经营或进出口、许可协议和并购等方式进行国际化经营。中国企业进行国际化通常是为了企业的长远发展，转移过剩产能和规避汇率风险等，受到了企业家精神推动和国家政策鼓励[4]。海本禄[5]认为动态能力是企业持续竞争优势的源泉，动态能力是企业在外部环境信息变化引导下适应外部环境的能力，动态能力对企业绩效、国际化深度和广度都有显著的正向影响作用，国际化深度和广度也都对企业绩效有显著的正向影响作用。

二 全球生产网络视角的企业国际化

全球生产网络下的企业国际化不是从单个企业角度来研究的，而是从企业之间形成的网络出发进行研究的。企业国际化程度的提高，使加入国际商业网络的企业越来越多且关系日益密切，企业生产和关

---

[1] 蔡文著：《构建民营企业国际化经营竞争优势研究》，《科技管理研究》2005年第12期。

[2] 刘晓燕：《论我国制造业企业国际化经营的竞争优势》，《求索》2006年第5期。

[3] 黄嫚丽、蓝海林：《基于案例的出口导向企业国际竞争优势概念诠释》，《管理学报》2010年第8期。

[4] 阮福华：《我国企业国际化经营的战略、动因及竞争优势分析》，《对外经贸》2021年第4期。

[5] 海本禄：《国际化背景下的企业动态能力绩效机制研究》，博士学位论文，华中科技大学，2012年。

系网络（包括互动、信任、承诺等）会对国际化行为产生重要影响，随着网络理论不断发展，研究的重心也由市场承诺转向关系承诺[1]。黄中伟和游锡火[2]从社会网络结构的角度出发，研究了国际社会网络与中国企业组织合法的相互作用，对中国企业海外子公司进行实证研究，并就中国企业国际化提出有关社会网络和组织合法的建议。李长书[3]整理了公司全球化竞争优势文献的研究思想历程，指出了经济学—管理学—文化伦理学的路径演化过程，公司全球化竞争优势研讨内容跃迁过程：公司全球化存在架构—公司全球化自身成长架构—全球化公司和平成长架构，与此同时研讨方式的跃迁过程，即静态时企业外部的环境—静态时企业内部的变量—不考虑时间变量的均衡—考虑时间情况的内生变量—考虑时间情况的均衡。在全球市场上，相比企业的竞争者，企业全球化竞争优势是能够让企业在市场斗争中以任意可依的条件而胜出的距离。

杜萌等[4]研究了全球生产网络与国家贸易竞争力之间的逻辑关系，要在全球激烈的竞争中建立竞争优势，必须获得一些异质性资源，为了获得或者交换到那些有价值的资源，必须与那些寻求合作伙伴的跨国公司合作，主动或者被动地融入全球生产网络，因此，跨国公司将独资和合资企业与全球的供应商、经销商、战略合作伙伴等联系起来，通过分工合作建立了以自己为中心的全球生产网络。黎峰[5]实证研究发现，在国际价值链中，决定行业贸易收益成效的关键性要素是国家在全球分工中所处的位置。贸易收入也会因全球分工介入度和行业产出能力的高低有较大变动。随着国际分工地位的提升，两者的影

---

[1] Jeffrey Henderson, Khalid Nadvi, "Greater China, the Challenges of Global Production Networks and the Dynamics of Transformation", *Global Networks*, Vol. 11, No. 3, 2011, pp. 285-297.

[2] 黄中伟、游锡火：《社会网络、组织合法与中国企业国际化绩效——来自122家中国企业海外子公司的实证》，《经济管理》2010年第8期。

[3] 李长书：《企业国际化竞争优势理论的发展研究》，《重庆科技学院学报》（社会科学版）2012年第3期。

[4] 杜萌等：《全球生产网络与贸易竞争力研究评述》，《当代经济》2015年第30期。

[5] 黎峰：《全球生产网络下的国际分工地位与贸易收益——基于主要出口国家的行业数据分析》，《国际贸易问题》2015年第6期。

响逐渐增加。岑丽君[①]借鉴全球价值链与显性比较优势指数，采用其所构建的全球价值链指数，借助 TiVA 数据，从价值增值的角度研究中国及世界主要国家参与全球生产网络的程度及国际分工和贸易地位，发现中国已经很大程度地融入了全球生产网络，但仍面临全球价值链"低端锁定"与比较优势逐渐丧失的问题，在全球生产链中所处地位仍然较低；中国应该创造以创新、设计、知识等因素构成的新型动态比较优势，寻求价值链中的新生产环节，同时坚持技术创新，加快产业优化升级。

胡欣悦等[②]根据专利数据中的不同地址构建了华为研发的国际化网络，分析了华为研发国际化的实现路径和特征。张战仁和占正云[③]研究了全球研发网络分工问题，认为发达国家影响国际技术进步方向的能力和整合全球各国研发创新要素的能力，为其构建影响和控制全球研发网络提供了基础；从国际竞争优势重构方面来看，并不意味着发达国家放弃了全球生产控制，恰恰相反，发达国家在此过程中通过控制研发或营销环节获得了垄断利润并巩固其地位。杨勃等[④]研究了新兴市场跨国企业国际化的来源国劣势，发现新兴市场跨国企业在发达国家面临的来源国劣势主要是由组织身份误解引起的；新兴市场跨国企业通过组织身份意义给赋机制（包括"话语"机制和"信号显示"机制）克服来源国劣势，目的是弱化来源国对其组织身份的负面印记，消除身份误解。

三 企业国际化竞争优势与行为模式研究

最早对企业国际化竞争优势和行为模式之间关系进行研究的是垄断优势理论。由 Hymer 和 Knickerbocker 提出该理论，认为当处在不完

[①] 岑丽君：《中国在全球生产网络中的分工与贸易地位——基于 TiVA 数据与 GVC 指数的研究》，《国际经贸问题》2015 年第 1 期。
[②] 胡欣悦等：《跨国企业国际化研发合作网络结构演化——以华为为例》，《技术经济》2016 年第 7 期。
[③] 张战仁、占正云：《全球研发网络等级分工的形成——基于发达国家对全球生产的控制转移视角》，《科学学研究》2016 年第 3 期。
[④] 杨勃等：《新兴市场跨国企业国际化的来源国劣势研究——基于组织身份视角》，《经济与管理研究》2020 年第 4 期。

全市场时，国际生产运营活动由具有特有技术、信息、融资路径、管理水平和规模经济效应等垄断优势的企业所掌控，国际直接投资的行为模式确保了企业收取最高收益①②。Vernon③④的国际产品生命周期理论延续和扩展了Hymer等的垄断优势理论，并融入区位理论的思想，从动态性角度研究了跨国公司直接投资发展过程，其逻辑本质仍然是企业"黑箱"论的外部分析逻辑⑤。Buckley和Casson、Dunning⑥、Anderson和Gatignon⑦等对企业国际化竞争优势和行为模式的研究有了突出进展。Buckley和Casson认为，通常国际企业大部分有着技术优势或其他的特有优势，在国际化时一方面能够获得利润之外的租金，另一方面又存在着较高的交易成本，两者相权会使企业考虑将交易成本内部化，从而采取在海外建立分支机构的形式⑧。Dunning⑨⑩⑪融合垄断优势理论、工业区位理论和内部化理论提出了国际生产折中理论。他认为，国际化企业存在着三个方面优势：所有权优

---

① Hymer S. H., The International Operations of National Firms: A Study of Direct Foreign Investment, *Doctoral Dissertation*, MIT, 1960.

② Knickerbocker F. T., *Oligopolistic Research and the Multinational Enterprise*, Boston: Harvard University Press, 1973.

③ Vernon R., "International Investment and International Trade in the Product Cycle", *Quarterly Journal of Economics*, Vol. 80, No. 2, 1966, pp. 190-207.

④ Vernon R., *The Location of Economic Activity*, in john H. Dunning (Ed.), *Economic Analysis and the Multinational Enterprise*, London: Allen and Unwin, 1974.

⑤ 王国顺等：《企业国际化理论的演进》，人民出版社2009年版。

⑥ Dunning J. H., "Trade Location of Economic Activity and the Multinational Enterprise: A Search for An Eclectic Approach", In B., Ohlin Per Ove Hessel-born and Per Magnus Wijkman (Ed.), *International Allocation of Economic Activity*, London: Macmillan, 1977.

⑦ Anderson E., Gatignon H., "Modes of foreign entry: A transaction cost analysis and propositions", *Journal of International Business Studies*, Vol. 17, No. 3, 1986, pp. 1-26.

⑧ Buckley P. J., Casson M. C., *The Future of the Multinational Enterprises*, London: The Macmillan Press, 1976.

⑨ Dunning J. H., "Trade Location of Economic Activity and the Multinational Enterprise: A Search for An Eclectic Approach", In B. Ohlin Per Ove Hessel-born and Per Magnus Wijkman (ed.), *International Allocation of Economic Activity*, London: Macmillan, 1977.

⑩ Dunning J. H., "The Eclectic Paradigm of International Production: An Update and Some Possible Extensions", *Journal of International Business Studies*, Vol. 19, No. 1, 1988, pp. 1-31.

⑪ Dunning J. H., "Some Antecedents of International Theory", *Journal of International Business Studies*, Vol. 34, No. 2, 2003, pp. 108-115.

势、内部化优势和区位优势。企业若仅拥有所有权优势，则选择技术授权；企业若具有区位优势和内部化优势，则选择出口；企业若同时具备三种优势，才会选择国际直接投资。Anderson 和 Gatignon 将企业竞争优势区分为内部优势（包括产品优势、管理优势等）和外部劣势（包括东道国政治风险、文化差异等），将企业行为模式划分为合同进入模式（许可经营、特许经营等）和投资进入模式（合资企业和全资子公司等），通过对企业国际化竞争优势的分析，可以选择最佳的企业行为模式，最终实现交易成本最小化和长期效率最大化的目标。

  Ozawa 指出比较优势的动态变换导致欠发达国家对外投资。欠发达国家通过引入发达国家国际企业的直接投资，得到有关技术和知识，加高本国的比较优势壁垒，进而实现资本输入国到输出国的转变；国际投资的四个成长进程分别对应了欠发达国家比较优势变换的四个流程：在第一个进程中，外国的直接投资授予国是欠发达国家，不存在向外直接投资；在第二个进程中，经过比较优势上升，欠发达国家慢慢转向国际直接投资；在第三个进程中，实现国际直接投资由以劳动为主要生产要素向以技术为主要生产要素的转变；在第四个进程中，本国不仅是以资本为主要生产要素的外国直接投资的被给予国，还是资本导向型外国直接投资的给予国[①]。林季红[②]认为，发展中国家利用跨国公司的直接投资和全球生产网络来增加技术扩散和溢出，是一种高效且低成本的选择；企业的竞争优势与技术能力息息相关，也与该企业是否进入了跨国公司的全球生产网络有重要关系；在重新塑造全球竞争优势和战略格局的基础上，跨国公司采取资源外取战略，通过外包、共同营销等方式，提高企业的灵活性。王冬[③]分析了企业的竞争优势，探讨了具有不同竞争优势的企业对不同国际化方式的选择：企业根据自身的竞争优势作出协议分工安排，实现资源的

---

① Ozawa T., "The New Economic Nationalism and the Japanese Disease: The Conudrurn of Managed Economic Growth", *Journal of Economic Issues*, No. 30, 1996, pp. 483-491.
② 林季红：《跨国公司全球生产网络与中国产业的技术进步》，《厦门大学学报》（哲学社会科学版）2006 年第 6 期。
③ 王冬：《基于企业竞争优势的国际化方式选择》，《华东经济管理》2008 年第 8 期。

有效配置；以短价值链、生产因素需求简单为特征的产业往往采用出口全球化，原因是单独的优势资源并不适合加入全球分工；对那些拥有高等或特殊资源的企业通常因为害怕技术外溢不采用国际分包，因为外国分销路径和外国消费者需求偏好数据的市场因素可由直接投资得到，通过直接投资进入市场并达到转移优势至投资所在国的目的，新设独资则是最为理想的投资方式；对基础要素导向型的企业，为了降低生产成本，扩大获利空间，通常采用对外直接投资，而合资合作是较好的投资方式；对部分欠发达国家的企业，通常采用与拥有高等要素的企业合资的方式取得高等特殊资源，因此，企业要根据自身优势选择合适的国际化方式和途径。

邱斌和闫志俊[1]讨论了在企业出口模式中，生产率、出口率、出口固定成本和企业出口行为的关系。研究表明，出口不变成本反向抑制企业的出口意愿，而全要素生产率正面推动企业的出口意愿。周茂等[2]探讨了在企业国际直接投资的入驻方式的选择中，中国企业生产率的作用。结果表明，生产率高的公司更倾向于选择国际直接投资并购渠道；将生产率进行结构上的细分，发现更高管理水平的公司更倾向于选择并购渠道，但在投资方式的选用效应中研发优势并不显著。王智新和黄瑞玲[3]认为，中国和重要国家的政治关系改善与推进中国国际直接投资和出口之间，前者对后者有正向促进作用，此作用有着显著的时滞效应；和出口对比，在国际直接投资的促进效应中，国与国的政治关系改善对其的推动更为明显，国与国政治关系的好坏，通过其制度的不同，作用于企业全球化方式的内在结构，影响较为显著的是正式规章差异效应。贾利军等[4]研究了全球生产网络下行业关联

---

[1] 邱斌、闫志俊：《异质性出口固定成本、生产率与企业出口决策》，《经济研究》2015年第9期。

[2] 周茂等：《企业生产率与企业对外直接投资进入模式选择——来自中国企业的证据》，《管理世界》2015年第11期。

[3] 王智新、黄瑞玲：《国家间政治关系、制度差异与企业国际化模式》，《世界经济与政治论坛》2020年第6期。

[4] 贾利军等：《全球生产网络下行业关联度对跨国并购的影响》，《金融与经济》2021年第10期。

度对跨国并购的影响，认为东道国环境，如东道国对国际直接投资的态度、制度环境和对外开放度等因素，会明显地调整行业关联度和跨国并购的关系。偏向于采取跨国并购方式的中国新兴行业公司往往具备更高国际搜寻吸收水平，而偏向于采取新建投资方式的制造企业跨国双元、母国双元相互吸收水平更高。① 郭娟娟和冼国明②研究发现，最低工资标准促使企业更倾向于首选对外直接投资，其次是同时出口和对外直接投资，最次为出口。郑淑芳等认为，并购进入方式是国内经济政策未知性偏大时中国国内的对外直接投资企业偏向于采取的方式，新建投资方式是在投资所在国经济政策未知性偏大时企业偏向于采取的方式，对对外直接投资企业的出口密集程度而言，国内外经济政策的未知性有明显的反向作用③。杨杰和胡飞④考察了制度距离、经济距离和文化距离等多维距离对出口与外商直接投资两种主要国际化经营模式的影响。曾可昕等⑤认为，增强网络节点的外部知识获取与协调作用，以及网络位置向中心转移，都可以通过全球生产网络构建来实现，并通过网络获取知识、管理经验和技术等资源加速发展，促进跨国公司进一步国际化，提升全球生产网络层次，获取持续竞争优势。

企业内分工和企业间分工是产品内分工的两种形式，在全球生产网络视角下，这两种分工主要体现为垂直一体化和全球外包，垂直一体化意味着选择了企业内分工，全球外包意味着选择了企业间分工，两者并不排斥，而是统一于全球生产网络中。随着生产技术的进一步

---

① 张英、张倩肖：《开放型技术双元、交互吸收能力与企业国际化进入模式选择》，《科技进步与对策》2021年第18期。

② 郭娟娟、冼国明：《最低工资标准与中国制造业企业国际化策略选择：微观基础与实证检验》，《国际贸易问题》2021年第7期。

③ 郑淑芳等：《经济政策不确定性与中国OFDI企业国际化模式——来自微观企业的证据》，《大连理工大学学报》（社会科学版）2022年第4期。

④ 杨杰、胡飞：《多维距离对我国企业国际化经营模式的影响——基于"一带一路"沿线国家面板数据的PPML回归分析》，《西南石油大学学报》（社会科学版）2022年第1期。

⑤ 曾可昕等：《全球生产网络构建与浙江民营企业创新绩效——以企业家才能为视角》，《全国流通经济》2022年第12期。

提高，产品生产过程的可分性增加，交通和通信的进一步发展，使全球范围的运输和通信成本也被降低；各个国家和地区的资源禀赋差异和企业资源的异质性，为生产过程中的环节按资源优势配置提供了物质基础。基于此，跨国公司重新界定交易边界，并定位在生产链上的位置，把附加值较低的生产和服务外包，降低了成本，还激励了合作伙伴，巩固其核心能力，或创造出新的竞争优势；进入全球生产网络的企业，组织形式也发生了变化，科层制依然存在，但一种新的生产模式逐渐兴起：从前的命令和服从被平等的合作替代，"大联合"的时代到来，交易边界逐渐模糊，既独立也合作，创造了更多财富。全球生产网络使生产各价值节点在各国和各地区之间分离，加剧了产业集聚，而产业集聚和全球垂直分离使全球生产完美统一。

中国逐渐在全球整体化加快推进下成为世界制造的工厂，在国际制造业生产环境之中有了一席之地。在此过程中，中国制造业的机遇和挑战并行。中国制造业公司既需要市场化和全球化的推动，又面临外向国际化和向内密集发展的压力，这驱使公司拥有高实力水平和强大的全球化能力，持续不停地创新竞争优势是达到目的的重要渠道之一。构建基于焦点知识地基之上的企业竞争优势，其知识源于全球化。目前，中国由制造大国向制造强国转变进程中的障碍包括知识地基脆弱、核心技能低下、技术水平不高、管理运转经验不足等因素[①]。企业的全球化经营从本质上讲是企业一体策略的结果，目的在于找到更广圈层的竞争优势。由科学技术的持续推进与经济国际化，企业进行全球化获取竞争优势成为必然选择[②]。企业国际化是一个经济现象，说明企业正在更广泛的领域、更高的层次上融入世界经体系。中国企业应该加大国际化力度、开拓国际市场，为有效提高资源供应消除贸易壁垒、加快获取关键性技术，从而提升竞争优势，成为具有较强国际竞争力的企业。总的来说，在企业国际化中，提升竞争优势是企业

---

① 谢高峰：《基于关系网络的企业国际化知识获取研究——以我国制造业为例》，硕士学位论文，中南大学，2007 年。
② 魏萍：《浅谈中小企业内部控制的建立和完善》，《湖北经济学院学报》（人文社会科学版）2008 年第 11 期。

进行国际化发展的动因，是企业在国际化进程中首要考虑的问题，企业通过各种决策与方案提升国际竞争优势。企业在国际化过程中，不仅增强了竞争优势，还能够实现全球化背景下的快速发展。

第五节　文献评述

基于上述对全球生产网络理论沿革研究、企业内向国际化与外向国际化、比较优势与竞争优势、企业国际化竞争优势与行为模式关系等文献的梳理，本书发现现有文献形成了具有重要理论和实践价值的研究成果，同时也存在着一些需要进一步研究的问题。

第一，全球生产网络已经成为企业价值创造和国际化竞争优势的重要来源，全球价值链"低端锁定"的后发企业陷入了价值链攀升困境。全球生产网络在企业国际化经营中整合了供应商和客户，将分散或聚集的企业资源整合到网络系统中形成独特的竞争优势，作为网络节点的企业在生产网络中实现价值创造、增值和持续竞争优势。基于主导地位的跨国公司控制下的全球价值创造、增值和持续竞争优势，跨国公司是通过母公司及其海外不同国家和地区子公司的一体化协作下共同完成的；基于主导地位的跨国公司在全球生产网络中控制着生产网络的核心环节，产品研发、设计和营销等高附加值环节被发达国家跨国公司掌握，国际分工的深化对后发企业改善其在全球价值链中的地位有积极作用，产业集群化发展对地方制造业的转型升级也存在着积极的促进作用。同时，发展中国家大多数企业处于低附加值环节，且其全球价值链位置被"低端锁定"，难以实现价值链攀升、产业升级和价值链升级，发展中国家企业创造的价值被发达国家跨国公司俘获，不利于企业成长和产业转型升级。

第二，全球生产网络的研究领域、范围和学科等大为扩展。全球生产网络是国际分工发展的一个重大组织创新，国际分工带来的专业化促进全要素生产率的提高，技术进步增强企业的市场竞争力，提升企业在全球价值链中的地位，市场范围的扩大又促进了分工的深化。

全球生产网络从 1.0 时代到 2.0 时代的过程拓展了其新的研究内容和视角，研究领域从最初的整合或分散生产网络组织来进行价值创造、增值和获取，扩展到国家、地区、金融、劳动力、环境、发展和政治等领域，对价值链治理、网络分工、网络嵌入、地方生产网络、企业国际化、竞争优势、产业升级、企业网络组织、企业国际分工等的研究也从全球生产网络视角展开。在全球化时代，生产网络逐渐超越国家或地区的生产网络，形成跨国的全球生产网络，整合了全球的生产资源，把企业、国家、地区、政府和消费者等市场参与者联系到一起。在全球生产网络 2.0 时代，全球生产网络研究领域已经超越了生产领域，进一步延伸到地区发展不平衡、贫困问题、生产网络治理、地缘政治、地缘经济、产业集群、劳动力、企业并购、企业扩张等许多其他重要的领域，比如，东亚国家在承接全球产业转移的过程中实现了经济的腾飞，而巴西等发展中国家在全球生产网络中贫困问题严重，收入分配不公平问题凸显，经济发展面临诸多问题与挑战。全球生产网络与经济学、经济地理学、管理学等相结合，形成了研究企业、产业和区域等领域的重要工具。

第三，后发企业国际化是从内向国际化向外向国际化逐步转变并共存的动态过程。很多研究跨国公司战略的理论都是使用静态或者比较静态分析的，没有考虑时间在其中的影响，将时间因素内生于国际化演变进程中，我们会发现后发企业国际化是从内向国际化向外向国际化逐步转变并最终共存的动态过程。以典型的中国改革开放"引进来"和"走出去"战略来说，"引进来"就是把技术、管理方法和品牌等高级要素从国外吸引到中国来，独资、合资、合作等方式都能够促使中国本土企业能够实现内向国际化。这样，一方面，能够提高生产率、扩大就业和满足国内国际市场需求；另一方面，还能够通过技术溢出、干中学、模仿、知识扩散等机制促进中国本土企业融入全球价值链并逐步实现价值增值。内向国际化，尤其是引进外商投资，无论是对于一个企业还是整个行业来说，都为外向国际化积累了资本、技术和经验等要素，它可以提高发展中国家企业的技术水平，进而推动中国企业外向国际化，更好地"走出去"。此外，内向国际化积累的高生产率、高级要素等为中国本土企业构筑了竞争优势,使下一步外向国际化得以水到渠成,后发企业可以利用全球生产网络构建强化和调整竞争优势,通过优化企业国际化行为,最终形成独具特色的国际化行为模式。当然,中国本土企业内向国际化和外向国际化的过程又具有中国特色,国有企业改革就是典型代表,自1978年以来,通过经济责任制、抓大放小、股份制改革和混合所有制改革等,无不体现了企业外部的环境和制度等对企业国际化的影响。

第四,从比较优势到竞争优势:国际分工与贸易理论研究的融合。通过梳理比较优势和竞争优势研究文献,比较优势曾在相当长的一段时期内构成了国际分工与贸易理论的主流,但在贸易发展过程中它们终究存在一些局限性,其中最重要的一点是它无法解释当今世界贸易中大量存在的产业内部分工与贸易的现象,发展中国家遵循比较优势理论较容易陷入"比较优势陷阱",使比较优势在许多情况下不适用。基于此,竞争优势理论从企业国际化这个角度来解释国际贸易现象,弥补了比较优势的不足。近年来,中国对外贸易环境不断恶化,为了最大限度地获取贸易发展带来的利益,防止陷入"比较优势陷阱",必须及时调整国际化战略,将比较优势转化为竞争优势[①],从而企业可以依据竞争优势作出国际化行为决策。研究者从不同角度研究了竞争优势构筑问题,如创造性地提出要打造知识产权优势来创造竞争优势,或者引入价值链概念并用具体指标来探究影响竞争优势的因素,或者提出区域竞争力假说等,形成了各具特色的研究成果。然而,在全球化时代,国际化的生产分工已经形成了以企业为节点的网络特征,挖掘全球生产网络下的企业国际化竞争优势,进而为企业国际化行为决策提供依据,成为国际分工与贸易研究的重要研究领域。

第五,要优化企业国际化经营,就必须不断构筑竞争优势。企业国际化经营正在成为企业发展的重要趋势,在拥有竞争优势的条件下,中国企业也在逐步国际化,将市场做大做强,诸如华为、小米、

---

① 张燕林、郑礼明:《从比较优势到知识产权优势为主导的竞争优势——论我国外贸发展的战略转变》,《现代经济探讨》2005年第11期。

美的等优秀企业纷纷走上了企业国际化道路，大多数国际化企业不仅在中国国内的业务量大幅增加，在欧美非等国际市场也占据了举足轻重的市场份额，这说明中国的一些企业已经拥有了不可替代的竞争优势。尽管中国企业国际化经营发展迅速，但总体而言，国际化经营的整体层次和水平还远未具备与国际上大的跨国公司同台竞技的能力。可以说，企业国际化经营既是为了谋求全球资源配置利益，拓展更大的生存发展空间，也是企业通过积极参与国际竞争不断提升自身竞争力的需要①。跨国公司内部的资源能力优势，以及公司外部的国家政治、经济、制度、人文和区位等优势共同构成了企业国际化竞争优势。在这个既充满机遇又充满挑战的时代，要最大限度地获取贸易发展的动态利益，更好地通过国际化促进企业和产业结构的良性调整，就必须构筑和发展竞争优势。

第六，加强新环境下对后发国家企业外向国际化竞争优势与行为的研究。在新环境下，全球生产网络的形成和发展深刻地改变了中国企业国际化的成长模式，融入全球生产网络成为中国企业发展的必然选择。中国本土企业主要以内向国际化和被动接受国际分工的发展模式嵌入全球生产网络，带来了全球价值链"低端锁定"和网络陷阱等问题，越来越多的中国企业希望通过外向国际化活动，构建以己为中心的全球生产网络实现成功国际化。同时，从全球生产网络的角度考察企业国际化新特点的研究已全面展开，但大部分关于企业如何布局全球价值创造活动、如何选择全球战略伙伴、如何融入东道国经济和社会网络等研究都是以发达国家跨国公司为研究对象的。针对发展中国家本土企业的研究仍主要集中于内向国际化问题，即从"引进来"的角度讨论其如何参与发达国家跨国公司的全球生产网络，而少有从"走出去"的角度研究其如何建设自己的全球生产体系。对新环境下后发企业国际化竞争优势的认识，如何依据竞争优势优化企业国际化行为，以及后发企业如何通过适当的全球生产网络构建活动利用与再创造竞争优势的研究都非常缺乏。因此，亟须加强新环境下对后发国

---

① 黄睿：《K手机公司越南市场进入模式研究》，硕士学位论文，华南理工大学，2018年。

家企业外向国际化竞争优势与行为的研究。

综上所述，本书将从以下几个方面展开，以弥补现有文献的不足：全球生产网络是当代企业国际化过程中的重大创新，从全球生产网络的视角重新审视企业国际化的竞争优势和行为特点是适应当前国际形势变化的重要理论问题，更是考察后发企业国际化行为模式的新思路。从外向国际化角度，以发展中国家跨国公司为研究对象，考察其如何正确审视自己的全球化优势，并借此选择恰当的国际化行为，实现自主全球生产网络的构建，更好地利用全球资源为提升企业国际竞争力提供理论支撑与实践指导。

第三章

基于全球生产网络视角的企业竞争优势蕴意和外向国际化行为特征研究

要素的全球化流动为发展中国家后发企业嵌入全球价值链提供了契机,在企业国际化进程中,决定全球生产网络节点企业价值链地位的是其比较优势和竞争优势。基于此,一些不具备绝对优势的企业也能参与全球价值创造,进而通过全球生产网络实现全球资源的最优配置。企业能否进入全球价值链,以及产品价值链和价值网络能否在市场竞争中脱颖而出,并获得更多的市场份额,取决于其竞争优势的大小。随着国际经济形势的变化,产业链不断向东南亚转移,欧美制造业空心化又要求高级要素和制造回归,中国后发企业面临双重挑战[①]。

第一节 全球生产网络视角下的比较优势与竞争优势

本节在对比较优势和竞争优势关系进行界定的基础上,分析企业通过所属产业比较优势形成价值链,价值链通过竞争优势进行横向和

---

① 邹国伟等:《中国制造业的产业链竞争力研究——基于全球生产网络背景》,《东岳论丛》2021年第7期。

纵向竞合形成生产网络，网络节点在企业国际化中通过点、线、面获得持续竞争优势。

第一，比较优势和竞争优势的关系界定。随着要素全球化的内涵与外延拓展，贸易优势来源不断发展，研究者对比较优势与竞争优势的含义、作用领域、相互关系等展开了激烈讨论，这里对两者关系做一个简单界定。首先，两者所属学科类型不同。比较优势是经济学概念，是在斯密提出"分工促进经济发展"这一理论基础之上形成的古老而又年轻的概念，在完全竞争、完全信息和国际市场要素自由流动条件下，不同的国家、产业和企业等生产同一种产品的机会成本有差异，机会成本低就存在着比较优势，市场机制发挥作用自动调配稀缺资源[1]。但这一概念忽略了企业作为竞争主体的作用。同时，竞争优势是管理学概念，是企业管理和战略作用下的产物，是企业具备的能使其在竞争中脱颖而出的某种或某些特质，这种特质的来源可以依靠企业的培养，如技术水平、创新能力、生产成本等，体现的是企业的作用。其次，两者评价的范围不同。比较优势属于不同产业间的比较。例如，中国在彩电制造和计算机制造上的绝对优势均大于越南，但由于中国在计算机制造上的比较优势大于彩电制造上的比较优势，在中越贸易中，最优贸易方式是中国向越南出口电脑，越南向中国出口彩电，如此比较优势是在不同产业间生产率差异下产生的。竞争优势则是同一产业或产品在市场中所具有的属性。比如，美国的广告业和高新技术产业、日本的消费电子业、德国的化工和汽车业等。这些明星产业能获得长久的国际竞争力，其原因在于，这些产业在市场竞争时拥有竞争优势，竞争优势的来源包括公司的竞争与战略、要素条件、辅助产业、政府和本国需求等[2]。由此，在市场竞争中企业竞争力取决于在同一产业的生产率差异。最后，两者对要素性质的关注重点不同。比较优势强调要素数量的供给和价格，而竞争优势更关注要

---

[1] 符正平：《比较优势与竞争优势的比较分析——兼论新竞争经济学及其启示》，《国际贸易问题》1999年第8期。

[2] Michael E. Porter, *Competitive Advantage: Creating and Sustaining Superior Performance*, New York: Free Press, 1985.

第三章 基于全球生产网络视角的企业竞争优势蕴意和外向国际化行为特征研究

素质量、产品市场需求以及产品创新程度等。正是由于比较优势的存在才使全球化分工得以形成，新兴市场才可以通过比较优势进入全球生产网络，市场自发性机制使比较优势关注要素的数量供给，例如，在中越贸易中越南向中国出口电视，若只是依靠比较优势，越南生产的电视机或许能在价格上占优，但缺乏竞争优势会使其产品在国际竞争中败下阵来。实践上，为获得或培养企业竞争优势，企业可以通过主动的战略决策来配置稀缺资源。

竞争优势和比较优势不是矛盾对立的，而是互补交融、相互成就的。差异化竞争优势源自规模经济和高级要素构筑的比较优势，成本竞争优势来自正式制度、非正式制度和低级要素等。比较优势是潜在的、隐性的、天生的，竞争优势是由比较优势转化的，具有显性和后进的特征，比较优势越明显，其竞争优势越大，可以通过资金配置、技术升级等方式进一步强化比较优势，比较优势与竞争优势之间通过这样的方式螺旋式上升。

第二，在全球生产网络中的比较优势。比较优势的内涵是由多因素构成的，包括土地、劳动力、金融资本等有形资源和技术、知识等无形资源，以及政府为克服市场缺陷而有效地干预市场资源配置的制度效率和激励机制的行政资源等。只有各地充分发挥比较优势，才能更好地进行国际分工并构筑竞争优势。全球生产网络中的网络节点企业通过所在产业的比较优势和企业内竞争优势，融入全球生产价值链。比如，苹果公司手机配件的各大生产商就具备比较优势，从而能够嵌入苹果手机的全球价值链进行配件生产。

企业如何凭借产业比较优势融入价值链呢？一个国家、地区或产业的比较优势可以归纳为两类：一是禀赋类比较优势，如自然资源、劳动资源和制度资源等；二是资本效率类比较优势，如资金、技术、人力成本、规模经济等。如图 3-1 所示，资源禀赋类的比较优势决定了企业生产哪一种或哪几种产品；资本效率类的比较优势决定了企业生产产品的劳动生产率。同时，全球生产网络中的两个主体全球价值链分别为贸易价值链和对外直接投资价值链。贸易价值链是某些企业通过强大的品牌优势或销售渠道进行全球采购或 OEM 生产，因跨国贸易合作产生的价值链条。禀赋类比较优势吸引了全球购买商将企业产品纳入购买考虑范围，资本效率类的比较优势决定了全球购买商是否购买其产品，通过两种比较优势的共同作用，贸易双方通过买卖协议搭建了价值链条。对外直接投资价值链是某些拥有强大资本效率能力的企业，通过投资推动市场需求，对比各地比较优势，在全球范围内建设生产基地，开发销售渠道，实现垂直一体化的投资价值链。在企业选择投资价值链节点时，该地区的资源禀赋类比较优势成为价值链节点企业选择的重要参考因素。比如，以中国、印度为代表的新兴经济体正是通过丰富的自然资源、较低的劳动力成本，成为世界代工厂，走出了一条以组装—制造为特点的价值链生产之路的。

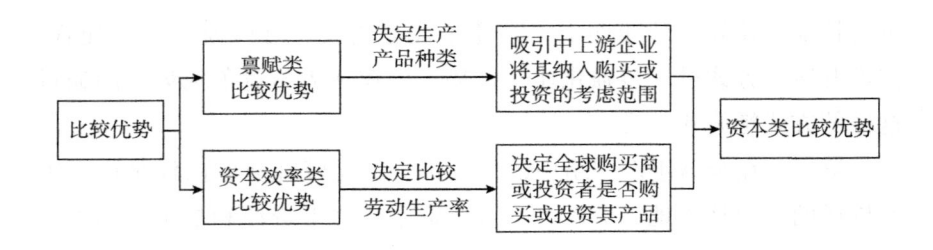

图 3—1　企业通过比较优势形成价值链

单一价值链又是如何通过比较优势形成价值网络的呢？随着专业化程度加深，各节点企业的比较优势通过贸易、全球采购或 OEM 生产串联起来，形成具有整体比较优势的单个产品价值链。但价值链上的节点企业所具备的比较优势并不仅局限于一条价值链上的一种产品，它同时可能也是其他产品价值链的一个关键生产节点，各节点相互联系构成了价值网络。比如，生产发动机的企业通过全球购买或投资将生产轴承、机械零部件等节点企业串联起来形成发动机生产价值链，使发动机生产价值链整体获得比较优势，因具备比较优势而使汽车制造企业将其纳入汽车生产价值链，由此可见，多种零部件的生产价值链竞争与合作，构成汽车生产价值网络。再如，富士康作为具有全球影响力的电子代工厂，通过综合各国的比较优势在全球各地设立

第三章 基于全球生产网络视角的企业竞争优势蕴意和外向国际化行为特征研究

工厂,成为计算机、通信、消费电子和汽车零组件等生产价值链上的重要节点,借此将不同产品的价值链串联起来形成区域性全球生产网络,如图3-2所示。

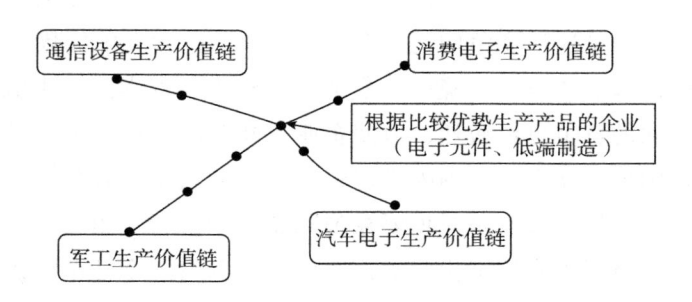

图3-2 电子行业价值链形成区域性全球生产网络

在全球生产网络中,价值链之间存在合作关系,网络节点生产过程中会在价值链上进行分工合作。价值链主导企业为了保证生产及时和顺畅进行,会积极向重要节点企业转移技术,未能直接接受技术转移的边缘节点企业也可以从产业集聚的外部性溢出中获益,从而使价值链整体技术水平提升,增加了价值链竞争优势。此外,全球生产网络中的比较优势除了包括传统的有形资源、无形资源和行政资源等,还拥有禀赋类比较优势和资本效率类比较优势。从贸易价值链和对外投资价值链的角度来说,比较优势中的资源禀赋类比较优势决定一个国家是生产劳动密集型产品还是资本密集型或者技术密集型产品,这种比较优势是企业进入价值链的前提条件,全球购买商可以通过全球采购方式将其纳入价值链,或者通过在该地建立生产基地的方式将其作为价值链的节点企业。资本效率类比较优势使企业获得比较高的劳动生产率。

第三,在全球生产网络中的竞争优势。企业的竞争优势源于企业的研发、生产、销售等价值链关键环节的低成本和差异化[1],在全球

---

[1] 赵卫军、朱玉胜:《基于价值网络的装备制造企业竞争优势构建研究——以太重集团为例》,《科技与经济》2019年第4期。

生产网络中，节点企业之间的竞争、企业战略和企业组织结构均在全球范围内展开，呈现出新的特点。在开放经济条件下，生产网络中的竞争由"点"至"线"再到"面"，"点"是指价值链节点企业之间的竞争，"线"是指价值链之间的竞争，"面"是指地方生产网络之间的竞争，正是这些竞争构筑了企业国际化的持续竞争优势。

首先，基于"点"的竞争。资源、劳动力和资本的自由流动使节点企业之间的竞争更加激烈，迫使企业不断提高生产效率以获得竞争优势。跨国公司在全球范围内进行资本配置，依据比较优势形成新的竞争优势。价值链节点企业想要在国际竞争中获得竞争优势，需要创造或获得高级要素和特定化要素，全球生产网络下全球范围内要素的流动变得更加丰富，贸易价值链的作用使企业通过贸易方式获取所需要素，对外直接投资价值链也会吸引各地人才和投资国所拥有的现代化基础设施等高级生产要素，实现企业价值最大化。此外，在国际贸易竞争中，基础的初级生产要素不会直接成为国际贸易的竞争优势，需要将基础要素与高级要素相结合，例如，通过投资价值链将节点企业丰富而廉价的劳动力与先进技术和管理经验相结合，才能产生真正的竞争优势。

在产品生产过程中，只有具备比较优势的企业才会生产某种产品，同时，在同一种产品的多个生产厂家中只有具备竞争优势的企业才能进入全球价值链。比如，华为和苹果的芯片生产，在众多生产芯片的厂家中具有竞争优势的企业才能脱颖而出，成为其手机价值链的节点企业，价值链主导企业连通各节点形成价值链条，各价值链条间由于节点企业的连接、竞争或者合作的关系构成价值网络。如图3-3所示，手机的生产价值链由通过竞争优势进入的上游电子材料企业、中游电子元器件企业和下游电子终端企业构成，其中，电子元器件企业生产的集成电路，也是消费电子生产链上的一个环节，由此电子元器件企业也成为消费电子生产链上的节点企业。因此，电子元器件的存在使手机生产价值链和消费电子生产价值链交叉起来。见微知著，价值链各节点企业因为竞争、合作与其他价值链互相交叉链接构成了全球生产网络。在全球生产网络视角下，各节点企业的竞争优势综合起来构成了价值链的竞争优势，企业之间的竞争演变为价值链之间的竞争。

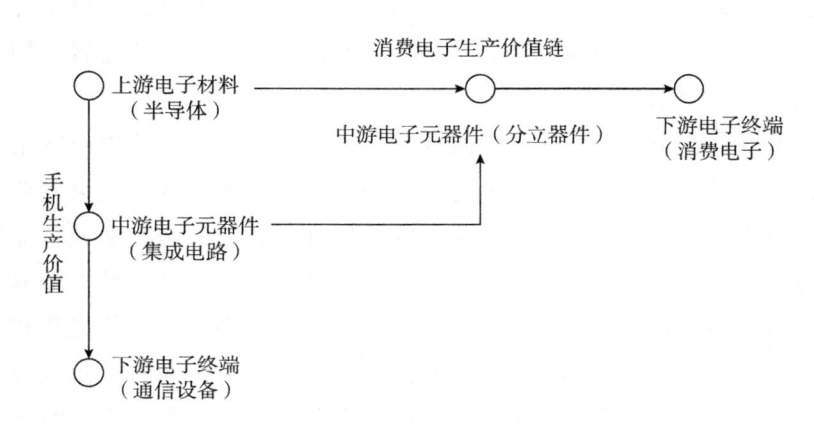

```
                           消费电子生产价值链
       ○ 上游电子材料 ─────────────────○──────────────────→ ○
         （半导体）                                            下游电子终端
    手                          中游电子元器件（分立器件）       （消费电子）
    机
    生     ○ 中游电子元器件 ────────────┘
    产       （集成电路）
    价
    值
       ○ 下游电子终端
         （通信设备）
```

图 3-3　竞争优势下手机生产价值链的构成

其次，基于"线"的竞争。全球生产网络中的价值链置身于资源、信息等物质流网络中，价值链之间的竞争在于资源分配和信息获取的竞争，以最优方式实现价值链中资源的最优配置就能够获得竞争优势。如果本国市场需求够大，本国企业就会起步较早，可以利用经验曲线效应建立起领先的竞争优势，也就是时间差优势。综合全球各地需求的价值链获得了竞争优势，能够迅速建立起对需求的反应，并利用经验曲线建立起领先优势。随着全球生产网络的不断扩大，各地的时间差优势缩小甚至消失后，技术领先就成为价值链竞争优势的重要来源。除此之外，价值链之间也存在竞争与合作关系，例如，生产电子中控的企业通过与汽车制造商的合作形成电子中控生产价值链，这一电子中控生产价值链被看作一个整体，与其他产品价值链一起构建了汽车制造的生产网络。

最后，基于"面"的竞争。对价值链中的企业来说，技术创新和企业能力是其获得成本优势或差异化优势的关键所在，而全球生产网络层面的竞争优势更加丰富和复杂。跨国公司通过网络治理在全球布局价值生产环节和节点，并将其拼接起来，这就为网络各节点企业创造了常态化的分工协作条件，网络资源共享、公共知识转移、组织学习、干中学、模仿创新、合作创新等能够提供价值网络自身的价值，也强化和补充了价值网节点的外部网络竞争优势。外部网络竞争优势还内化到网络节点内部，结合自身的核心能力，优化资源配置，构筑更强的企业内部竞争优势。

第四，在全球生产网络中两种优势的比较分析。全球生产网络中的比较优势解释的是网络节点企业或价值链拥有某一要素或某些要素的相对丰富程度，全球生产网络中的竞争优势解释的是企业或行业国际竞争力的来源，是生产力各要素综合协调的结果，是一种实际显现的竞争能力。在不完全竞争条件下，全球生产网络中的竞争优势和比较优势存在的形式和侧重点各不相同。在贸易价值链和对外直接投资价值链中，网络节点企业生产机会成本更低的产成品和半成品时所使用的土地、资源、技术等要素即为价值链节点企业的比较优势，价值链和生产网络拥有的各地资源并以此形成的消费者效用最大化或投资效用最大化就成为全球生产网络的竞争优势。在全球生产网络下，市场的竞争由企业之间的对抗转向价值网络之间的整体抗衡，竞争不仅在全球生产网络同一产业内的企业之间展开，整体价值网络之间的对抗也更为激烈。因此，节点企业、产品价值链和全球生产网络之间的竞争即为能力的竞争，这种能力是通过判断自身的资源、寻求最佳的市场机会和选择合适的价值网络等获得的，并最终获取网络优势地位，这种不可模仿的能力成为节点企业、价值链和生产网络的竞争优势。在全球生产网络中，企业间的资源和能力的互补性是价值生产网络的基础，网络资源的独特性和网络节点企业的综合能力构成了价值生产网络的核心竞争优势。简言之，比较优势是一种资源，这种资源成了许多产业和企业发展的"养分"；而竞争优势是一种潜在能力，这种潜在能力使某一产业或企业能够在市场竞争中脱颖而出。

全球生产网络中的竞争优势与比较优势相互依赖、互补共存。比较优势的存在是节点企业、价值链以及全球生产网络存在的前提条件，充分发挥经济的比较优势是波特"钻石体系"主要因素存在和发挥作用的必要条件。在全球生产网络中，发挥比较优势是实现竞争优

第三章　基于全球生产网络视角的企业竞争优势蕴意和外向国际化行为特征研究

势的最佳途径，而比较优势的维持和更新需要竞争优势不断催化。在全球生产网络合作与竞争过程中，相互模仿和学习对于网络节点企业和价值链来说就是一种知识的获取，有利于减少企业间的信息不对称并降低交易成本，帮助企业提高市场识别和把握购买者需求并创造需求的能力。高效的知识分享能极大地提高价值链的价值生产效率，降低企业学习曲线的位置，加之比较优势提高了资本及技术的丰富程度，价值链上的资本积累多了，使整体价值链的竞争优势得以增强。另外，竞争优势的提高伴随着全球生产网络中产品价值链竞争力的增强，而资本的积累使价值链中网络节点企业的高级要素（如高级人力资源、技术等）在节点企业聚集，使企业获得更强的竞争优势并且产业价值链不断优化，生产率不断提高。

第二节　基于全球生产网络视角的企业国际化竞争优势蕴意

一　全球生产网络视角下的企业国际化竞争优势

中国经济已经进入常态化，如何培育产业在全球生产价值链中的竞争优势成为保持经济增长的关键因素[①]，国际化企业嵌入全球生产网络能够促进产业升级和结构优化，但企业国际化需要企业不断加强自身的竞争优势，从全球生产网络出发重新审视企业国际化竞争优势的来源和种类具有现实意义。本书将全球生产网络视角下的企业竞争优势归纳为企业内部专有能力优势和企业外部网络结构优势，其中企业内部专有能力优势是企业如何整合与配置内部资源，实现专有能力优势的最大化，是企业拥有的内部优势；网络结构优势是企业如何利用自身在价值链或在生产网络中所处的位置和生产网络纷繁复杂的特点，实现价值链或在价值网络中资源的调度和使用，是企业的外部竞争优势。

---

① 李东阳等：《中国战略性新兴产业企业国际化能力影响因素研究》，《财经问题研究》2018年第6期。

第一，在全球生产网络视角下企业内部的专有能力优势。资源基础观认为企业所拥有的稀缺的、不可模仿的、不可替代的资源形成了企业的竞争优势。更多研究者认为，资源既可以源于企业内部，如企业自身的技术水平、资金状况等，也可以源于企业外部，如一国的产业基础设施水平、自然资源和产业集聚等。企业要整合来自内外部的资源并形成一种持久的、能够迅速回应外部环境变化并为企业带来持续竞争优势的独立能力，在全球生产网络中拥有独占的、难以替代的资源和能力可以帮助企业建立起对整条价值链的领导地位并获得更多的网络租金，以形成更高层次的竞争优势。在网络竞争环境下，专业化分工使价值链各节点企业依托专业性核心能力在特定价值环节获得竞争优势，在同一价值环节的水平竞争中胜出。同时，价值创造力在不同价值环节和增值活动中有很大差异，整条价值链的领导者往往是价值链高端核心能力的企业，也拥有较多的剩余价值索取权。为了体现全球生产网络组织下企业核心能力的这种专业性和层级性特点，本书使用专有能力概念来刻画企业内在的这种竞争能力，由此，企业内在竞争优势的增强就包含了企业专有能力增强和高层次专有能力建立两个方面。企业的专有能力需要不断地对来自企业内外部的资源进行整合、配置，并根据市场发展需要，提供优质产品和服务并为客户带来增值服务，为企业带来持续发展的动态能力，基于此企业内部专有能力优势可归纳为三个部分，分别是产品设计研发优势、生产技术优势、市场开拓优势，这些优势的提升有助于企业获得内部竞争优势。

产品设计研发优势也可称为全球生产网络企业的创新能力优势，是企业竞争优势的根本所在，这种优势的培养需要综合并配置各种要素，如来自外部环境和内部资源下的邮电、电力、铁路、运河、机场、港口等设施，全球创新中心、研究所、高级要素、产业技术的外部性溢出和相关产业的配套发展等必要生产要素，以及全球生产网络下各节点企业的激烈竞争，这种广义的外部资源也可以为企业的投资创新活动提供压力和刺激。很多要素和资源长期一直存在，为什么前人就不能充分利用它们呢？这个问题真正的原因就是知识，隐性的知

第三章　基于全球生产网络视角的企业竞争优势蕴意和外向国际化行为特征研究

识存量不同，企业表现出来的能力就不同，竞争能力也就不一样①。知识的组织和配置能力是一个企业表现出来的区别于其他企业的特有性质，而不是机器、厂房和货币等资源②。知识的运用与企业的各种资源相结合，共同构成了企业的产品设计研发优势，这种优势使企业能够在创新速度上获得高于行业平均水平的特质，即为研发竞争优势。

生产技术优势是价值创造能力形成的优势，通过获得高于其他竞争者的生产技术和生产方法，并运用企业资源发展规模经济的优势。全球生产网络的规模经济效应能够降低客户总成本，提高价值让渡效率，其规模效应首先体现在价值创造维度上，由于全球生产网络各节点企业的高度分工化合作，使节点企业更关注于提高其生产技术优势。一方面，在规模经济作用下，网络能够吸引更多客户，使每个节点企业的业务量增加；另一方面，每个节点企业都专注于自身优势，致力于提高生产技术水平等核心能力，使学习曲线快速下降，有效降低生产成本，提高网络中节点企业的劳动生产率。技术水平作为企业稀缺且高级的生产要素，在知识经济时代是企业发展的战略性资源，体现在生产中表现为熟练劳动力与先进生产设备有效配置，企业可以通过技术购买、技术创造、技术转移以及产业集聚作用下的技术外部性溢出等方式，将技术内化为企业自身的价值创造能力，并通过结合企业资源如自然资源、廉价劳动力等，以高于市场平均水平的劳动生产率在国际市场中处于领先地位，获得竞争优势。

市场开拓优势是通过制定合适的企业战略在国际上寻找并开发新市场的能力优势，这种优势的培养需要上述三种优势的支撑，并结合企业的资金、具有开拓精神的人力资本以及当地政府政策支持等各种资源从而扩大客户群体，提升企业市场占有率，使企业获得竞争优势，实现更为广阔的价值转移过程。

---

① [美]彼德·德鲁克：《成果导向——有效的管理思路和分析方法》，雷心一译，中国财政经济出版社1990年版。
② [美]彼德·德鲁克：《成果导向——有效的管理思路和分析方法》，雷心一译，中国财政经济出版社1990年版。

第二，全球生产网络视角下企业的外部网络结构优势。在对工业区、国家或地区的研究中发现企业的成功在很大程度上取决于企业所属的、与地域相联系的企业网络。现代竞争已经不仅是企业之间的竞争，更多的是生产网络之间的竞争。网络竞争的最大特点在于，竞争不再是单个企业间的技术竞争，而是生态系统间的竞争。这种有别于企业特定能力的优势就是基于群体的优势。作为一个竞合体，网络中各企业在依托网络群体力量展开网络间竞争的同时，也为彼此利益在网络内展开竞争。企业网络内竞争表现为企业对网络关系的控制力或网络权力争夺，拥有网络权力的一方可以驱使其他合作者按自己的意愿行事，并谋取利益。而网络权力由网络结构或企业在网络中的位置决定，在网络中网络中心、结构洞等特殊位置的企业拥有较强竞争优势。这种竞争优势的基本特征来自垂直一体化的组织形式，使全球生产网络的节点企业获得来自企业之外的竞争优势。企业在全球生产网络之间的竞争表现为脱离单个企业的传统视角，依托群体力量利用网络的多样性和复杂性，对网络间的资源进行掌握和配置。生产网络越复杂、多样性程度越高的群体拥有较强的竞争优势。根据上述分析，网络位置优势和网络的多样性优势就构成了企业外部的网络结构优势。

企业在全球生产网络中所处的位置与所拥有的权利给企业带来的竞争优势就是网络位置优势。企业掌握控制不同主体的衔接，价值链各个环节的融合和动态互动，通过控制价值增值实现对网络内资源和信息的获取等，这些都可以通过企业在网络中所处的位置来获取。另外，生产网络核心企业或者关键网络节点企业可以利用自己所掌握的资源对其他企业的价值活动实行干涉和非公平竞争，从而获取自己的利益，形成竞争优势；处于网络中心的企业能够更好地整合价值链上的资源，更好地控制供应商和分销商，强化制造业企业与其供应商之间的合作，提高产品和服务质量；全球生产网络核心企业和关键网络节点企业基于各环节价值节点能力水平对价值链进行补链、强链等治理，一起创造价值，满足市场需求，提升整体产品水准和竞争优势，同时增加了企业利润、消费者剩余和增强了社会福利。但网络节点的位置并非固定，节点企业可以通过与合适的合作伙伴、长期的交易关

第三章 基于全球生产网络视角的企业竞争优势蕴意和外向国际化行为特征研究

系建立战略联盟，实现网络位置的快速跃迁。越是靠近网络中心的企业，所具备的这种能力就越强，其竞争优势越明显。

网络的多样性优势是指生产网络的多样性和复杂性给网络中各节点企业带来的整体外部优势。市场需求变化和激烈的竞争会不断降低单个企业的垄断势力，而协同的全球生产网络能够为网络节点企业提供某种防护网，从而减少市场冲击。网络组织间的错综复杂，不同产业和不同价值链上的价值活动使生产网络在保证企业弹性的情况下，能够通过有效地控制投资成本和对一般资产的最大利用来避免交易成本的增加，从而获得竞争优势。另外，复杂的网络结构蕴藏着不同地区不同产业不同节点企业的价值和资源，网络的多样性使这类价值和资源，如技术、资本、知识等生产要素能够在网络间迅速流动与传导，尤其是技术的进步通过网络扩散到不同的节点企业中，有利于网络结构整体价值创造和传递的效率提高，从而使生产网络的竞争优势得以体现。

二 企业国际化竞争优势衡量指标

全球生产网络是企业国际化的重要组织创新，以节点企业为连接点，以企业价值活动为连接方式，用以应对全球竞争的一项重要组织创新，是生产体系全球化的重要微观基础，其在推动区域乃至国家经济增长和解决资源配置不合理问题等方面具有无可比拟的优势，表征着日益广泛和系统化的全球生产体系。在以产品分工为特点的全球生产网络中，企业国际贸易的市场地位和国际化进程的效率是由节点企业在全球生产网络中所拥有的竞争优势决定的。因此，需要确定网络节点竞争优势的来源，评价竞争优势的大小，从而确定节点企业的战略方向和市场增长空间。谢晓晖等[①]认为国际化企业要优化经营行为和战略，不断创新技术和管理方式，提质增效，聚焦核心竞争力，持续构筑比较优势和竞争优势，才能在国际市场上站稳脚跟。边春鹏

[①] 谢晓晖等：《中小企业国际化成长的竞争优势构建》，《工业技术经济》2008年第6期。

等①以微观企业为研究对象，利用LASSO稀疏性变量选择方法，从企业国际化动力、国际化能力、国际化潜力三个方面，以国有企业、私有企业、港澳台企业以及外资企业为分析入口，从大量企业指标中选取代表企业竞争优势的三种国际化变量。但目前缺乏一种从全球生产网络视角评价企业国际化的竞争优势，因此，根据前面两部分的分析，本部分构建了企业国际化竞争优势衡量指标（见表3-1）。其中，二级指标为企业的专有能力和网络结构优势；专有能力优势是指整合来自内外部的资源并形成一种持久的、能够迅速回应外部环境变化并为企业带来持续竞争优势的独立能力，通过在价值链中拥有独占的、难以替代的资源和能力，又可以帮助企业建立起对整条价值链的领导地位和获得更多的网络租金，是更高层次的竞争优势。对这样一种从本质上说属于核心能力范畴，同时具有专业性和层次性特征的企业内部竞争优势的测评，需要涵盖产品设计、研发、生产、销售等价值链的价值创造。因此，将企业的内部专有能力优势划分为企业的产品设计研发优势、生产技术优势和市场开拓优势。

表3-1　　　　　　　　企业国际化竞争优势衡量指标

一级指标	二级指标	三级指标
竞争优势	专有能力优势	产品设计研发优势
		生产技术优势
		市场开拓优势
	网络优势	网络位置优势
		网络多样性优势

产品设计研发优势是指企业的创新能力带来的优势，反映企业在网络竞争中能够快于市场和竞争对手创新市场所需的产品及服务，体现了企业对于高级生产要素及企业战略长远性的考虑，需要强大的资

---

① 边春鹏等：《中国企业国际化竞争优势评价——基于内生异质性视角》，《现代管理科学》2015年第11期。

金和高级人力资源的支撑；生产技术优势是指企业使用先进设备、技术以及熟练劳动力，降低生产成本，提高劳动生产率，使企业获得超额报酬率的能力优势，是企业价值创造能力的最终体现，反映了企业的资源配置水平以及企业的市场地位；市场开拓优势是指企业通过制定合适的经营战略在国际上寻找并开发新市场的能力优势，包括开发国际新市场和下沉市场两个方向上的市场开拓能力优势。反映了企业在扩大市场占有率、增强市场地位方面的优势，这是在全球生产网络下大多数企业实现国际化的必经之路。

网络优势是指在现代生产网络的竞争之中，企业网络整体之间的竞争代替了原子企业的单打独斗，网络节点在网络之中由于其所据有的位置不同，所处的三维网络空间结构不同，导致获取的竞争优势不同。这种竞争优势被称为网络优势。网络优势由网络位置优势和网络多样性优势构成。

网络位置优势是指企业在全球生产网络中所处的位置与所拥有的权利给企业带来的竞争优势。全球生产网络中的网络中心、结构洞等特殊位置的企业可以驱使其他合作者按自己的意愿行事，并谋取利益，拥有较强竞争优势，反映的是企业在整体网络所处的位置和所充当的角色，是国际化企业从外部获取的竞争优势。而生产网络的多样性和复杂性给网络中各节点企业带来的整体外部优势就是网络多样性优势。网络结构越复杂，网络中企业的信息、资金等资源的传递效率越高，群体企业所具有的网络多样性优势也就越强，反映的是网络整体结构及资源传导效率对网络中各节点企业的影响。

第三节　全球生产网络视角下企业国际化行为研究

全球生产网络是当代企业国际化过程中重大的组织创新，在全球生产网络视角下重新审视企业国际化的行为特点不仅是理论研究的重点，更是考察后发企业国际化战略的新思路，具有一定理论价值。同时，在该视角下探究企业何时进入国际市场，具体进入哪个国家或区域的市场以及市场进入方式等国际化决策问题已成为众多企业获取竞争优势、整合配置企业资源的重要战略决策，也具有实践指导意义。随着全球化的深入，生产活动在更大范围内上演，跨国公司在其中发挥着十分重要的作用。为了应对日益激烈的多样化竞争，生产网络开始由地方产业网络向全球范围扩展，生产经营活动出现了垂直分离和水平竞合，全球价值链中的核心企业穿透并不断跨越国家或区域界限，通过专业化与协调把国际上具有比较优势和竞争优势的企业整合起来，形成全球价值链并最终构成了全球生产网络。

如图3-4所示，全球生产网络的组织结构主要有三部分。一是以贸易或投资为主体形成纵向的全球价值链。每个产品从设计到销售分为多个环节，产品厂商根据比较优势在全球范围内寻找不同区位，由不同国家最具生产技术优势的不同企业完成不同的生产环节，并以贸易或投资的方式将这一系列企业连接起来形成一条全球价值链。二是生产的同类网络节点形成了横向的竞争与合作网络①。生产相同产品

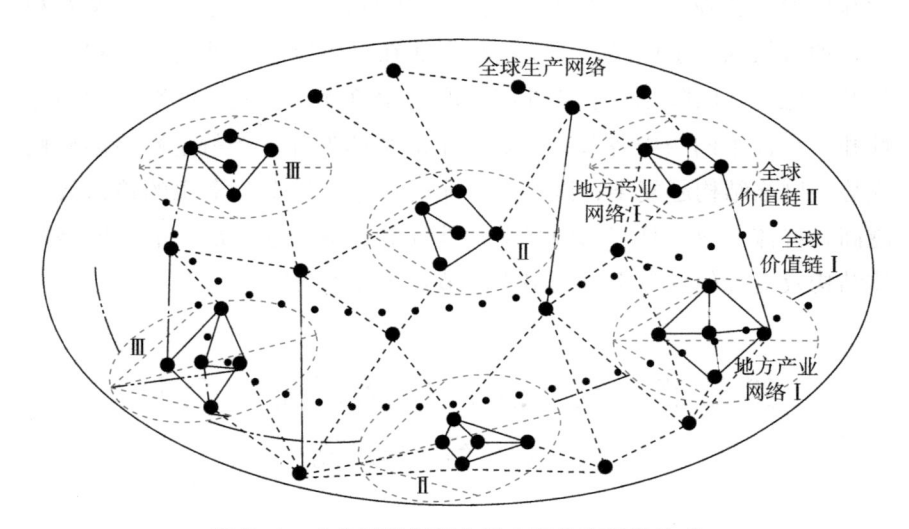

图3-4 企业国际化行为的全球生产网络构成

---

① Vanninen H., et al., "Rapid Multi-nationalization: Propositions for Studying Born Micro Multinationals", *International Business Review*, Vol. 26, No. 2, pp. 365-379.

第三章 基于全球生产网络视角的企业竞争优势蕴意和外向国际化行为特征研究

的不同企业以上述方式构建起自己的全球价值链,并且处于不同价值链中的相同或不同生产环节的企业又存在着多样的竞争合作关系。三是纵向与横向定位的网络节点在生产网络中的位置移动和价值攀升构成了企业的国际化行为决策。纵向来看,同一全球价值链之内的企业以合作为主;横向来看,不同价值链相同生产环节的企业以竞争为主,纵横交错之下形成全球生产网络。由此可以看出,企业国际化行为受到了全球生产网络构建的重要影响[①]。本节从全球生产网络角度审视企业国际化行为,将国际化行为分为网络合作节点选择(涵盖了国际化区位、国际化合作对象选择等内容)及节点连接方式选择(包括各类联盟、并购等方式)两个方面内容,主要研究企业国际化行为如何受到全球生产网络的影响、企业如何布局全球价值创造活动、如何选择全球战略伙伴、以何种方式融入东道国经济和社会网络等问题,这一概念框架如图 3-5 所示。

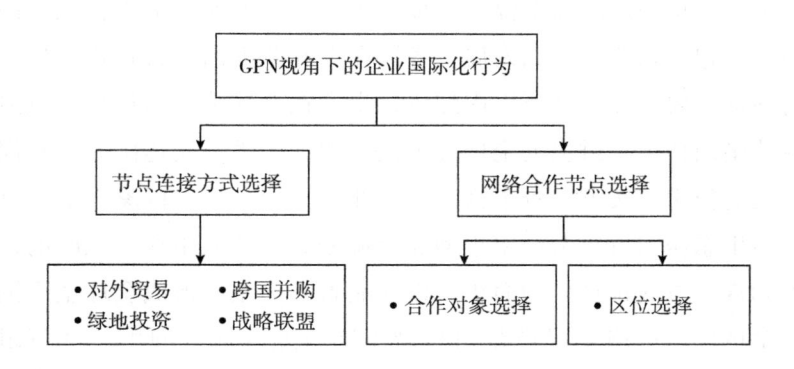

图 3-5 全球生产网络视角下企业国际化行为概念框架

一 GPN 视角下的企业国际化行为特征

企业国际化是企业边界在世界范围内的扩展和延伸,是以国际市场为导向、在世界范围内配置生产要素、参与国际分工和实现产品销

[①] Manolova T. S., et al., "In Good Company: The Role of Personal and Inter-Firm Networks for New-Venture Internationalization in a Transition Economy", *J WORLD BUS*, Vol. 45, No. 3, 2010, pp. 257-265.

售的动态过程①。全球生产网络与企业国际化是一种相互影响、相互推动的关系。国际化初始阶段是以简单的商品贸易为主要形式，随着企业技术、资本、国际化经验等不断积累，逐步由商品转移向资本转移转变。在这一过程中跨国公司得以出现，跨国公司的控股机构选择在海外建立分支机构，这些分支机构的活动主要分为两个类型：一是分支机构在世界其他地方重复母公司在国内设施中从事的生产过程，即水平型对外直接投资。二是产业链被分解，部分生产程序被转移到附属机构所在区域或国家进行，即垂直型对外直接投资。可以说，全球生产网络的建立得益于全球化生产的发展，在全球生产网络逐步形成的过程中，从产业间分工发展到产品内分工，专业化程度不断增强，直至细分到各国企业依托全球价值链建立起工序间的比较优势。在这一过程中，全球生产网络在全球层面、区域层面、国家层面、企业层面、要素层面等诸多方面对企业国际化行为产生了影响。

第一，从全球层面来说。传统产业链在地理区位上被打散，国际贸易向外包、联盟等方向发展，各国在全球范围内进行投资、生产和贸易活动。要素在全球范围内配置，生产在全球范围内进行，风险在全球范围内传播。过去的全球分工以产业为基础，发达国家以利润空间较大的技术密集型、资本密集型产业为主导，后发国家承受着巨大的环境生态压力进行劳动密集型和资源密集型产品生产。此时的连接节点和连接方式选择较为简单，以商品贸易为主。形成全球生产网路后，全球生产网络本身就是由跨越不同行业或地区的生产环节组成的，后发国家也通过嵌入全球价值链而与发达国家相关网络节点连接在一起。企业国际化行为决策需要考虑到地缘政治波动、双边关系风险、节点选择和连接方式等因素，更为复杂多样。

第二，从区域层面来说。伴随着全球生产网络的形成，区域价值链也随之形成，当跨国企业面临区域选择和合作对象决策时，地理距离邻近的区域往往成为其首选对象。当大范围高标准难以实现统一

---

① 何文靓：《集群企业国际化成长进程中知识租金获取机制研究》，博士学位论文，南昌大学，2014年。

第三章 基于全球生产网络视角的企业竞争优势蕴意和外向国际化行为特征研究

时,小范围高标准相对就容易实现,因此,产品价值创造的区域化特征超过全球化特征,形成了既矛盾又统一的区域生产网络和全球生产网络关系。世界贸易组织就是一个大范围并且相对较低标准的网络关系载体,而相对小范围高标准的区域生产网络主要有三个:一是亚洲东部区域生产网络,主要以中国、日本、韩国为主体。二是欧洲区域生产网络,以欧盟为主体。三是美洲北部生产网络,以加拿大、美国、墨西哥为主体。

第三,从国家层面来说。在当前"世界制造"的时代,资源禀赋差异构成了价值链分割,不同国家分别承担某一产品的不同生产环节,企业利用中间产品完成最终产品并出口,形成了联系越来越紧密的垂直专业化模式,深化了国际分工模式。产品内贸易、工序间分工等现象不断涌现,逐渐淡化了国别经济。当跨国公司进行合作对象选择时,更多地需要考虑该企业所在国家的比较优势,企业凭借所在国家具有的特殊比较优势嵌入某产品的全球价值链。国家之间的贸易竞争实质上是由企业在全球生产网络中所处的位置决定的,国家竞争优势体现在全球价值网络的小型模块功能上。

第四,从企业层面来说。在传统的国际分工模式中,每个国家参与分工的是一种产品的全部生产过程,而全球生产网络形成后,分工边界就缩小到了工序这样细小的节点。跨国公司通过比较相同生产环节不同企业的竞争优势来选择合作企业。这也意味着企业拥有更多机会嵌入全球价值链和全球生产网络,当然也面临更大的竞争压力,这样的竞争不再局限于一国之内而是在全球范围之内。在全球生产网络中究竟是处于内部的核心位置还是外部的网络外围,直接影响了企业的行为和绩效。

第五,从要素层面来说。要素逐渐成为全球价值链分工体系下利益分配的主体,要素的流动也比之前更为迅速。伴随着生产环节在全球范围内进行,越来越多的节点连接方式涌现,通过进出口商品、许可协议、并购、合资以及建立新的全资子公司等方式将多样的生产要素转移至分散在全世界范围内的不同生产环节。

全球价值链节点企业联合成长导致全球生产网络的发展和企业国

际化的不断深化，网络节点企业通过全球生产网络构建和治理从网络边缘向网络中心转移，从而实现成功的国际化①。全球生产网络的形成和演化将越来越多的因素纳入决策范畴，使企业的节点选择和连接方式选择更加复杂，进而影响了企业国际化行为决策②。

二　网络合作节点选择

为了满足市场需求，跨国公司在全球范围内布局价值链模块，分布于世界各地的价值链模块协同生产产品，这就需要网络中心企业或者关键节点慎重地选择合作对象，并由企业之间的契约来维系。企业作为这一关系网络的节点会通过有意识的行为改变强化其网络位置，并进一步实现网络位置的跃迁。网络合作节点的选择实质上包括在全球生产网络中企业国际化区位选择和合作对象选择。本部分探究在全球生产网络下企业国际化合作节点选择的特征，主要从企业国际化区位选择和企业国际化合作对象选择两个方面展开。

第一，企业国际化区位选择。揭示全球范围内商品和资本流动内在动因的一个重要因素就是正确认识企业国际化的区位选择，这对政策当局制定或修订吸引外资的政策具有参考价值③。本部分着力研究全球生产网络中企业的区位选择特征，从市场规模等多个角度分析其对全球生产网络下企业国际化区位选择的影响。

跨国公司过去主要采用水平型对外直接投资。在这一投资方式之下，为了降低贸易成本，跨国公司在贸易成本和对外直接投资的固定成本之间进行权衡，如果出口贸易成本大于在国外重新建立生产设备所耗费的固定成本，就建立分支机构在国外进行直接生产。事实上，在这种模式下贸易行为仍然是国别经济，某一产品的多个生产环节仍然在一个国家内部进行，考虑生产转移时主要目的是缩短与目标市场的距离，降低贸易成本。因此，跨国公司在选择水平型对外直接投资

---

① 邓勇兵：《中国企业国际化进程中的网络演进与构建机制研究》，博士学位论文，南开大学，2014 年。
② 刘德学、苏桂富：《中国加工贸易升级状况分析：基于全球生产网络视角》，《国际商务（对外经济贸易大学学报）》2006 年第 4 期。
③ 徐康宁、陈健：《跨国公司价值链的区位选择及其决定因素》，《经济研究》2008 年第 3 期。

第三章　基于全球生产网络视角的企业竞争优势蕴意和外向国际化行为特征研究

的区位时所要考虑的因素较少，一般以产品所占据的现有市场为主要对象。处于全球生产网络中的国际化企业要斟酌的因素越发多样，面临的区位选择较为复杂。与传统的企业国际化只进行一次区位选择且主要注重销售市场特征不同，全球生产网络中的企业要在多个价值增值环节分别考虑区位选择策略，要实现全球生产网络正常顺畅运行，网络核心企业或者关键节点就必须协调和治理好世界各地的价值环节，价值链条要经历研究开发、生产制造和营运销售等主要环节，每个环节都要经历一次或多次区位选择。企业出于利润最大化的目标，往往会根据比较优势选择优势区域布局产品的生产环节，这就自然会遇到价值链内部不同价值环节的区位选择问题[1]。

全球生产网络下的企业国际化区位选择通常要考虑市场规模、地理距离、工资水平、经济发展水平和技术条件等因素。市场规模是一个较普遍的决定因素，市场规模是吸引跨国公司投资的重要因素之一，无论是制造环节、研发环节还是营运环节，跨国公司都很看重对所选择区位的市场规模。因为，市场容量是一国经济或全球经济增长的第一因素，商品只有被消费才算实现了价值增值，需求决定供给就意味着需求决定生产，这里的需求就是市场容量，若市场容量小到不足以支撑生产规模，则产生的库存就会占据大量资源，这是一种资源错配，也意味着失败的可能性较大；反之，较大的市场容量容错率相对较高，企业容易获取成功[2]。就地理距离来说，企业的初始国际化往往会选择比较熟悉的，在文化、地理等方面与本国比较类似的国际区域，比如，中国企业选择与中国文化背景相近的东南亚市场，通常能够在短时间内了解其市场，并且有利于快速获得市场基础和国际化经验，最终实现在东南亚地区拥有一定的市场份额；对地理距离较远的尼日利亚、巴西等第三世界区域，就要考虑基础设施不完备和营商环境多变等风险，在东道国劳动资本、市场调研等方面多下功夫，合

---

[1] 曾铮、张路路：《全球生产网络体系下中美贸易利益分配的界定——基于中国制造业贸易附加值的研究》，《世界经济研究》2008年第1期。

[2] 庞娟：《跨国公司在华R&D投资区位布局研究》，博士学位论文，兰州理工大学，2018年。

资合作方式较为适合；地理距离较远的西欧地区、澳大利亚、加拿大等，贴牌生产的话，考虑出口或在东道国建厂，自有品牌可以先期出口，积累经验构筑竞争优势后再进行对外直接投资①，比如，福耀玻璃等。就工资水平来说，每个区域的工资水平具有一定的内在联系，一般工资水平越低越能吸引跨国企业的进入，但不同的环节也略有不同。比如，生产环节对劳动力成本比较看重，因此纺织、服装、家具和电子加工类的跨国公司将劳动力成本作为企业国际化选择的重要衡量因素；而研发和运营环节类的跨国公司更倾向于对人力资本较高的区位进行投资，因为在这些环节对劳动力素质要求更高，其工作性质也不再是简单的重复劳动。就经济发展水平来说，技术密集型企业通常会把发展中国家或欠发达国家市场作为国际化起点，因为这类企业在刚开始步入国际化的过程中，与发达国家跨国企业有一定差距，如果贸然进入发达国家市场可能会造成无销售市场，最后被兼并的命运。如果在开始国际化之时选择市场广阔的发展中国家或欠发达国家，这些企业可以凭借其价格优势获得一定的市场占有率，在随后的不断发展中积累经验，再向发达国家市场进军。一些从事资源密集型或劳动密集型的企业，则通常选择发达国家作为其国际化的起点。因为，发达国家资源密集型、劳动密集型产业较少，这类商品以进口为主，以这些国家作为国际化起点，能够迅速积累资金和技术从而深化国际化进程。就科技条件来说，区位选择对高级要素要求很高，研发网络节点倾向于布局到高级要素水平和密集度都较高的区域②。因此，跨国公司的不同价值环节在进行区位选择时需要考虑不同的因素，加工制造价值节点主要考虑产品到最终消费市场的生产成本，会布局到便于运输和低级要素丰富的区域；营运价值节点主要考虑高级要素水平，会布局到营商环境好、区位便利等的区域；R&D 价值环节主要

---

① 邓勇兵：《中国企业国际化进程中的网络演进与构建机制研究》，博士学位论文，南开大学，2014 年。

② Manolova T. S., et al., "In Good Company: The Role of Personal and Inter-Firm Networks for New-Venture Internationalization in a Transition Economy", WORLD BUS, Vol. 45, No. 3, 2010, pp. 257-265.

第三章 基于全球生产网络视角的企业竞争优势蕴意和外向国际化行为特征研究

考虑高级要素密集度，会布局到通信发达、人才聚集和地方管理高效等区域①。

第二，企业国际化合作对象选择。全球生产网络中的企业之间不再是完全的竞争关系，而是一种竞合关系，即在竞争中合作、在合作中竞争。没有任何企业可以在这一网络中孤军奋战，只有与重要网络节点上的合作企业达成良好的分工协作关系，才能避免被挤出或者替代，生产网络也才能真正地良性运作②。在实践中，我们经常会看到关系紧密的多家企业几乎同时向同一区域进行产业扩展或转移，这就是网络核心或关键节点企业占据了网络有利位置，与追求网络租金的网络节点进行集群发展的结果。因此，选择合适的企业国际化合作对象十分重要。全球生产网络中的国际分工已经从产业间分工、产品间分工发展到了产品内分工，发达国家跨国公司不再像以前一样一味地输出资金或产品，发展中国家企业也不再是简单地在国际化进程中进行技能学习③。在以产品内分工为特点的全球生产网络中，于特定价值环节拥有独特的增值能力是企业赢得竞争对手的条件，因此，企业在每个环节都必须实现资源的最优化。发达国家和后发国家都有可能参与各种行业的生产环节，并充分发挥比较优势实现价值链中的价值增值。跨国公司在考虑竞争优势的基础上，在众多同一区域的企业中选择最能够提高收益的企业参与其全球价值链。本部分分别从全球价值链中的上游企业和下游企业两个角度分析全球生产网络对企业国际化合作对象选择的影响。

全球价值链上游企业在寻找国际化合作对象时不再一味追求强强联合，而是积极考虑与发展中国家企业合作以形成自己主导的全球生产网络。后发企业往往拥有发达国家跨国公司所不具备的资源优势、劳动力成本优势等，发达国家为了保障发展中国家供应商提供符合质量和技术标准的中间投入品，维护生产网络顺畅运行，会积极地向发

---

① 刘德学等：《全球生产网络与加工贸易升级》，经济科学出版社 2006 年版。
② Anderson S., "The Internationalization of the Firm From an Entrepreneurial Perspective", *International Studies of Management and Organization*, Vol. 30, No. 1, 2000, pp. 63-92.
③ 马添翼：《服务外包对制造业发展的影响研究》，硕士学位论文，湖南大学，2010 年。

展中国家企业进行技术转移，其他未能直接接受技术转移的后发企业也可以获取技术转移的外部性溢出。通过技术转移和技术扩散机制，嵌入全球生产网络的后发企业就可以逐步实现价值链地位的提升，因此，发展中国家的后发企业可以积极地嵌入发达国家跨国公司构建的全球生产网络，获得进入全球市场的机会，当然，这些企业也面临被"低端锁定"或"被俘获"的风险。同时，全球生产网络主导企业也可以通过网络优势和专有能力获得大量利润和租金，当然，生产环节的转移也会导致发达国家的产业空心化等问题。后发国家的加工制造价值节点常被全球价值链上游价值节点收购大部分股权或者直接兼并，这就是资本与产业的整合①。在全球生产网络建成之前，企业建立海外分支机构的初衷大多是靠近出口市场，节省贸易成本。但在全球生产网络形成之后，同一产品的多个生产环节分布于全球各地，企业在寻找国际化合作对象时偏好与拥有竞争优势的企业进行生产合作，实现资本与产业的融合，扩大企业的生产边界，延长全球价值链，降低生产成本，完善其主导的全球生产网络②。

全球价值链的下游企业常是发展中国家的后发企业，它们在寻找合作对象的过程中逐步实现了产业内的结合，形成"南南合作"的局面。产业内结合是发展到一定规模的跨国公司为了实现自身各环节的结构升级，充分利用东道国企业的比较优势，将部分生产环节业务向东道国转移，与一些从事相似生产经营活动的企业进行合作，东道国企业也可以通过合作使自己顺利地进入国际市场，降低进入国际市场的成本③。通过产业内整合，合作双方的企业能够实现自己的经营目标，是一种优势互补的双赢组合。全球价值链的下游企业通常具有两个特点：一是生产过程需要大量半成品及部件等中间品；二是生产技

---

① Altinay L., Roper A., "The Entrepreneurial Role of Organisational Members in the Internationalisation of a Franchise System", *International Journal of Entrepreneurial Behavior & Research*, Vol. 11, No. 3, 2005, pp. 222-240.

② 刘德学等：《中国加工贸易升级对策研究——基于全球生产网络视角》，《国际经贸探索》2006 年第 4 期。

③ 李健等：《计算机产业全球生产网络分析——兼论其在中国大陆的发展》，《地理学报》2008 年第 4 期。

术含量不高，产品附加值较低。这类企业主要为加工制造业，以低成本的劳动、较低的技术含量等要素投入为主，利润率较低，可替代性较高，只要网络核心企业愿意，可以比较容易地对这些网络节点进行替换或者内部化，位于价值链下游的地区典型特征是大进大出。全球价值链上游与下游企业在全球生产网络下合作对象选择的特征和面临的问题如表3-2所示。

表3-2　　全球价值链上游与下游企业在全球生产网络下合作对象选择的特征和面临的问题

合作对象类型	全球生产网络下合作对象选择特征	面临的问题
上游企业	积极开展"南北合作"，扩大生产边界，细分生产环节	产业空心化问题；就业问题
	通过跨国并购等形式促进资本与产业的结合	
下游企业	积极开展"南南合作"，相互支撑形成区域性的贸易区	对外贸易"大进大出"；生产较少创造效益
	被大规模纳入全球生产网络	

可以看出，在全球价值链中的任何企业想要在国际市场上获得发展，都需要积极地融入全球生产网络。受益于全球生产网络的建立，世界经济也不再掌握在跨国公司手中，后发企业凭借其自身优势成为全球生产网络核心企业国际化进程中着重选择的合作对象[①]。值得注意的是，在当今全球化的生产网络中，发展中国家的企业也不再是简单地进行着技术含量较低的加工组装工作，一些具有技术含量的工作也不再是发达国家企业的专有能力。发展中国家企业已经开始逐渐注重技术研发与创新，并在市场上崭露头角，在国际市场上获得了一席之地[②]。对发展中国家不同类型的后发企业来说，可以通过自主发展型全球生产网络构建或者嵌入—突破型全球生产网络构建两种模式获得国际化利润和租金，具体的作用机制和发展路径将在第七章进行分

---

① 马腾：《从资本主义基本矛盾看经济全球化》，博士学位论文，中国社会科学院大学，2003年。

② 柴宇曦、张洪胜：《数字经济时代国际商务理论研究：新进展与新发现》，《国外社会科学》2021年第1期。

析和说明。

三 节点连接方式选择

后发企业在嵌入全球生产网络的初始阶段,会通过市场或商品交换等多种契约方式与各网络节点建立连接关系,此时企业间了解程度有限,以简单的商品贸易弱连接为主[①]。在全球生产网络拓展阶段,即后发企业的全面国际化阶段,可以通过诸如合资建厂、收购、签订战略合作协议等多种多样的国际化形式与网络节点企业产生联系,或者在世界范围内安排各个价值环节,利用绿地投资等强化与东道国政府、机构和价值环节等的连接,嵌入全球营销网络、生产网络、研发网络和供应网络,整合国际资源等。在这一过程中,企业进一步获得国际商业知识、国际制度知识等经验积累,知识的积累使后发企业获得更多的国际市场信息和机会,参与更多的国际化实践,进一步扩大其网络规模和提高网络连接强度[②]。后发企业进入国际市场的路径一般呈现以下规律:首先,通常是发挥企业内部资源优势为跨国公司提供低成本的资源;其次,通过技术许可、合资等形式学习全球生产网络主导企业的相关技术知识,提高企业产品质量进行出口并占据一定的市场份额;最后,在积累了一定资本之后,着手收购国外资产、品牌等去拓展其全球的持续竞争优势和网络地位。由此可以看出,不同企业在不同的国际化环节嵌入全球生产网络时采取的连接方式有差异,下面从四个主要的节点连接方式入手,分析不同连接方式的特征[③]。

第一,嵌入全球生产网络的初始环节——对外贸易。对外贸易通常是企业国际化过程中采用的初始方式,很多企业将产品出口到国外市场进行销售,从而产生了最初意义的国际化企业,进出口货物也只是商品销售环节由一国向另一国的简单延伸,各国专业生产并出口比

---

① 王益民、宋琰纹:《全球生产网络效应,集群封闭性及其"升级悖论"——基于大陆台商笔记本电脑产业集群的分析》,《中国工业经济》2007 年第 4 期。
② 邓勇兵:《中国企业国际化进程中的网络演进与构建机制研究》,博士学位论文,南开大学,2014 年。
③ Rauch J. E. Trindade V., "Ethnic Chinese Networks in International Trade", Nber Working Papers, Vol. 84, No. 1, 1999, pp. 116–130.

第三章　基于全球生产网络视角的企业竞争优势蕴意和外向国际化行为特征研究

较优势产品，可以获得更多的贸易收益。企业可以通过这一不以资产为基础的进入方式进行外向国际化，吸收先进技术并积累经验，为下一步国际化构筑竞争优势①。这一阶段，中国在世界市场中所占的份额不断扩大，但这些产品加工程度不深，档次也比较低，通常会在生产过程中对环境造成严重的污染，同时在国际市场也以较低廉的价格作为竞争手段，不仅生产企业的利润空间较小，而且容易遭受贸易伙伴国反倾销制裁，使本国贸易条件不断恶化。高技术、高附加值的工业制成品在出口所占的比重较低，由于这些产品缺乏自有知识产权与核心技术，出口的产品以简单加工组装为主，与发达国家相比还存在很大的差距②。

全球经济一体化将合适的价值增值环节配置在相应区域，网络化发展也会将低效和相对高成本的网络节点进行替代和升级，后发企业维持了一段时间的出口后，生产要素成本逐渐增加，提高生产效率和企业管理水平等成为出口企业发展的方向，逐渐向高端价值环节攀升③。在对外贸易中，传统的出口规模和贸易条件不再能体现一国的贸易收益情况。全球贸易、消费及生产网络上的价值流动在由技术进步所带来的两次"解绑"中实现了爆发式增长，全球价值链成为世界经贸活动的典型特征④。消费跨境和生产跨境的不断发展，国际贸易的范畴也从最终消费品向由零部件、服务所构成的中间投入品拓展，中间品贸易的比重不断增大，跨国公司将价值链各环节在全球配置，进行全球生产网络构建⑤，此时生产网络节点之间生产了更多的买卖关系，进出口的主要目的不再是商品的销售而是将生产环节在多个国家内连接起来，大量原材料和中间品在不同国家之间频繁流入流出，

---

① Brander J., Krugman P., "A 'Reciprocal Dumping' Model of International Trade", Working Paper, Vol. 65, No. 3, 1982, pp. 78–85.
② 郝璐：《中国对外贸易制度研究》，博士学位论文，吉林大学，2017年。
③ 贺灿飞、陈航航：《参与全球生产网络与中国出口产品升级》，《地理学报》2017年第8期。
④ 鞠建东等：《全球价值链网络中的"三足鼎立"格局分析》，《经济学报》2020年第4期。
⑤ 王伟、丁焕强：《中国企业国际化战略路径选择——中国企业应如何走出国门？》，《价值工程》2007年第4期。

各国企业通过对外贸易方式参与国际分工，嵌入全球价值链，成为全球生产网络的一个节点。随着中国企业国际化水平的不断提升，其进入国际市场的方式也不再是简单的对外贸易，更多采用了资本进入、生产进入等多种形式，由此衍生出了绿地投资、跨国并购、战略联盟等多种国际化方式。

第二，嵌入全球生产网络的开拓环节——绿地投资。绿地投资和跨国并购是国际直接投资的主要方式，网络节点利用自己积累的资本或在金融市场融资，在东道国注册新企业并一步步建设、经营，好比在一块绿地上新造一家工厂，这就会直接导致东道国生产能力、产出和就业的增长。绿地投资的难点在于，需要依靠企业自身的力量解决发展过程中的问题。绿地投资不仅需要修建厂房、安置设备等固定资产投资，而且要在异国进行前期市场调研、铺展营销网络等，沉没成本也更加高昂。因此，绿地投资对企业提出了更高的融资量和更低的融资约束要求。另外，较长的经营周期与东道国多元化的风险相交互，致使投资收益的不确定性愈加严重，需要更有效率的对冲风险手段[1]。考虑到身处东道国所导致的信息不对称问题，资金提供者会对项目有更高的风险溢价要求，企业更不容易得到信贷支持[2]。

全球生产网络改变了传统的国际分工模式，国际贸易向外包和模块化方向发展，各国企业开始在全球范围内进行投资、生产和贸易活动[3]。绿地投资也成为一种扩展企业生产边界的重要方式，同时也是通过技术溢出实现技术进步的重要途径[4]。全球生产网络不仅使生产环节不断细分，也使各个网络节点之间加强了资本、知识和人力资源等共享合作。网络节点的绿地投资同样可以从东道国汲取营养促进国

---

[1] 吕越等：《金融发展与"一带一路"沿线国家绿地投资——基于母国和目标市场特征的异质性分析》，《世界经济文汇》2019 年第 2 期。

[2] Ohlin B., "Interregional and International Trade", *Journal of Political Economy*, Vol. 6, No. 3, 1935, pp. 123–145.

[3] 樊茂清、黄薇：《基于全球价值链分解的中国贸易产业结构演进研究》，《世界经济》2014 年第 2 期。

[4] Krugman P. R., "Increasing Returns, Monopolistic Competition, and International Trade", *Journal of International Economics*, Vol. 9, No. 4, 1979, pp. 469–479.

第三章 基于全球生产网络视角的企业竞争优势蕴意和外向国际化行为特征研究

际化企业的技术创新,提高跨国企业的技术水平,很多发展中国家的后发企业已经开始借助绿地投资着手构建自主的全球生产经营网络①。

第三,嵌入全球生产网络的发展环节——跨国并购。国际化企业国际直接投资的另一个主要方式是跨国并购,主要有纵向、横向和混合跨国并购,国际化企业为了占领市场份额或者抢夺资源,将全球价值链的原材料生产或终端销售环节内部化或者纵向一体化,这样的并购即为纵向跨国并购;国际化企业为了获取范围经济租金,将不同价值链上生产相似产品的价值节点内部化到一个企业中,这样的并购即为横向跨国并购;为了获取规模经济和范围经济租金,或者实现国际化战略,国际化企业跨产业进行多元化并购,即为混合跨国并购②③。20世纪90年代以来,国际化企业频繁使用海外并购方式进行国际直接投资,其金额和频次屡创新高。与绿地投资不同,跨国并购是直接运用资本合并已经建立好的企业,因此所承担的风险小于绿地投资。在全球生产网络下的后发企业进行跨国并购,除了获取市场份额、抢夺资源、范围经济租金、规模经济租金等,还可以通过沉浸式学习获得先进管理经验、技术、企业文化等,从而可能获得品牌、人力资本、研究机构等高级要素,又能够衍生企业边界并获取更多价值增值,向中高端价值链攀升,占据生产网络关键位置,进一步扩大和升级全球生产网络,获取竞争优势④⑤。

第四,嵌入全球生产网络的完善环节——战略联盟。嵌入全球生产网络意味着企业初步参与国际竞争,但是下一个问题,尤其是对发展中国家后发企业来说,就是如何在世界范围内保持竞争优势,发展企业间的合作关系,建立跨国战略联盟就成为企业进一步参与国际竞

---

① Levine J. M. D., Antonio C. M., "Forecasting Biological Invasions with Increasing International Trade", *Conservation Biology*, Vol. 17, No. 1, 2010, pp. 231–241.
② 张志元:《企业跨国并购的原则、方法及程序》,《经济工作导刊》1998 年第 4 期。
③ Bernard A. B., et al., "Plants and Productivity in International Trade", *American Economic Review*, Vol. 93, 2003, pp. 327–331.
④ 韩莹:《跨国公司经营与管理分析——以壳牌公司为例》,《北方经贸》2013 年第 7 期。
⑤ 李俊江:《评〈世界经济概论〉》,《世界经济》2012 年第 5 期。

争的重要方式①。自20世纪80年代起，经济全球化参与主体越来越多，投资规模越来越大，技术创新和产品实现方式繁杂，竞争也越来越复杂和激烈，传统的对立竞争不再适合外部环境，西方企业尤其是国际化企业开始逐渐调整全球化策略，利用全球生产网络进行合作竞争②。其中，合作竞争最主要的形式之一就是建立企业战略联盟，即国际化企业与其他公司、机构、个人等通过长期协议共同经营一项或者多项业务的联合行动，主要有互补联盟、非对称联盟和对称联盟等。联合行动意味着资源共享，全球战略联盟有助于跨国公司获取持续竞争优势，因此，到如今其数量激增③。战略联盟明显的优势在于：为了实现战略目标多个主体形成了长期稳定的协作关系，属于强强联合的合作，在全球生产网络中大多数处于关键节点甚至网络核心地位，联盟各方通过强化的资源共享能够占领市场、技术转移和降低各种风险等，实现规模经济和联盟各方价值链攀升，进而升级全球生产网络。探究战略联盟形成的原因，各个理论从不同视角进行了解读：交易成本理论认为多频次企业边界合作和长期协议能够降低交易成本，因此，企业会比较交易成本和生产成本，并在多种方式中选择其最小值；社会网络理论认为，紧密的战略联盟形成了一个关系网络，战略联盟使参与方增强了资源共享、高级要素、知识转移、盈利等能力；资源理论认为，企业是不同种类资源的集合体，企业利用联盟来优化资源配置，使资源的价值达到最大化；知识与组织学习理论认为，战略联盟通过长期开诚布公的合作进行知识分享，使知识能够在联盟各方有效地溢出和传播，提高了战略联盟这一价值节点或模块的核心竞争力和网络地位，可以有效传播经验型知识。

全球生产网络可以看作战略联盟的完善阶段，即战略联盟是全球

---

① 刘爱东、阮捷：《浅议企业战略联盟财务管理模式的构建》，《内蒙古科技与经济》2004年第S2期。

② 陈雁铭：《企业战略联盟的稳定性研究——基于不完全契约理论的视角》，《技术经济与管理研究》2008年第3期。

③ 李玉龙、潘志勇：《企业战略联盟理论综述》，《中国商界（下半月）》2008年第8期。

第三章 基于全球生产网络视角的企业竞争优势蕴意和外向国际化行为特征研究

生产网络的重要组成部分，其他部分通过市场、短视契约等构成①。因此，战略联盟是企业竞争合作关系的表现，网络节点通过资源共享、长期合作等共同开展业务、互相学习、共同创新，提升价值链地位，向全球生产网络关键节点转移。可以说，全球生产网络是战略联盟的载体，战略联盟是全球生产网络优势的重要组成部分，具体来讲，一是针对那些对技术要求比较高的企业而言，研发新技术的费用很大，一个企业很难独立支付，而企业之间建立战略联盟可以共同分担从而促进技术创新，拓展新的发展领域，达到优势资源互补的目的②。二是降低国际经营风险，跨国公司在国际化经营过程中面临着汇率、东道国政策、政治、经济和各种不确定性等风险，多个主体的战略联盟使其信息渠道和应对风险手段等较多，从而降低经营风险③。三是加强合作，战略联盟是全球生产网络的组成部分，全球生产网络是战略联盟的一个载体，战略联盟和全球生产网络一样，通过对合作对象的筛选、选择等共同创造价值，统一的目标使联盟各方的竞争关系降低，合作关系提升④。四是着眼长远⑤，战略联盟是各主体为实现长期战略目标结成的合作关系，意味着在短期利益和长期目标的决策中更加看重长期目标的实现，如开发新产品、开拓新市场等，战略联盟资源会更多地投资于长期。五是相对于跨国并购来说降低了管理成本⑥，跨国并购属于垂直一体化或者内部化方式，两类完全不同的主体整合在一起会发生各种碰撞和矛盾，内部管理成本相对较高。而

---

① 黄梅波、郑燕霞：《全球生产网络与中国对非洲的投资》，《国际经济合作》2013年第10期。
② 龚秀东：《CA汽车价值链成本管理研究》，硕士学位论文，中国财政科学研究，2021年。
③ 周建：《企业战略联盟的竞争力研究：核心竞争能力的观点》，《南开管理评论》2000年第1期。
④ 李再扬、杨少华：《企业战略联盟理论的新发展：一个综述》，《经济学家》2003年第3期。
⑤ Zhang J., "International Production Fragmentation, Trade in Intermediate Goods and Environment", *Economic Modelling*, Vol. 87, 2020, pp. 1-7.
⑥ Fujita M., et al., *The Spatial Economy: Cities, Regions, and International Trade*, Mit Press Books, Vol. 1, No. 1, 2001, pp. 283-285.

战略联盟属于一种投资合作，强强联合，规避了垂直一体化或者内部化产生的较高的内部管理成本，有助于获取持续竞争优势。

总体来说，影响企业节点连接方式选择的因素有以下几点：一是东道国经济因素。东道国的经济规模和市场要素都影响着节点连接方式的选择，如果东道国经济规模大，市场规模可观，就可以采用资源投入较大、资本投入为主的连接方式；反之，如果该国经济规模小，市场容量小，就应该控制资源投入并采用出口方式或其他资本投入较少的方式进入。二是东道国政治因素。这一点主要考察该目标国是否拥有稳定的政治局势和政策，如果面临的政治风险较小可以采用以资本为主、资源投入较多的连接方式。三是东道国文化因素。文化因素包含了目标国的社会价值观念，如民俗、宗教、历史沿革等，如果投资国与东道国具有较大的文化差异，那么预期将花费更多的成本融入该市场。四是东道国国内因素。这一点主要考虑东道国的吸引外资政策和对外来投资的友好程度，如果投资国能够享受最惠国待遇，那么投资国将会在该市场投入较多的资源，采取更加积极的国际化政策。五是产业特性。不同的产业由于各自的特征不同所选择的连接方式也不同。六是企业发展战略。各企业往往会基于自身的企业发展战略来进行节点连接方式的选择。

第四章

"全球生产网络构建"[①] 构筑企业外向国际化竞争优势的理论与实证研究

20世纪中后期以来,跨国公司为应对技术、制度和全球竞争变化而进行的战略调整推动了全球生产网络的形成和发展[②]。由于前期难以建立起自主全球生产网络,后发企业往往以网络节点的身份加入领先者主导的全球生产网络。这样一种嵌入式的网络化发展,随着企业由工艺和产品升级转向功能和链条升级,其弊端和负面效应不断显现。寻求更为主动的网络化发展方式,建设由中国企业主导的全球价值链/全球生产网络成为新时期中国企业建立全球竞争优势的重要战略[③]。从现有研究看,学者多从嵌入式发展的负面影响论证后发企业构建自主全球生产网络的必要性,正面讨论后发企业构建全球生产网络对企业外向国际化竞争优势塑造的作用机制和影响效果的文献不多。相较而言,案例分析居多,定量研究较少,特别是缺乏对中国企业全球生产网络构建效果的实证检验。大部分相关文献仅涉及全球生

[①] 这里的"全球生产网络构建"加引号是为了强调"全球生产网络"和"构建"是一个词语,是一体的,后面为了行文方便将不再加引号,但仍然是这个含义。

[②] Ernst D., Kim L., "Global Production Networks, Knowledge Diffusion, and Local Capability Formation", *Research Policy*, No. 31, 2002, pp. 1417-1429.

[③] 洪银兴:《参与全球经济治理:攀升全球价值链中高端》,《南京大学学报》(哲学、人文科学、社会科学)2017年第4期。

产网络构建活动的单一维度。一些研究专注于生产体系的全球化对企业竞争优势的影响①②③。另一些研究则主要讨论组织结构的网络化带来的影响等④⑤。但是，作为一个加入了地理维度的组织范畴，全球生产网络是全球化和网络化共同作用的产物，全球生产网络构建活动包括生产体系的全球化布局和生产组织的网络化建设，对其影响效应的研究也应该综合考虑两个维度。此外，网络经济时代，企业的外向国际化竞争优势包括基于企业特定能力的优势和基于团体的优势⑥。已有研究的一大不足就是对网络优势的形成和发展研究较少，作为网络优势最重要构成的网络结构常被视为静态和外生的，对个体是如何占据某一特殊的网络位置，以及特定的网络结构是如何形成和变化等的问题关注较少⑦。尽管一些研究表明，企业的专有能力，如企业特有的技术、知识⑧、资源、能力⑨是决定企业网络优势的重要因素。但遵循这一逻辑，得到的将是马太效应作用下的后发企业能力与结构的恶性循环：一方面，较低的专有能力决定了企业只能位于网络边缘位置⑩；另一方面，不利的网络位置和依附性的网络关系限制了企业

---

① 马述忠、刘梦恒：《全球价值链背景下中国 OFDI 的网络化趋势及其默会知识逆向溢出研究》，《国际商务（对外经济贸易大学学报）》2017 年第 3 期。

② 吴先明、苏志文：《将跨国并购作为技术追赶的杠杆：动态能力视角》，《管理世界》2014 年第 4 期。

③ 毛其淋、许家云：《中国企业对外直接投资是否促进了企业创新》，《世界经济》2014 年第 8 期。

④ 詹湘东、谢富纪：《网络结构对企业技术能力的作用机制——外部知识管理的中介效应》，《软科学》2018 年第 12 期。

⑤ 毛蕴诗、刘富先：《双重网络嵌入，组织学习与企业升级》，《东南大学学报》（哲学社会科学版）2019 年第 1 期。

⑥ Gomes C., *The Alliance Revolution*：*The New Shape of Business Rivalry*, Harvard University Press Cambridge, 1996.

⑦ Borgatti S. P., Halgin D. S., "On Network Theory", *Organization Science*, Vol. 22, No. 5, 2011, pp. 1168-1181.

⑧ Pérez-Nordtvedt L., et al., "Effectiveness and Efficiency of Cross Border Knowledge Transfer：an Empirical Examination", *Journal of Management Studies*, Vol. 45, No. 4, 2008, pp. 714-744.

⑨ 郝斌、任浩：《企业间领导力：一种理解联盟企业行为与战略的新视角》，《中国工业经济》2011 年第 3 期。

⑩ Hall S. G., Petroulas P., "Spatial Inter-dependencies of FDI Locations：A Lessening of the Tyranny of Distance？", Discussion Papers in Economics, 2008.

第四章 "全球生产网络构建"构筑企业外向国际化竞争优势的理论与实证研究

行为的自主性和寻求价值链高端专有能力优势的可能性①。然而事实上,网络结构并非静态,网络位置也并非仅由专有能力决定。网络节点会通过有意识的行为改变或强化自己在网络中的位置②,通过与合适的合作伙伴建立联盟关系快速实现网络位置的跃迁③。这意味着,网络结构优势应被视为一个内生变量。同时,需要寻找专有能力以外的因素来解释网络结构的变化,从而为那些有效走出"能力—结构"陷阱的后发企业的成功给出答案。

据此,将网络组织建设视为企业网络优势形成的重要手段,从生产体系的全球布局和生产组织的网络化建设两个方面探讨全球生产网络构建对后发企业外向国际化竞争优势塑造的作用机制,更清楚和完整地阐释自主全球生产网络构建对后发企业的突破嵌入式发展困境,开启专有能力与网络优势良性循环的影响路径。本章从两个方面对现有研究进行补充和完善。一是同时考虑生产空间的全球化和生产组织的网络化对后发企业外向国际化竞争优势构筑的影响。这样一种国际化过程符合当代企业跨国经营的组织战略特征。同时,相比现有文献从单一的空间扩张或组织变革的角度进行研究,能更好地揭示全球生产网络这一兼具空间与组织二维特征的全球资源整合模式在驱动后发企业成长中的高效机制。二是将网络组织结构视为企业专有能力和生产组织的网络化建设共同作用的结果。在坚持现有研究关于专有能力和网络结构互动关系的基础上,可以解决依照现有文献逻辑推导,难以解释后发企业如何走出"专有能力"与"网络结构"马太循环困境的问题。内容安排如下:第一节为理论研究,在明晰"全球生产网络构建"的两个维度和全球生产网络下企业外向国际化竞争优势构成的基础上,对全球生产网络构建的两个方面——生产空间的全球化和

---

① 余东华、田双:《嵌入全球价值链对中国制造业转型升级的影响机理》,《改革》2019 年第 3 期。
② Thomas R., et al., "Managing Organizational Change: Negotiating Meaning and Power-Resistance Relations", *Organization Science*, Vol. 22, No. 1, 2011, pp. 22-41.
③ 陈祖胜、叶江峰:《联盟企业的网络位置差异、行业环境与网络位置跃迁》,《管理科学》2018 年第 2 期。

生产组织的网络化如何影响企业专有能力和网络优势进行理论分析；第二节为实证研究，介绍实证研究的方法、过程和结果；第三节则对第二节的结果进行检验和分析讨论；第四节是对研究主要结论的总结。

第一节 全球生产网络构建构筑企业外向国际化竞争优势理论机制

一 全球生产网络构建的两个维度和外向国际化竞争优势

全球生产网络是跨国公司应对全球竞争的一项重要组织创新，是生产体系全球化的重要微观基础，它表征着日益广泛和系统化的全球生产体系。依托全球生产网络这一跨国界网络组织，分布在世界各地的价值环节被连接起来，形成全球价值链①②。可见，全球生产网络是企业以网络化的组织方式，通过价值链的全球布局，达到整合全球资源和增强全球国际化竞争优势目标的产物。因此，生产体系的全球化布局和生产组织的网络化建设构成了全球生产网络构建的两个维度。

在以产品内分工为特点的全球生产网络中，企业在特定价值环节拥有独特的专业化能力是它从同价值环节竞争对手中胜出的条件。同时，在价值链高端中（如研发、设计、营销、服务等环节）拥有独占的、难以替代的资源和能力又可以帮助企业建立起对整条价值链的领导地位和获得更多的网络租金，是更高层次的竞争优势。对于这样一种从本质上说属于核心能力范畴，同时具有专业性和层次性特征的企业内在竞争优势，我们称其为专有能力优势③。而网络优势是与这些

---

① Borrus M., et al., *International Production Networks in Asia: Rivalry or Riches*, London: Routledge, 2000.
② Ernst D., "How Globalization Reshapes the Geography of Innovation Systems: Reflections on Global Production Networks in Information Industries (first draft)", https://www.research-gate.net/publication/242187097.
③ 蒙丹：《能力二重性与全球价值链上的企业升级》，《中国经济问题》2011年第4期。

第四章 "全球生产网络构建"构筑企业外向国际化竞争优势的理论与实证研究

企业独占的特定优势相对的基于网络合作而产生的。从网络组织角度考察企业外向国际化竞争优势，主要体现在两个方面：一是相对于没有建立网络关系的竞争者，拥有网络合作的一方可以获得网络群体竞争力，这是一种网络组织中企业间竞争与合作产生的系统效应[1]，寻求这种跨越组织边界的关系网络是企业建立国际化竞争优势的重要一环[2]。二是由于更优的网络结构带给企业的国际化竞争优势。企业拥有的网络规模、网络合作者的类型、合作节点间关系紧密程度以及企业在网络中所处的位置等，都会影响到企业从网络中获得的资源多少和利益大小。在生产网络化背景下，大部分企业都主动或被动地建立了网络关系，网络优势更多体现在网络结构优势上。学界主流的结构决定论将网络权力的决定因素归为企业在网络中所处的位置[3]，而网络权力正是企业国际化竞争优势的重要体现。因此，本书主要以网络结构优势衡量企业网络优势。综上，在全球生产网络下企业外向国际化竞争优势的考量可以从专有能力优势和网络结构优势两个方面进行。

二 全球生产网络构建与企业外向国际化竞争优势的形成

本部分分析全球生产网络构建对专有能力优势建立和网络结构优势塑造的影响，并研究专有能力优势与网络结构优势的互动，在此基础上提出假设。

第一，全球生产网络构建与专有能力优势建立。遵循比较优势的价值链全球布局和合理的生产体系空间分布，能够使企业更好地利用产品内国际分工整合不同国家和地区的资源优势。将制造环节向成本洼地转移和进行本地化生产，可以降低生产成本，强化制造环节的专有能力优势。海外研发机构和销售网络的构建能更好地获取东道国创

---

[1] Foss N. J., "Networks, Capabilities, and Competitive Advantage", *Scandinavian Journal of Management*, No. 15, 1999, pp. 1–15.

[2] Hagedoorn J., Schakenraad J., "The Effect of Strategic Technology Alliances on Company Performance", *Strategic Management Journal*, No. 5, 1994, pp. 291–311.

[3] Bell G. G., Clusters, "Networks, and Firm Innovativeness", *Strategic Management Journal*, Vol. 26, No. 3, 2005, pp. 287–295.

新和渠道资源，推动价值链高端专有能力优势的形成。毛其淋和许家云①的实证研究证实对外直接投资对中国企业创新有显著影响。吴先明和苏志文②、李佩璘和黄国群③的案例研究表明跨国并购使中国企业跨越技术创新鸿沟，快速获得价值链高端资源，推动其品牌竞争力、高端市场开拓优势和生产效率的提升。全球生产网络构建的另一维度是生产组织的网络化建设。网络组织建设将导致网络合作关系的建立和网络结构的调整，并由此影响专有能力的培育。现有研究大多直接将网络建设的结果④作为网络构建对专有能力的影响。但本文严格区分网络组织建设活动和建设结果，并认为网络构建活动是通过改变网络关系和调整网络结构来影响企业专有能力优势的。这种作用将在下文提出假设4-3b时进行详细论述。基于以上分析，提出如下假设。

H4-1：生产体系的全球化布局推动企业专有能力优势形成。

第二，全球生产网络构建与网络结构优势塑造。生产体系的全球化建设将使企业有更多机会接触新的网络合作伙伴，同时为了适应东道国的经济、社会环境和获得更多的区位优势，企业也有动力建立与当地相关利益主体的网络关系，从而在新网络关系的建立中改善网络结构。龚宜君在考察台商在东南亚的投资活动后指出，许多中国台湾中小企业在进入东南亚后发现可以更直接地接触到先期进入的美国和日本大供应商，并越过本地高级OEM与之建立直接合作关系，因此降低了对本地高级OEM厂商的依赖商，而这也显著提升了它们在全球生产网络中的地位⑤。据此，提出如下假设。

---

① 毛其淋、许家云：《中国企业对外直接投资是否促进了企业创新》，《世界经济》2014年第8期。
② 吴先明、苏志文：《将跨国并购作为技术追赶的杠杆：动态能力视角》，《管理世界》2014年第4期。
③ 李佩璘、黄国群：《跨国并购促进我国产业升级的典型案例、效应与对策研究》，《经济问题探索》2018年第10期。
④ 网络建设的结果表现为，某种网络关系或网络结构对专有能力培育的影响。
⑤ 龚宜君：《半边陲之台湾企业在世界体系的镶嵌》，《台湾东南亚学刊》2005年第1期。

第四章 "全球生产网络构建"构筑企业外向国际化竞争优势的理论与实证研究

H4-2a：生产体系的全球化布局有助于网络结构优势形成。

网络组织建设是促成网络优势形成的主要手段。尽管企业拥有的重要知识和技术是其成为网络核心的必要条件，但主动地寻求新的网络合作伙伴和调整网络合作关系是更高效的网络优势塑造手段。Powell 等认为，只有通过专业化分工嵌入生产网络，成为价值节点，才有可能向网络核心地位或者网络关键节点攀升，其他方式效率都比较低[1]。Dhanasai 和 Parkhe 的研究也表明，在网络合作中，企业为获得国际化竞争优势和成为核心企业会积极地采取一些战略，如寻求新的、更多的供应商[2]。过程理论更是将网络中节点企业位置的变化和网络结构的改变视为企业追求和强化网络位置的结果。由此，提出如下假设。

H4-2b：生产组织的网络化建设推动企业网络优势的建立。

第三，专有能力优势与网络结构优势的互动。作为企业国际化竞争优势的两个构成，专有能力优势和网络优势之间存在彼此影响、相互作用的关系。拥有更多的专有资源和更高层次的专有能力意味着企业有更强的价值创造力，这使企业成为更多合作者追逐和依附的对象，并因此更易建立网络关系和居于有利位置。资源依赖理论认为，网络组织中节点间的非对称依赖关系来自强势方对核心资源的掌控，而这种非对称依赖使强势方占据网络核心位置[3]。Paquin 和 Howard-Grenville 对网络组织的形成和发展进行考察，指出网络中某些企业通过特别的资源和技能的积累，形成发展网络的能力，并逐渐成为网络核心[4]。反过来，更具网络优势的企业能够从网络中获取更多、更有

---

[1] Powell W. W., et al., "Interorganizational Collaboration and the Locus of Innovation: Networks of Learning in Biotechnology", *Administrative Science Quarterly*, Vol. 41, 1996, pp. 116-145.

[2] Dhanasai C., Parkhe A., "Orchestrating Innovation Networks", *Academy of Management Review*, Vol. 31, No. 3, 2006, pp. 659-669.

[3] Grhovac J., Miller D. J., "Competitive Advantage and Performance: The Impact of Value Creation and Costliness of Imitation", *Strategic Management Journal*, Vol. 30, No. 11, pp. 1192-1212.

[4] Paquin R. L., Howard-Grenville J., "Blind Dates and Arranged Marriages: Longitudinal Processes of Network Orchestration", *Organization Studies*, Vol. 17, No. 8, 2013, pp. 406-430.

价值的资源，从而服务于专有能力的培育。更大规模的网络、更多类型的网络合作伙伴能为企业带来更丰富和多样的信息和知识，从而更有利于企业创新[①②]。处于中心位置的企业更容易获得并控制信息。结构洞位置的企业能够利用其位置优势获取丰富的高质量资源实现技术突破[③]。基于专有能力与网络优势间的这种互动关系，由 H4-1、H4-2a 和 H4-2b 可以进一步推导出如下假设。

H4-3a：生产体系的全球化布局通过影响专有能力而间接影响网络优势。

H4-3b：生产体系的全球化布局通过影响网络优势而间接影响专有能力。

H4-3c：生产组织的网络化建设通过影响网络优势而间接影响专有能力。

第二节 研究设计

一 变量测量与数据基本情况

本部分从变量测量、数据收集及样本情况、问卷信效度检验三个方面分别进行说明。

（一）变量测量

本书主要考察企业的全球生产网络构建活动对其外向国际化竞争优势的影响，根据对全球生产网络构建内涵和全球生产网络下企业外向国际化竞争优势的理解，以生产体系全球化布局和生产组织网络化建设为解释变量，企业专有能力优势和网络结构优势为被解释变量。

---

① Shiri G., et al., "Bridge and Redundant Ties in Networks: The Impact on Innovation in Food Smes", *European Journal of Innovation Management*, Vol. 18, No. 3, 2015, pp. 355-379.

② Salavisa I., et al., "Topologies of Innovation Networks in Knowledge-intensive Sectors: Sectoral Differences in the Access to Knowledge and Complementary Assets through Formal and Informal Ties", *Technovation*, Vol. 32, No. 5, 2012, pp. 380-399.

③ 邵云飞、庞博：《网络嵌入与突破性技术创新：结构洞与关系强度的协同影响机制研究》，《科技进步与对策》2017 年第 10 期。

第四章 "全球生产网络构建"构筑企业外向国际化竞争优势的理论与实证研究

在充分借鉴已有量表的基础上,根据研究需要对测量题项进行调整,在咨询专家和企业高管人员并进行小范围测试后,进一步修改、确定最终量表,最终调查问卷附在本书附录里。

1. 生产体系全球化布局

全球生产网络是生产体系全球化的重要微观基础[①],通过跨境生产网络,企业组织起从研发、设计到制造、分销及售后等一系列商业活动。据此,本书从研发体系、制造体系和销售体系的全球化布局来衡量企业生产体系全球布局情况,并分别从规模和广度两个维度来设计题项,如表4-1所示。

表4-1 问卷信效度检验

变量	题项	因子负载	Cronbach's α 系数
生产体系全球化布局 GPS	积极建设更多海外研发机构 GPS1	0.755	0.816
	在更多国家和地区设立了研发机构 GPS2	删除题项	
	积极建设更多海外工厂和制造基地 GPS3	0.846	
	在更多国家和地区建立海外工厂和制造基地 GPS4	0.844	
	积极建设更多海外营销机构 GPS5	0.869	
	在更多国家和地区建立营销机构 GPS6	0.859	
生产组织网络化建设 PNS	努力发展更多直接供应商 PNS1	0.821	0.903
	积极建立与大学、科研院所的长期合作关系 PNS2	0.688	
	积极建立与政府、机构和各类协会的密切合作关系 PNS3	0.752	
	重视发展与重要合作伙伴的竞争对手的合作关系 PNS4	删除题项	
	有意识地加强与重要合作伙伴的合作机会、交流频率和合作范围 PNS5	0.532	
	善于发掘合作伙伴间彼此需求,并努力促成其合作 PNS6	0.640	

---

① Dicken P. & J. Henderson, "Making the Connections: Global Production Networks in Britain, East Asia and Eastern Europe", A Research Proposal to the Economic and Social Research Council (July), 1999.

续表

变量	题项	因子负载	Cronbach's α 系数
专有能力优势 SA	与竞争对手比较,新产品开发速度较快 SA1	0.735	0.886
	与竞争对手比较,新产品开发效率较高 SA2	0.844	
	与竞争对手比较,生产能力和解决技术问题、改造现有技术的能力较强 SA3	0.728	
	与竞争对手比较,市场开拓优势较大 SA4	0.812	
	与竞争对手比较,品牌影响力更大 SA5	删除题项	
网络优势 NA	企业能有效地影响合作伙伴的行为 NA1	0.768	0.825
	相对于网络合作伙伴,企业能更快地获取信息、知识等关键资源 NA2	0.783	
	企业拥有多种类型的网络合作伙伴 NA3	0.775	
	企业在网络合作中居于主导地位 NA4	0.769	
	网络中其他成员经常通过我获得行业、市场或他人信息 NA5	0.766	

注:本表对量表的信度检验结果使用的软件是 SPSS22.0。

2. 生产组织网络化建设

现有文献多从网络组织建设结果角度衡量企业组织网络化,但本书的目的是考察网络建设行为对其组织结构产生的影响,行为和结果分别作为解释变量和被解释变量。为此,本书在对网络构建行为及其结果进行辨析的基础上,参考 Afuah[①]、Pangarkar 等[②]、毛蕴诗和刘富先[③]对相关问题的阐释,开发了网络组织建设量表,共包括 6 个题项,反映了企业为扩大网络规模、丰富合作伙伴类型(达到网络多样性)和改善网络位置所做的努力,如表 4-1 所示。

[①] Afuah A., "Are Network Effects Really All About Size? The Role of Structure and Conduct", *Strategic Management Journal*, Vol. 34, No. 3, 2013, pp. 257-273.

[②] Pangarkar N., et al., "Too Much of a Good Thing? Alliance Portfolio Size and Alliance Expansion", *European Management Journal*, Vol. 35, No. 4, 2017, pp. 477-485.

[③] 毛蕴诗、刘富先:《双重网络嵌入、组织学习与企业升级》,《东南大学学报》(哲学社会科学版)2019 年第 1 期。

第四章 "全球生产网络构建"构筑企业外向国际化竞争优势的理论与实证研究

3. 企业专有能力优势

专有能力本质上是一种核心能力，根据本书对专有能力的理解和全球生产网络环境下企业国际化竞争优势[①]、核心竞争力[②]、创新能力[③]、技术能力等的量度方法，从设计研发优势、生产技术优势和市场开拓优势等不同价值环节的资源和能力状况对企业专有能力优势进行衡量，如表4-1所示。

4. 网络优势

本书主要从网络结构的角度考察企业网络优势。现有研究从网络多样性、网络位置等不同维度[④]出发，形成了对网络结构的多种理解[⑤]。本书选择普遍被采用且认知较为一致的网络位置和网络多样性作为网络优势中结构优势的考察维度。Powell等认为，网络位置的主要变量就是中心度与结构洞，处于网络中心位置的企业具有显著的结构优势。处于结构洞位置的企业能够被两端企业同时依赖，从而获得网络中的优势地位。网络多样性则反映了网络成员类型的多样化。不同类型的网络成员使企业可以获取更多异质化的信息和知识。参考Salavisa等对网络多样性的测度，Chung等[⑥]、Caner[⑦]对网络中心的测度，以及Jason[⑧]关于网络结构洞位置特征的阐释，修改和设计题项，

[①] 魏旭光等：《全球价值链中的网络权力及其对企业竞争优势影响路径——基于扎根理论的探索性研究》，《软科学》2016年第4期。

[②] 喻登科、严红玲：《核心竞争力与竞争优势形成路径：知识资本与组织性格整合视角的解释》，《科技进步与对策》2019年第1期。

[③] Kyläheiko K., et al., "Innovation and Internationalization as Growth Strategies: The Role of Technological Capabilities and Appropriability", *International Business review*, Vol. 20, No. 5, 2011, pp. 508-520.

[④] 多维包括网络多样性、网络位置、网络规模、网络密度、网络强度、网络中心度等。

[⑤] 董保宝：《网络结构，动态能力与企业竞争优势》，世界图书出版广东有限公司2014年版。

[⑥] Chung, S. A., et al., "Complementarity, Status Similarity and Social Capital as Drivers of Alliance Formation", *Strategic Management Journal*, No. 21, 2000, pp. 1-22.

[⑦] Caner T., "Geographical Clusters, Alliance Network Structure and Innovation in the US Biopharmaceutical Industry", Unpublished Doctoral Dissertation Paper of University of Pittsburgh, 2007.

[⑧] Jason P., "Agency and Knowledge Problems in Network Dynamics: Brokers and Bridges in Innovative Interorganizational Relationships", http://faculty.Chicagobooth.edu/workshops/orgs-markets/archive/pdf/networkpruning.pdf. 2010 (working paper).

形成关于企业网络结构优势的测量量表（见表4-1）。

（二）数据收集及样本情况

本书采用问卷调查收集数据，以李克特5级量表进行测度，其中1—5代表被调查对象对题项阐述从"完全不同意"到"完全同意"的递增接受度，并运用Harman单因子法对每个问题进行了数据同源性检验。因本书主要考察制造业企业全球生产网络构建活动对其竞争力的影响，调查对象为已开展全球生产网络构建活动的企业。故而，除在问卷中注明"请已进行对外投资和采取网络组织模式的企业高管或熟悉企业经营管理情况的人员填写"，也尽可能有针对性地发放问卷。问卷发放主要采用三种方式：一是通过电子邮件发放问卷。首先通过匹配中国商务部境外投资企业名录和中国工业企业数据库，随机抽取500家制造企业，通过官方网站和中国制造企业名录获取邮箱地址，投寄问卷。二是向在读MBA学员中符合样本条件的制造企业高层管理人员进行调查，并委托他们向所熟悉的制造企业高管发放问卷。三是在广州、江苏、成都等地的产业集群和工业园区调研时进行合适对象的问卷发放。研究共发放问卷700份，回收291份，剔除填写不认真和不完整的问卷后，有效问卷240份。受电子邮件发放回收率较低影响，最终回收率为41.6%，有效率34.2%。样本覆盖31个制造业大类中22个行业内企业。从企业年龄来看，经营10年以上的占了大部分，约为61.6%，5—9年的约占29.8%，5年以下的约占8.6%。从企业规模看，营业收入超过4亿元的占比约33.5%，5000万—4亿元的占比53.3%，5000万元以下的占比13.2%。国有（含国有控股）企业占比约32.1%，民营企业占比约67.9%，样本构成基本能够满足研究目标要求。数据同源性检验发现，未旋转前的第一个因子载荷47.12%，且提取了多个因子，表明同源偏差并不严重。

（三）问卷信效度检验

如表4-1所示，总量表的克朗巴哈系数值为0.858，各分量表克朗巴哈系数值均超过0.8，信度较高。效度检验方面，利用探索性因子分析解释变量和被解释变量，首先进行Kaiser-Meyer-Olkin和巴特利特球形检验，结果显示，量表的Kaiser-Meyer-Olkin值均大于0.8，且巴特利特球体检验相伴概率 P 值为 0，样本来自正态分析总体，可以进一步处理。运用主成分分析法和方差极大值旋转处理，发现 GPS2 和 PNS4 在任意因子上的载荷都低于 0.5，SA5 在两个因子上载荷大于 0.5。删除这三个变量后重新进行因子分析，解释变量和被解释变量各析出两个公因子，且各因子载荷均大于 0.5，累积方差贡献率分别为 79.333% 和 86.665%，表明问卷有较好的效度。

二 研究方法

本书所涉及的全球生产网络构建行为和企业外向国际化竞争优势中的一些变量难以通过简单的统计数据加以衡量，计量回归模型不太适合应对模型中部分变量无法直接测度的问题，较好的选择是可以引入潜变量来解决这一问题的结构方程模型（SEM），SEM 分析还可以处理多个变量之间复杂的共变关系，也便于对模型进行优化，可以较好地解决模型设定和统计分析的问题，因此，采用 SEM 进行实证研究。

第三节 假设检验及结果分析

一 初始模型及模型修正

根据理论分析和假设路径，构建由生产体系全球化布局和生产组织网络化建设两个内因潜变量，以及专有能力优势和网络优势两个外因潜变量，共 19 个观测变量，6 条待检路径在内的初始结构方程模型。运用 AMOS22.0 按初始模型对数据进行拟合，结果显示生产体系全球化布局对网络优势形成（$NA \leftarrow GPS$）的作用路径系数为 -0.13，出现估计值不合理问题，且显著性水平 $P = 0.272$。同时，$RMSEA = 0.088$，低于良好水平，$GFI = 0.834$，未达到参考标准。说明模型拟好效果不理想，需要进行修正。

进一步考察生产体系的全球布局与网络优势的关系。尽管跨境生产体系建设活动提升了企业接触更多优秀网络合作伙伴并与之建立合作关系的机会，但并不存在改善网络结构的必然性。企业只有利用这些机会进行主动的、有目的的网络关系发展活动才能实现网络优化和结构优势获取的目标。由此,决定删除 $NA \leftarrow GPS$ 路径。经过第一次修正,$PGFI$ 增加,$GFI = 0.865$,$RMSEA = 0.086$,向参考标准趋近,但仍未达到理想效果。根据 AMOS 修正建议,e1、e2 间修正指标值最大,考虑到海外营销机构数量和分布区域的广度间存在一定共变关系是存在合理性的,故在 e1、e2 间添加共变关系。再次运行后,AMOS 修正建议显示,e14 和 e16 间存在相关关系,且修正指标值最大。考虑到处于网络中心,能迅速获取信息的企业市场反应能力和开拓能力较强也是具有合理性的,可以增加 e14、e16 间的共变关系。经过以上模型修正后,各拟合指标达到可接受水平(见表 4-2)。

表 4-2　　　　　　　　修正后 SEM 适配度检验

拟合指数	χ^2/df	RMSEA	GFI	NFI	CFI	PGFI
评价标准	<3.00	<0.08	>0.90	>0.90	>0.90	>0.50
本研究模型	2.012	0.078	0.919	0.933	0.952	0.701

注:模型适配度评价标准参考吴明隆的《结构方程模型——AMOS 的操作与应用》(2010)。

二　假设检验结果

修正后的结构方程模型路径系数显著性检验表明,H4-1、H4-2b、H4-3a、H4-3c 通过了验证①②,但 H4-2a 和由此衍生的 H4-3b 没有通过。修正后 SEM 路径系数及假设检验如表 4-3 所示。

表 4-3　　　　　　　　修正后 SEM 路径系数和假设检验

路径	Estimate	S. E.	C. R.	P	对应假设	结论
$SA \leftarrow GPS$	0.400	0.053	7.617	***	H4-1	支持

---

① 由 $SA \leftarrow GPS$,$NA \leftarrow SA$ 成立,可得 $NA \leftarrow SA \leftarrow GPS$ 成立,即 H4-3a 可接受。
② 由 $NA \leftarrow PNS$,$SA \leftarrow NA$ 成立,可得 $SA \leftarrow NA \leftarrow PNS$ 成立,即 H4-3c 可接受。

续表

路径	Estimate	S.E.	C.R.	P	对应假设	结论
NA←GPS	删除路径				H4-2a、H4-3b	不支持
NA←PNS	0.537	0.086	6.245	***	H4-2b	支持
NA←SA	0.439	0.076	5.783	***	H4-3a	支持
SA←NA	0.709	0.052	13.624	***	H4-3c	支持

注：数据来自 AMOS22 软件分析结果，***代表显著性水平 $P<0.001$。

三 实证结果分析

从影响路径及效应大小，以及生产体系全球化布局和生产组织网络化建设对企业竞争优势影响效应比较两个方面对实证结果进行分析。

（一）影响路径及效应大小

修正后 GPN 构建对外向国际化竞争优势的影响机制路径如图 4-1 所示。

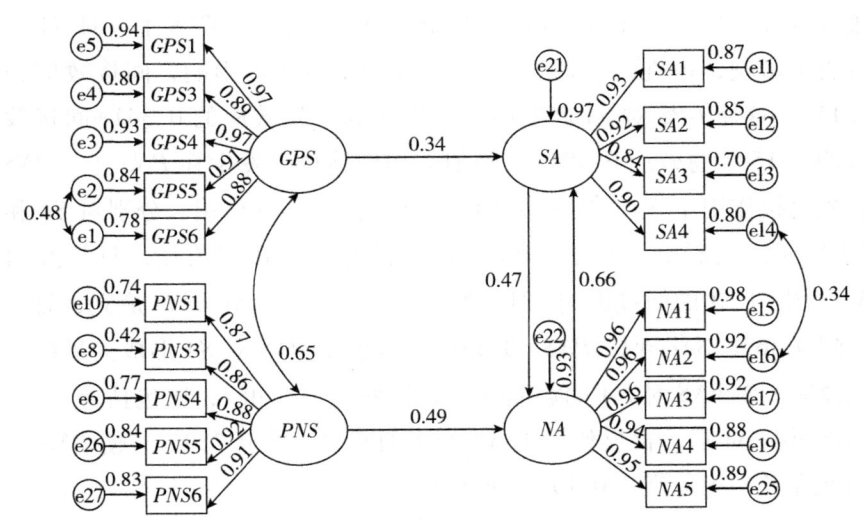

图 4-1 修正后 GPN 构建对外向国际化竞争优势的影响机制路径

注：路径系数为标准化后数据。

生产体系的全球布局（GPS）能够直接推动企业专有能力优势（SA）的提升，且每一标准差单位的 GPS 可以直接带来 0.34 个单位的 SA 的变化（标准化路径系数为 0.34，$P<0.001$），但不能直接带来网络优势的增强（$NA \leftarrow GPS$ 的路径被删除）。由此，H4-1 成立，H4-2a 被否定，建立在 H4-2a 基础上的 H4-3b 也被否定。生产组织的网络化建设（PNS）对网络优势（NA）产生了标准化路径系数为 0.49 的正向影响（$P<0.001$），说明生产组织的网络化建设能够直接作用于网络优势，H4-2b 成立。

同时，由于专有能力优势（SA）和网络优势（NA）彼此间具有正向、显著的直接影响，标准化后路径系数分别为 $NA \leftarrow SA = 0.47$（$P<0.001$），$SA \leftarrow NA = 0.66$（$P<0.001$）。因此，GPS 对 NA 虽没有产生直接影响，但会通过影响 SA 间接地影响 NA，即 $NA \leftarrow SA \leftarrow GPS$ 路径存在，H4-3a 成立。这个间接作用的大小由 GPS 对 SA 的直接效应和 SA 与 NA 间无限次循环的直接效应决定，经 AMOS22.0 运算，最终 GPS 通过 SA 对 NA 产生了 0.233 的间接影响（$NA \leftarrow SA \leftarrow GPS = 0.233$），因为没有直接作用，这也成为 GPS 对 NA 形成的总效应（见表4-4）。也因为 SA 与 NA 间不断循环地相互影响，GPS 不仅对 SA 产生直接影响，还进一步通过 NA 形成对 SA 的间接影响，间接效应为 0.154。这使 GPS 对 SA 产生的最终影响为直接效应的 0.341+间接效应的 0.154＝总效应 0.495①。类似的作用路径也发生在 PNS 中。PNS 首先直接作用于 NA，其次由 NA 和 SA 之间的相互作用，分别对 SA 和 NA 形成间接影响。其中，PNS 对 SA 没有直接作用路径，只是经由 NA 产生对 SA 的间接影响。H4-3c，即路径 $SA \leftarrow NA \leftarrow PNS$ 成立，效应达到 0.467（$SA \leftarrow NA \leftarrow PNS = 0.467$）。这也是 PNS 对 SA 形成的最终的总效应。而 PNS 对 NA 的影响除了直接效应的 0.487，还包括通过 NA 间接影响 SA 后，再反作用于 NA 产生的间接影响 0.220。这使 PNS 对 SA 的最终总效应高达 0.707（见表4-4）。

---

① 图4-1 显示的路径系数为表4-4 中相应系数四舍五入、保留两位小数点后的结果。

表 4-4　潜变量间的标准化总效应、直接效应及间接效应

变量	符号	GPS	PNS	SA	NA
总效应	SA	0.495	0.467	0.452	0.959
	NA	0.233	0.707	0.684	0.452
直接效应	SA	0.341	0	0	0.661
	NA	0	0.487	0.471	0
间接效应	SA	0.154	0.467	0.452	0.299
	NA	0.233	0.220	0.213	0.452

该实证结果表明，全球生产网络构建在中国制造企业国际化竞争优势塑造中起着重要作用。不论是生产体系的全球布局还是生产组织的网络化建设均对企业国际化竞争优势产生了正向影响。但影响机制不同，GPS 直接推动 SA 的发展，并通过 SA 间接影响 NA；PNS 直接促进 NA 的形成，并通过 NA 间接影响 SA。

由于 NA 与 SA 间的正向互动关系，使企业国际化竞争优势具有自增强效应。这意味着一旦有一个正的力量推动 SA 或 NA 的形成，就将由 SA 带来 NA 的增强或 NA 带来 SA 的强化，并进一步反作用于 SA 和 NA 产生螺旋上升的局面。这种效应的累积效果是很显著的，由于这种效应的存在，并不直接作用于 NA 的 GPS 对 NA 产生了 0.233 的间接影响，并不直接作用于 SA 的 PNS 对 SA 产生了 0.467 的间接影响。而它们彼此间的最终影响远大于所观察到的直接作用，SA←NA 的总效应能达到 0.959，NA←SA 也达到了 0.684。不仅如此，SA 和 NA 将会通过这种螺旋效应产生对自身 0.452 的自我增强效应。这种效应大幅放大了全球生产网络构建的意义。

（二）GPS 与 PNS 对企业外向国际化竞争优势影响效应比较

由表 4-4 来看，总体上说，生产组织网络化建设（PNS）的作用效果大于生产体系全球化布局（GPS）。尽管 PNS 对专有能力优势（SA）的影响略小于 GPS 对 SA 的影响（0.467<0.495），但其对网络优势（NA）形成的作用力远大于 GPS（0.707>0.233）。从直接作用路径看，GPS 直接影响的是 SA 的提升，但这个作用力只有 0.341，小

于 PNS 对 NA 的直接影响 0.487。这在一定程度上与中国制造企业开展跨境生产体系建设时间不长、程度和水平不高有一定关系。尽管在 2001 年后，中国对外投资水平有较快发展，但 2011 年以前，中国都主要以对外贸易和引进外资的方式参与国际分工，2011 年以后，中国企业才开始尝试将价值链和产业链延伸到海外，建设自己主导的全球生产经营网络[1]。同时，中国企业跨境生产体系建设的组织手段相对单一，产权控制和层级治理仍是主要的方式。特别是在全球研发体系的建设中，新建和并购超过了形式多样的联盟[2]。也就是说，企业在跨境生产体系布局时，并没有直接产生增加企业间网络合作、提高网络差异化水平和调整与其他网络合作伙伴的合作关系和网络位置的效果，这使 H4-2a 没有通过检验。在此，笔者并不就企业全球生产体系建设中组织形式的选择进行评价，只是想通过此说明，由于在跨境生产体系建设中，企业组织形式选择的偏好，使生产体系全球化布局并没有对网络结构优势产生显著的直接影响，而仅是通过作用于专有能力间接影响网络结构的优化。

从实证结果来看，网络结构对专有能力优势的影响超过了后者对前者的影响。这是因为占据有利网络位置的企业会本能地利用位置优势获取更多资源和信息，增强自身的专有能力优势。专有能力的提升尽管会使企业的网络吸引力增强，但作为一种战略行为的结果，网络节点需要利用包含专有能力优势在内的网络建设条件，开展策略性的网络组织建设活动，形成网络优势。也就是说，专有能力优势转化为网络优势不全然是一个自然的结果。企业需要意识到与外部组织间的关系，并处理好这种关系才能获得国际化竞争优势[3]。对正由被动地接受网络关系向主动地发展网络关系转变的中国企业来说，这样一种认识、利用机会，发展网络关系和改善网络位置的网络能力还相对欠

---

[1] 卢进勇等：《加快构建中国跨国公司主导的跨境产业链》，《国际贸易》2015 年第 4 期。
[2] 王海兵等：《价值链断裂、新产业生态系统形成与我国企业全球研发》，《经济管理》2014 年第 6 期。
[3] Gulati R., "Network Location and Learning: The Influences of Network Resources and Firm Capabilities On Alliance Formation", *Strategic Management Journal*, Vol. 20, 1999, pp. 1172-1193.

缺，从而在一定程度上影响到企业发挥专有能力优势推动网络优势形成的效果。

第四节 结论与启示

根据上述理论和实证分析，我们可以得到以下几点结论和启示。

一 主要结论

本章研究表明，在全球生产网络的竞争环境下，企业主动地构建全球生产网络对其外向国际化竞争优势的形成具有重要影响。全球生产网络构建的两个方面——生产体系的全球布局和生产组织的网络化建设通过更优的区位分工和资源整合，更佳的组织关系和组织结构带来了企业内在专有能力优势的提升和外在网络优势的增强。而在整个作用机制中，专有能力优势和网络优势间的相互作用是非常重要的一环。它使全球生产网络构建的影响具有螺旋自增强效应，产生了直接影响以外的间接作用，使一些网络构建活动在直接影响路径失效的情况下仍能对企业国际化竞争优势的形成产生较强作用（反映在表4-4中就是不论哪种类型的全球生产网络构建活动，对竞争优势影响的总效应都远超过其直接作用，即使一些直接效应为零）。需要说明的是，尽管以中国制造业企业数据所做的实证分析否定了生产体系的全球布局对网络优势形成的直接作用。但正如在实证结果分析中指出的，这有可能与企业在跨境生产体系建设中的组织形式选择有关，因此，不能作为此路径不成立的确凿证据。

二 理论贡献

一方面，明晰了全球生产网络构建推动企业外向国际化竞争优势形成的作用机制。本书将全球生产网络构建的两个维度——空间布局和组织建设纳入统一分析框架，揭示了不同维度的全球生产网络构建活动对企业外向国际化竞争优势的作用机制，展现了在全球生产网络竞争环境下，企业内在优势—专有能力优势与外在优势—网络优势间的作用关系，更好地展现了一个"战略行为（全球生产网络构建行为)驱动—促发内/外优势建立—内外因互动,优势螺旋递增"的企业发展轨迹。另一方面,拓展了对网络优势形成的认识。本书区别了网络组织建设行为与建设结果,提出"网络组织建设—网络结构优势"这一路径,突破大部分文献"专有能力优势—网络结构优势"的单一形成路径,从而丰富了对网络优势形成的认识;能够更好地揭示不具备专有优势的后发企业是如何通过网络组织建设,优化网络结构并打破专有能力与网络结构间的恶性循环的。

三 管理启示

本章充分说明了主动地全球生产网络构建对后发企业突破竞争劣势的高效性。为此:①后发企业应逐渐由被动接受既有网络关系转为主动发展网络关系和改善网络结构,通过自主全球生产网络建设突破专有能力和网络结构的低层次循环。②在全球生产网络中,除了要充分利用已有的专有能力优势吸引和发展网络合作对象,还要善于发掘和利用网络节点间的合作意愿,在建立节点间合作关系上努力充当中介和桥梁;积极建立与各类利益主体的网络关系,通过战略性的网络组织建设活动能动地调整网络结构和改善网络关系,促成网络优势的形成。③应加强全球生产网络构建两个维度的协同性。一方面,积极利用已有的网络关系推动生产体系全球布局;另一方面,在跨境生产体系建设的过程中,要善于捕捉和利用网络关系发展机会,加强对多样化的网络组织模式的采用,充分利用不同网络组织形式的特点和优势更高效地实现跨境生产体系建设的目标。④在网络化时代,发展、利用和管理组织间关系的网络能力[①]已经成为企业整合外部资源和推动自身竞争优势建立的重要能力,企业在重视技术能力发展的同时,必须加强网络能力的培育。只有这样才能更好地完成全球生产网络构建的目标,实现国际化竞争优势的持续增强。

四 局限及展望

尽管本章就全球生产网络构建对竞争优势构筑的影响进行了有效

---

① Walter A., et al., "The Impact of Network Capabilities and Entrepreneurial Orientation on University Spin-off Performance", *Journal of Business Venturing*, Vol. 21, No. 4, 2006, pp. 541–567.

研究，但仍存在一些局限：①全球生产网络构建是一个复杂的活动，网络组织建设不仅包括网络关系的发展，还涵盖其管理问题；生产体系的全球布局不仅涉及跨境规模，还包括空间结构设计。②本书所考察的网络优势主要是网络结构优势，考虑了网络位置和网络多样性两个因素。其他网络优势，如网络强度、网络稳定性等因素在优势塑造中也起着一定作用。③企业通过构建全球生产网络提升国际化竞争优势会受到诸如网络能力等其他因素的影响，本书没有考虑这些影响因素，因此，这也是后续研究进一步细化和完善的方向。

第五章

企业竞争优势对外向国际化行为的影响机制研究

在实践中,能够生产出成本显著较低且质量极高产品的国际化企业往往都拥有特有稀缺资源,这种资源一般依附在企业组织内,具有无形性和知识性,难以被模仿和复制,因此形成了企业的竞争优势[①]。企业的竞争优势在很大程度上决定了企业的经营能力和风险承受能力,对企业国际化行为决策的影响至关重要。在全球生产网络视角下重新审视企业竞争优势蕴意和外向国际化行为特征的基础上,研究竞争优势对企业外向国际化行为决策作用的内在逻辑,具有重要的理论和实践价值。本章分别从内部专有能力优势和外部网络优势两个方面分析了企业竞争优势对外向国际化行为的直接影响机制;考察了企业的整合与学习能力(资源整合能力、组织协调整合能力和组织学习能力)在两者之间的中介作用,阐述了竞争优势对整合与学习能力提升的作用,以及企业的整合与学习能力对外向国际化行为选择影响的作用机制。本章的作用机制如图5-1所示。

---

① Penrose E., *The Theory of the Growth of the Firm*, Oxford: Basil Blackwell, 1959.

第五章 企业竞争优势对外向国际化行为的影响机制研究

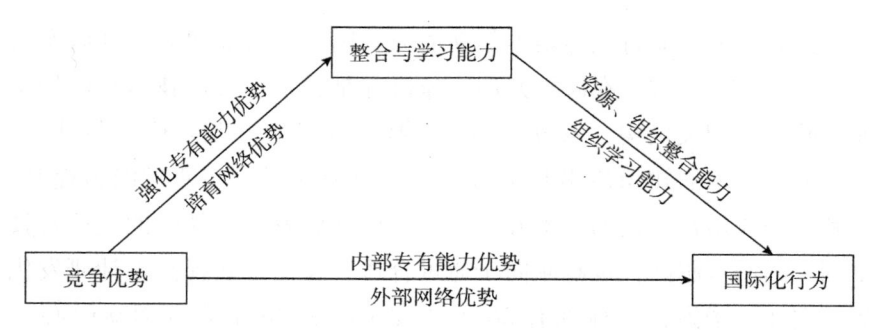

图 5-1 企业竞争优势对外向国际化行为影响的作用机制

第一节 内部专有能力优势对外向国际化行为的影响

专有能力是企业占有的、有价值的、稀缺的且不可替代的核心能力，在以产品内分工为主要特征的全球生产网络背景下，内部专有能力具有专业性和层次性。内部专有能力本质上是企业在国际专业分工趋势下，于价值链某个环节中具有的独特专业技能或要素禀赋。同时，处于价值链高端环节（研发、设计、销售等）的网络节点企业拥有的内部专有能力比处于价值链低端环节（生产、加工等）的节点企业更具有优势，是更高层次的专有能力。

一 设计研发优势

研发国际化是企业突破母国界限，依据不同国家或地区在人才、科技实力以及科研基础设施等方面的比较优势，以及在全球范围内开展新技术、新产品的研究与开发工作的国际化活动，分为引进海外先进技术和在海外开展合作研究两种模式。引进海外先进技术通常以购买国外先进设备和专利的形式短期内实现技术水平的提高，后发国家企业通过引进技术—吸收技术—本土化技术的模式能够以较低的研发投入迅速填补技术空缺。引进技术模式基于企业设计研发优势不足以满足现有技术需求，从而寻求外界帮助的情况，但所获取的技术具有低端、利润率低的特点，且容易陷入关键技术"卡脖子"的困境，因此企业若想要独立自主地培养创新能力,则通常采取建立海外研发机构的合作研发模式。在海外开展合作研究是就某项具体技术与国外企业、政府及相关机构,双方共同派驻技术人员展开联合研究与开发,这种方式带来的知识溢出和学习机会使企业获得内在研发能力提升,有利于企业培育持续的技术开发能力。设计研发优势越强的企业对技术创新的需求越高,也越倾向于通过合作研发的方式提高设计研发优势,例如,华为在全球拥有 26 个研发中心和 36 个联合创新中心[①],俄罗斯的数学研究所吸引俄罗斯顶尖数学家参与基础性研发;日本东京研发中心则与日本的企业和研发机构进行合作,共同研发物联网、5G 移动通信等技术。活用人才、充分利用海外的技术资源成为企业在海外设立研发机构的主要目的,因此,具有设计研发优势的企业会选择对外直接投资的方式进入国际市场。与新建投资相比,跨国并购更容易带来"协同效应",即"2+2=5",以这种方式进行对外直接投资的企业能够通过动态协同实现互补性资源和技能的配合,更利于双方技术人员的交流与学习,从而提高企业的创新能力。总的来说,设计研发优势越强的企业更愿意跨越国界设立海外研发机构,将研发活动置于拥有人才和技术资源组合的地区,并利用跨国并购带来的资源互补,获得持续性的创新能力。

二 生产技术优势

生产技术优势是反映企业所拥有的加工能力的重要指标,既能体现企业的生产规模,又是企业价值链地位的象征,通常可以用生产效率来衡量。Posner[②]将技术看作一种生产要素,认为工业化国家间的工业品贸易大多基于技术差距。Melitz[③]构建的异质性企业贸易模型阐述了生产率较高的企业更倾向于出口,而生产率较低的企业只能继续服务于本国市场甚至退出市场。企业生产技术优势高低会带来两个方

[①] 朱帅:《中国科技与国际共生而非"脱钩"》,环球网 https://www.huanqiu.com/a/de583b/48Ph21hvGNt。

[②] Posner M. A., *International Trade and Technical Change*, *Oxford Economic Papers*, Oxford University Press, 1961.

[③] Melitz M. J., "The Impact of Trade on Intra-Industry Reallocations and Aggregate Industry Productivity", *Econometrica*, Vol. 71, No. 6, 2003, pp. 1695–1725.

面的差异性。

第一，产品生产成本，运用计算机辅助制造（CAM）、管理信息系统（MIS）和计算机集成制造系统（CIMS）等先进生产技术能够利用计算机代替工人完成简单程序性的工作，从而减少企业生产所需劳动力数量，减少企业的相关费用支出。同时，企业的操作工人在先进生产技术的帮助下，可以极大地提高要素使用效率，也起到了削弱劳动力成本的效果，提高了企业利润率。低成本优势可以使产品出口价格相对较低，因此，企业愿意通过出口贸易获得更多的超额利润，若这种生产技术具有垄断性，企业则会进一步考虑技术贸易或者对外直接投资的方式扩展业务经营范围。

第二，产品品质，先进的生产技术可以实现产品精益质量管理，基于计算机技术的标准化工作流程使产品制造过程近乎"零缺陷"，敏捷制造、既定时间标准设定（Predtetermined Time Standards，PTS）等先进方法全方位多层次地处理影响产品质量的环节，有效地保证了产品达到高质量标准。同时，新产品的开发依赖不断创新的生产技术，使企业产品的相对优势更加突出，因此，企业选择以贸易的方式进入国际市场，提高产品的长期市场占有率，获得更大的品牌效应、规模效应和资源吸附效应。

三 市场开拓优势

企业的市场开拓优势主要体现在品牌战略的优劣上，优质的品牌战略是企业开拓国际市场的关键手段。构建和发展品牌战略的方式有四种方式。

第一，积极宣传和保护。企业将经营范围延伸至国际市场就是一种最好的宣传方式，市场开拓优势强的企业可以选择代理商间接出口，或在重点地区建立销售部门直接出口，以增加品牌在国际市场上的曝光度。

第二，形成以质量为支撑的品牌战略。企业拟长期在国际市场上保持产品高质量，拥有资源优势和市场开拓优势是重要支撑：立足国内资源积极以贸易、参股、控股、绿地投资等方式拓展国际资源渠道，保持原材料的稳定供给；充分利用国内、国外两个市场，通过合资合作、兼并等将制造价值环节布局在最终消费区域，不断扩大市场占有率。这样的企业更倾向采用对外投资方式进入目标市场，采用境外投资与经济合作方式控制市场资源，保证产品的高质量，树立良好的品牌形象。

第三，加强对国际市场的研究，不断推陈出新以适应市场环境的变化和先进技术的更迭。通过全球价值链和生产网络治理，不断提高产品附加值并向价值链中高端攀升，向网络中心持续靠近，这就要求跨国公司能够获得目标市场最新的宏观政策、市场竞争和供应商的动态信息。因此，具有市场开拓优势的企业往往会选择对外直接投资的方式，便于深入研究目标市场，且跨国并购会更容易获得战略性资产，如对政策的了解、当地特许权、供应和分销网络以及规避政府管制等。

第四，培养品牌规模效益。规模经济是企业获得实力的主要来源，由于国内市场的有限性，具有市场开拓优势的企业会实施国际化经营战略扩大市场规模，从而获得更大的规模效应和学习效应。

第二节　外部网络优势对外向国际化行为的影响

全球生产网络节点企业通过发展外部网络关系可以获得来自网络组织的资源与能力，强化外部网络资源对提高企业竞争优势的重要作用，这里的外部网络优势包括网络群体竞争优势和因个体所处位置节点不同带来的网络优势。

一　网络位置优势

全球生产网络中各节点企业发挥的作用和所处位置都有差异，有的处于网络核心或焦点地位，有的处于次中心地位或称网络关键位置，有的处于网络边缘地位。每类网络节点通过价值链攀升获取网络资源的模式各具特色。处于网络领导或核心地位的公司利用业务关系或网络治理关系与其他网络节点联系紧密，也是整个网络中最有话语

第五章 企业竞争优势对外向国际化行为的影响机制研究

权的企业，即中心位置模式。

从信息优势来说，处于中心位置的企业通过纵横交织的价值链形成了密集的信任网络，可以从日常业务交往中获取其他网络节点大量的显性知识和默会知识，长期积累的声誉机制也会使网络中心企业获取此类知识的质量较高。企业之间的知识差就是信息，从而基于网络位置构筑了信息优势，这也是企业先进研发技术、雄厚资金资源和庞大销售网络等内部专有能力的体现，能够吸引更多企业与它建立联系，共享信息和资源。这类企业往往不会局限于国内单一生产网络，而是会向海外扩张并建立新的关系网络，中心位置伴随的声誉、地位等持久优势提升了跨国公司的品牌、社会责任等无形资产，树立了信任和负责任的形象，使其国际化进程更加顺利。

Burt 提出结构洞理论[1]，结构洞在企业网络组织中是指没有关联的企业间产生的空隙，占据这个空隙的企业即"搭桥者"，它们能够连接群体的跨度差异越大，掌握的网络资源就越难被取代，全球生产网络次中心节点或者关键节点可以作为通道对其他节点之间的知识进行传递和共享，这些次中心节点或者关键节点获取资源的模式即中介位置模式。然而，中介优势具有本地性和特殊性，是企业处于特殊网络关系的表现，不是基于企业自身的专有能力。当跨越现有网络边界与外界创建新的联系时，这样的竞争优势可能会被新网络成员削弱甚至取代，不具有普遍性和持久性。处于中介位置的企业通常被认为存在机会主义，将反向影响潜在合作者的判断。因此，位于中介位置的这类企业更倾向于在原有网络组织中充分发挥该优势，而不会冒着失去竞争优势的风险参与国际化经营。

二 网络多样性优势

网络多样性可以从网络结构、网络关系和网络认知三个角度来探讨[2]。

---

[1] Burt R., *Structural Holes: The Social Structure of Competition*, Cambridge: Harvard University Press, 1992.

[2] 郑准、王国顺：《关系网络多维性及其对企业国际化影响的实证研究》，《软科学》2009 年第 6 期。

(一) 网络结构

网络规模越大,企业接口越多,获取大量有价值的信息和进入国际市场的机会也越多,企业可以准确快速地掌握东道国政策和市场发展方向,明确技术研发和创新重点以及资金的投入领域。随着网络密集度的增强,紧密合作的网络关系可以节约跨国长期合作企业之间的交易成本,促进信息、技术和资源的高效传播,降低行动者之间的信息不对称性,网络节点企业参与国际化经营的意愿得到了极大增强。同时,较强的网络稳定性代表企业在长期经营交往中建立的信誉,有利于提高潜在国际合作伙伴的可信赖度,帮助双方共同增强共享资源的信心,有效降低机会主义行为及合作风险。

(二) 网络关系

网络节点企业之间相互认可、相互信赖和互惠规范的关系有利于共享资源、交流及吸收技术知识。这类关系网络节点企业也都能够信守承诺,遵守互惠原则和交易规则,无论是在国内市场还是国际市场均保持了较高的声誉和信赖度,随着网络整体竞争力的提高,各企业逐步联合,走向国际,通过战略联盟的方式参与国际化经营。

(三) 网络认知

网络差异性体现在各网络节点企业不同的国际化人才特征、管理模式、经验和价值观等方面上,比如,共同经历意味着共同的理解和认知,有利于建立节点企业对网络建设、互惠规范、集体目标和发展愿景的共同认知,共通的语言能够促进企业与国际上下游企业及其他组织之间的高效沟通交流,共同的立场和观点具有价值导向作用,可以增强网络的凝聚力和向心力。处于外部网络高度相似认知的企业,通常会选择以团体为单位形成某种程度的垄断竞争优势,并通过对外直接投资的方式进一步追求控制其他国家的不完全竞争市场。

第三节 整合与学习能力的中介作用机制

除了企业竞争优势对外向国际化行为的直接影响,两者之间还存

第五章　企业竞争优势对外向国际化行为的影响机制研究

在通过其他变量的间接影响。在全球生产网络构建和治理过程中，一方面，企业固有的、独特的竞争优势决定了网络节点的资源和主体联结关系的数量和质量，利用组织学习能力识别市场机会，影响其资源整合能力，员工、组织等主体联结关系的协调整合能力，以及由个体构成的组织的学习能力；另一方面，网络节点通过资源整合和协调整合能力，利用组织学习能力搜寻市场机会，做出贸易、跨国并购或者绿地投资等战略决策，最终影响外向国际化行为。因此，这里特别考察一下协调整合能力、资源整合能力和组织学习能力在竞争优势对外向国际化行为影响中的中介作用机制。协调整合能力是针对管理人员的一种能力，是网络节点对内部的工作、员工、部门等，以及外部的节点、关系、联盟等，进行调整、布局、拼接的能力。

资源整合能力是针对资源的一种能力，是网络节点对内部资源和网络资源分解、组合、配置等以达到高效利用资源的能力。组织学习能力是针对组织的一种能力，是组织机构为开发市场或者实现战略目标等，基于组织的知识容量和知识结构，形成制度化的学习机制共同学习，构建学习型组织，通过学习在组织层面不断地生产出新知识的能力。为方便起见，本书将协调整合能力、资源整合能力和组织学习能力简称为整合与学习能力。

一　竞争优势对整合与学习能力的作用

企业利用拥有的专有能力优势和网络优势对未来的技术发展方向和市场需求进行科学和经验预测活动，在这一活动过程中，具有内部资源和外部网络数量、质量优势的网络节点往往聚集了大量受过高等教育的人力、研究机构、知识等高级要素，大量学习能力强的个体形成了较高的组织学习能力。这类企业一般都处于全球生产网络的中心地位或者关键位置，积累了长期的企业内部管理知识和网络治理经验，形成了高水平的协调整合能力。同时，组织学习能力越高，越能够快速、敏锐地搜寻和预期买方偏好变化方向，从而为购买者开发产品或服务，分析和高效配置竞争者和供应商的独特资源，形成较高的资源整合能力。

中国经济在改革开放40多年的发展中，为各行各业提供了大量的市场机会,即大家经常提到的"风口",一大批民营企业据此在成长过程中充分利用已建立的竞争优势(专有能力优势和网络优势),扫描和识别行业发展缺口。因此,善于积累、总结和利用各种经验与知识就能够持续提升协调整合能力,占有和整合更多的资源是提升资源整合能力的根本。由此可以看出,拥有较强竞争优势的企业,往往会形成较强的组织学习能力,从而识别和利用国内市场的"风口",并且在获得快速成长后强化了整合与学习能力。

在全球生产网络环境下,发达国家跨国企业享受到了更大益处,而来自新兴市场的后发企业在发展初期通过被动嵌入发达国家主导的全球生产网络,往往容易陷入网络陷阱。来自亚太地区被称为龙跨国公司(Dragon Multinationals)的新兴市场跨国企业,初期由于规模小、缺乏资源以及与主要市场相距遥远等因素使其专有能力优势和网络优势较弱,形成了较低的组织学习能力,因为长期处于相对独立且低水平发展阶段,资源整合能力和协调整合能力不强。

经济全球化使发达国家跨国公司将其价值链和生产网络扩展到新兴市场,为这些后发企业提供了更多资源,企业边界不断扩大,整合与学习能力得到加强。而现在很大一部分公司通过主动融入全球生产网络加速外向国际化进程和组织变革迅速地在国际市场上确立了优势地位[1]。这些典型的后发企业积累了强大的竞争优势,对套利机会和创新机会保持高度的警觉性,使其能够在充满不确定性的国际市场环境中敏锐地捕捉到发展空间以配置资源[2]。它们采取一系列侵略性和冒险性措施,在全球范围内积极收购或购买成熟跨国公司的关键资产,以弥补后发型企业在全球生产网络中的先天劣势[3],由此,新兴市场的跨国公司形成了较强的整合与学习能力。

---

[1] Mathews J. A., "Dragon Multinationals: New Players in 21st Century Globalization", *Asia Pacific Journal of Management*, Vol. 31, No. 1, 2006, pp. 5–27.

[2] 许晖、单宇:《打破资源束缚的魔咒:新兴市场跨国企业机会识别与资源"巧"配策略选择》,《管理世界》2019年第3期。

[3] Luo Y. D., Tung R. L., International Expansion of Emerging Market Enterprises: A Springboard Perspective", *Journal of International Business Studies*, Vol. 38, No. 4, 2007, pp. 481–498.

第五章 企业竞争优势对外向国际化行为的影响机制研究

在产品价值链背景下,企业之间的竞争不再局限于某个生产环节的竞争,而是整个价值链的竞争,整个价值链的竞争力又能够影响单个企业的竞争优势。国际化企业往往拥有其他企业不具备的资源,这些独特资源使企业拥有了获得持续竞争优势的潜力[1][2]。企业的独特资源会随着企业的发展和外部环境的变迁而被逐渐消耗或失效[3],在价值链演化升级过程中,企业的价值链地位也会随之变化。因此,企业必须在持续动态的内部专有能力和外部网络优势升级过程中,培育持久的、能够迅速回应外部环境变化的独特能力[4]。企业动态地匹配内部专有能力和外部网络优势培育整合与学习能力的路径主要有三条。

第一条路径:低端专有能力强化—高端专有能力培育—以自身为中心构建生产网络。成长初期的弱小企业,在既无资金又无技术的情况下,通常利用低廉的生产成本嵌入价值链低端环节,此时处于生产网络中的弱势地位。之后,利用网内知识转移和企业学习能力,以较快速度和较低成本积累自身发展所需的资金、知识和技术等,在具备一定资源基础后,开始逐步进行自主研发新技术和开拓市场。企业强化低端优势到培育高端优势的过程中,需要高度关注市场机会以识别潜在的发展机会,在合适的时机对现有资源进行选择、配置、激活和有机融合,摒弃原有的静态资源,通过资源重构整合能力和组织协调整合能力激发创造力,在新的学习机制下自主研发出新技术、新产品和新服务。

在此过程中,企业培育了自身的整合与学习能力,有效快速地感知外部环境和市场变化,动态提升自身专有能力层次。同时,新的高层次的专有能力对价值链各环节的企业具有强大的吸引力和控制力,

---

[1] Barney J. B., "Firm Resources and Sustained Competitive Advantage", *Journal of Management*, No. 17, 1991, pp. 99-120.

[2] Barney, J. B., "Resource-Based Theories of Competitive Advantage: A Ten-Year Retrospective on the Resource-Based View", *Journal of Management*, No. 27, 2001, pp. 643-650.

[3] Eisenhardt K., Martin J., "Dynamic Capacity: What are They?", *Strategic Management Journal*, No. 21, 2000, pp. 1105-1121.

[4] Wu L., "Applicability of the Resource-based and Dynamic-capability Views Under Environmental Volatility", *Journal of Business Research*, No. 63, 2010, pp. 27-31.

企业可以构建自我主导的生产网络，获得网络竞争优势，由此进一步加强竞争优势，反过来也会提高整合与学习能力。

第二条路径：低端专有优势强化—群体竞争优势构建—网络竞争优势提升。与前一类企业一样，这类企业成长初期处于价值链低端环节，所具有的专有能力通常是低廉的制造成本，在具有高端专有能力企业主导的生产网络中，它们依托组织学习能力迅速地积累资金、经验和技术，不同的是这类企业开始寻求联合上下游同类企业，构建次级生产网络，依托网络内分工细化、企业间战略联盟以及网络合作获得的规模经济，获得群体竞争优势。此时，企业需要对原有生产体系进行重构以适应新的合作规模、调整组织架构、加强网络间各环节的联系以及巩固战略联盟，通过学习、变革和创新互相借鉴吸收网络内的优秀企业，共同提升整个网络的竞争优势。

在此过程中，节点企业培育了协调整合、资源重构和组织学习等一系列整合与学习能力，网络竞争优势的提升也会带来单个企业竞争优势的加强，并进一步提高网络升级过程中的整合与学习能力。

第三条路径：群体竞争力寻求—专有能力优势培育—网络竞争优势提升。这类企业既没有资金、技术支撑的高层次专有能力，又没有低廉生产成本赋予的低层次专有能力，也无法融入已有生产网络快速积累知识和经验，生存成为它们的首要问题。这类企业寻求与上游供应商、配套企业以及客户达成战略合作，形成弱弱联合构建群体竞争优势，在边缘市场谋求一席之地。之后，逐渐在该次级生产网络中积累一定的资源，开始谋划培育专有能力。此时，企业需要感知、监测、识别和筛选市场潜在发展机会，找准切入点，整合原有弱势资源，投入高端专有能力的研发中，通过组织重构激发组织的创造力，并在学习市场中和网络内优秀企业的基础上，变革或创新原有生产方式，找准市场机会，培育自身的高层次专有能力。

在此过程中，企业在培育专有能力的同时也加强了对机会的识别和利用，同时，自身的竞争优势足以吸引更加优秀的企业加入原有生产网络，不断扩充和细化网络分工，网络竞争优势由此得到了增强，并且积累了资源，提高了整合与学习能力。

第五章　企业竞争优势对外向国际化行为的影响机制研究

二　整合与学习能力对外向国际化行为的影响

网络节点通过资源整合能力和协调整合能力，利用组织学习能力不断扩大市场份额，搜寻新的市场机会，并做出外向国际化行为决策。在这一过程中，企业能力主要体现为整合和重构现有资源和组织，并为市场带来创新成果。然而，每个经历过激烈竞争存活下来的企业都具有一定的组织惯性，这种组织惯性根植于组织长期积累的知识、惯例、技能和程序[1]。组织惯性迫使企业按照既定轨道运行，表面的干扰不会影响成长路线，但企业对外界的反应不再敏捷，这当然会影响到企业行为策略[2]。随着企业规模不断扩大，组织惯性会逐渐增强，组织易发生突然的变革，影响其稳定经营[3]。但整合与学习能力强的企业能够适应国际市场多变的经济和政治环境，迅速调整组织架构，大力协调内部资源提高整个公司效率，做出最适宜的市场进入决策[4]。这类企业利用重构资源、组织提升反应速度通常经历三个步骤：克服原有组织惯性和认知偏见—促进新技术在组织内传播并增强资源柔性和协调柔性—激发建设性冲突，做出更优的国际化行为决策。因此，整合与学习能力强的企业会倾向于着眼市场环境更加变化多端的国际市场，利用贸易或者国际直接投资嵌入全球价值网络，在整合、重构自身资源和优势的基础上，网络的共享机制、技术溢出效应、学习效应等带来了更多的国际化行为选择。

发展中国家后发企业在从全球生产网络边缘节点攀升到网络核心位置的过程中，内外部技术、制度不断发生改变，企业组织形式也相应变化，资源重构整合能力、协调整合能力和组织学习能力等逐渐增强，其行为也呈现出不同特征。首先，缺乏高级人力资源，组织学习

---

[1] Hannan M. T., Freeman J., "Structural Inertia and Organizational Change", *American Sociological Review*, Vol. 49, No. 2, pp. 149–164.

[2] Tripsas M., "Technology, Identity, and Inertia through the Lens of 'The Digital Photography Company'", *Organization Science*, Vol. 57, No. 2, 2009, pp. 181–197.

[3] Dass P., "Relationship of Firm Size, Initial Diversification and Internationalization with Strategic Change", *Journal of Business Research*, Vol. 48, No. 2, 2000, pp. 135–146.

[4] Teece D. J., "Explicating Dynamic Capabilities: The Nature and Micro-Foundations of (Sustainable) Enterprise Performance", *Strategic Management*, Vol. 28, No. 13, 2007, pp. 1319–1350.

能力和协调整合都比较低，只能将出口业务内部化或者外包给国内国际贸易公司，此时只需要在原组织内设立出口部；其次，通过组织学习增强了协调整合能力，利用全球生产网络减少中间环节，企业建立自己的海外销售公司，这时需要建立国外销售办事处，并由国内相应组织管理；最后，全球化使企业拥有了持续扩张的基础，积累管理和国际化经验之后，持续开拓海外市场是其必然选择，企业到东道国投资建立生产设施，或设立子公司，都要求企业在东道国有完善的组织架构，包括生产部和职能管理部门等。此外，不同的组织结构和管理能力决定了企业不同的国际化路径，企业生产出来的产品出口到国际市场，不同国家需要的产品种类、数量和价格不同，这就要求出口企业集中决策方便对比；对于对外直接投资来说，每个国家国情不同，这时就需要因地制宜地进行分散决策①。因此，在企业国际化经营的初期，整合与学习能力相对较弱的企业更倾向出口，只需要在国内或国外设立出口部，从而减少组织重构带来的不利影响；到了中后期，在企业的整合与学习能力增强后，为了更好地获取东道国优势，可以利用当地的区位优势投资建厂或开设子公司，此时组织重构将为企业带来变革和创新的契机。当企业面对较稳定的外部环境时，并购将积累和增强原有的组织惯性，企业内部高度契合的组织认知和学习模式会带来生产效率的提高；当外部环境发生变化时，企业所处的市场竞争规则随之改变，原有的并购惯性模式将影响企业的响应速度、约束资源和组织柔性②。相较于单一国内市场，国际市场环境更复杂、变化更频繁，因此，当外部环境变化剧烈时，为了克服多变市场环境下组织惯性带来的约束，跨国企业更愿意采用绿地投资的方式进行对外直接投资。

网络节点固有和独特的竞争优势影响了整合与学习能力，这一过程中不仅要对市场机会保持高度警觉，还要迅速地重构资源和组织结

---

① Reid, Stan, "Firm Internationalization, Transaction Cost and Strategic Choice", *International Marketing Review*, Vol. 1, No. 2, 1983, pp. 44–56.
② 刘岩、张秋生：《企业并购战略惯性形成机制及规律》，《中国国情国力》2009 年第 5 期。

构，适应不同的生产方式和合作模式，并且不断变革组织学习机制，提高创新能力。由此，企业便逐渐积累了整合与学习能力。随着整合与学习能力的增强，继续获得进一步发展的前提条件是具备充足的资源基础。此时，国内市场的有限性已无法满足企业积累资源的需求，企业开始寻求国际化经营，广阔的国际市场使企业拥有了持续扩张的基础能力。为了较快地弥补后发优势，新兴市场跨国公司倾向采用兼并方式参与国际化经营。

另外，整合与学习能力强的企业的内部资源和组织往往具有较大柔性，冲破了组织惯性带给企业创新的"新颖性障碍"或"非此地发明综合征"，能充分应对外部环境多变的情况。为了充分发挥这种优势，市场环境更加变化多端的国际市场成了该类企业青睐的目标。当市场环境变化更纷繁复杂时，企业更加倾向绿地投资以克服组织惯性带来的约束；而当市场环境相对稳定时，企业往往选择兼并的方式，利用高度契合的组织结构来提高生产效率。

第六章

企业竞争优势对外向国际化行为影响的实证研究

前文论述了内部专有能力优势和外部网络优势两方面的竞争优势对企业外向国际化行为影响的理论机制，以及整合与学习能力在两者之间的中介作用，本章将对这一理论机制进行实证检验。

第一节 研究设计

一 模型设定与变量说明

（一）模型设定

在网络节点企业基于竞争优势进行外向国际化行为决策时，理论和实践上的热点也是难点问题在于企业以何种方式进入国际市场[①]，当前主要存在非投资模式（出口贸易、代工和来料加工等）和投资模式的绿地投资、跨国并购等行为决策，因此，本书聚焦对此问题进行深入分析。依据理论和实践，被解释变量可归纳为三个选择：非投资、绿地投资和跨国并购，非投资行为最终主要以出口贸易形式表现出来，它与绿地投资、跨国并购并无优劣或者层次之分，在实践中这三者也经常相伴发生或者共同出现，企业面临的决策往往是出口与绿

---

① 实际上节点连接方式与区位选择密不可分，甚至节点连接方式选择本身就包括了国际化区位选择问题。

地投资、出口与跨国并购、绿地投资与跨国并购等两两决策问题,因此本书选用 Logistic 模型分别对这些决策问题进行实证检验,模型初步设置如下:

$$BH_{it}=\beta_0+\beta_1 CA_{it}+\beta_2 X_{it}+\varepsilon_{it}$$

(二) 变量说明

1. 被解释变量

BH 为本书的被解释变量(因变量),代表跨国公司外向国际化行为决策变量(Behavior),分为三组分别进行回归:在对第Ⅰ组(非投资和绿地投资)进行回归时,定义非投资为 0,绿地投资为 1;在对第Ⅱ组(非投资和跨国并购)进行回归时,定义非投资为 0,跨国并购为 1;在对第Ⅲ组(绿地投资和跨国并购)进行回归时,定义绿地投资为 0,跨国并购为 1。

2. 核心解释变量

CA 为核心解释变量,代表企业外向国际化竞争优势,包括以下优势。

(1) 企业的设计研发优势(RD)。企业的专利数目可在一定程度上反映出企业的研发水平,用企业当年的专利申请数对数值衡量企业设计研发优势,专利申请数据主要来自国泰安数据库,部分缺失值利用 Wind 数据库和对应的企业年报补齐。

(2) 企业的生产技术优势(PTC)。生产技术优势一般采用劳动生产率指标反映,本书选用全员劳动生产率(企业当年营业收入/企业总人数)的对数值来衡量企业的生产技术优势。

(3) 市场开拓优势(MDC)。代理指标选用销售费用率,将其定义为营业费用/销售收入,表示企业对市场开拓的优势,反映企业获得单位销售收入所需的营销成本,这一数值低说明企业进入其他市场的成本相应较小,因此,将其作为衡量企业营销效率和市场开拓优势的重要指标。

(4) 网络优势(NS)。在全球生产网络中,网络节点包含了网络中心企业、次中心企业、边缘企业,这些网络节点的网络位置和网络多样性均呈下降趋势,或者说在全球价值链中所处的位置越接近上游,企业运营的利润指标越高①②;处于生产网络关键位置节点企业的网络密集度越强,企业的利润越高,因此,可以使用企业利税③代表节点企业的网络优势,本书选用企业息税前利润(净利润+所得税费用+财务费用)的对数值表示网络优势。

3. 中介变量

根据第五章的理论分析,本书验证整合与学习能力在其中的中介效应,整合与学习能力具有多维性,难以用单一维度指标加以度量。依据前文作用机制论述,将整合与学习能力分为协调整合能力、资源整合能力和组织学习能力。

(1) 协调整合能力。选取总资产周转率作为衡量企业整合能力的代理变量,将其定义为销售收入净额/平均资产总额,这一数值越高说明企业的资产周转速度越快,其营运水平与整合资源的能力越强。因此,本书用总资产周转率衡量公司整合与学习能力中的协调整合能力。

(2) 资源整合能力。企业的资源整合能力是企业整合与学习能力的重要组成部分,在瞬息万变的市场环境中,所有能力都是短暂和变动的,企业需要围绕新的业务领域和业务活动做出决策,重新构造管理系统、员工技能和知识、企业价值观系统,以及技术系统,并据此实现企业内外的资源重构。这与上市公司三会(董事会、监事会、股东大会)的义务相符,上市公司三会的主要义务包括研究决策公司重大事项和紧急事项,监督公司运营情况,决定公司经营管理的重大事项,其实质都是对企业资源的重新配置。因此,本书选取上市公司三会次数(董事会会议次数、监事会会议次数、股东大会次数)之和的对数值衡量企业的资源整合能力。

(3) 组织学习能力。个人学习能力是组织学习能力的基础,没有

---

① 刘奕等:《生产性服务业集聚与制造业升级》,《中国工业经济》2017年第7期。
② 陈婉蓉等:《开发区对企业全球价值链地位的影响研究》,《福州大学学报》(哲学社会科学版)2018年第4期。
③ "贡献价值"即生产的产品或劳务所得之总额和由外部买进的原材料或服务的采购额的差值,可以用来表示企业的产出价值和创造最终收益能力,也有研究者使用中国统计体系中的"利税"指标,并利用企业利税来代表企业在价值链上的位置。

组织成员的个人学习就无法形成企业的组织学习能力，因此，组织学习能力可利用组织成员的个人学习能力衡量。每个人的生产率是有差异的，高等教育具有学习能力信息甄别功能，因而企业成员学历水平可以体现出企业的学习吸收能力[①]，其计算公式为组织学习能力＝本科以上学历的人数/企业总人数。

4. 控制变量

公司规模（SIZE）：以企业在职员工人数衡量企业规模大小，为减少共线性和异方差出现的概率，采用对数形式。企业资本结构（CS）：以企业的资本负债率反映企业资本结构。企业上市年限（YEAR）：企业的上市年限＝ln（2021－当年企业上市年份+1）。企业性质（TYPE）：虚拟变量，若企业性质为国企，则取 1；其他类型企业取 0。

ε 为随机误差项并服从正态分布，由此模型可进一步表示为

$$BH_{it} = \beta_0 + \beta_1 CA_{it} + \beta_2 SIZE_{it} + \beta_3 CS_{it} + YEAR_{it} + TYPE_{it} + \varepsilon_{it}$$

二 数据来源

考虑到新冠疫情对中国企业外向国际化的重大影响，在数据选取时，我们排除了新冠疫情发生以来的样本数据，选择 2016—2019 年 A 股的制造业上市公司相关数据作为样本，分析企业竞争优势对其外向国际化行为决策的影响。企业被解释变量样本数据源于国泰安数据库旗下的公司研究子库，将企业海外并购定义为交易买方为境内公司，标的方为境外公司的交易；现在还没有专门数据库统计绿地投资，跨国公司也没有专门统计这项指标，指标的选取参考李莉的相关文献[②]，选用上市公司的固定资产净值变化率进行衡量，因为跨国公司新建投资会体现在固定资产上，若企业在某年固定资产净值相较上一年增长幅度大于 1.27%，则认为企业该年度存在绿地投资，数据同样源于国泰安数据库中的公司研究子库；将非投资企业定义为当年存在出口，但无并购记录和未产生绿地投资的公司。经过筛选得到了

[①] 龚一萍：《企业动态能力的度量及评价指标体系》，《华东经济管理》2011 年第 9 期。

[②] 李莉：《跨国公司因素对 FDI 进入方式的影响——基于 Logistic 模型的实证分析》，《经济与管理研究》2010 年第 11 期。

155个上市公司国际化行为案例，其中非投资49例，绿地投资64例，海外并购42例。根据企业对应的股票代码，从国泰安数据库、Wind数据库以及相应的公司年报搜集得到对应的企业层面微观数据。模型初步设计的变量类别和数据来源如表6-1所示。

表6-1　　　　模型初步设计的变量类别和数据来源

变量类别	名称	符号	定义	数据来源
被解释变量	非投资	BH	包括出口、委托加工等	国泰安数据库之公司研究子库
	绿地投资		产权归投资者所有	
	跨国并购		控股海外公司	
核心解释变量	设计研发优势	RD	ln（专利申请数）	国泰安数据库，Wind
	生产技术优势	PTC	ln（营业收入/员工数）	国泰安数据库
	市场开拓优势	MDC	销售成本率（销售成本/营业费用）	国泰安数据库
	网络优势	NS	ln（企业息税前利润）	国泰安数据库
中介变量	协调整合能力	TST	总资产周转率	国泰安数据库
	资源整合能力	MEETING	ln（董事会、监事会、股东大会总数之和）	国泰安数据库
	组织学习能力	EDU	本科及以上员工比例	Wind数据库，企业年报
控制变量	企业规模	SIZE	ln（企业员工数）	国泰安数据库
	资本结构	CS	资产负债率	国泰安数据库
	上市年限	AGE	ln（2021-企业上市年份+1）	国泰安数据库，结合原始数据计算
	企业性质	TYPE	虚拟变量，若企业为国企，则取1；其他企业为0	国泰安数据库

第二节　实证结果及分析

一　描述性统计和相关性分析

由变量间的相关性可能导致估计结果存在偏差，在使用

Stata15 进行回归前先进行变量间的相关性分析。如表 6-2 所示，相关系数矩阵表明解释变量之间相关性较小，另外，指标设计研发优势、生产技术优势、市场开拓优势、网络优势与协调整合能力、资源整合能力、组织学习能力在不同水平上存在相关关系。

表 6-2　　　　　变量的相关系数矩阵和描述性统计

变量	设计研发优势	生产技术优势	市场开拓优势	网络优势	协调整合能力	资源整合能力	组织学习能力
设计研发优势	1						
生产技术优势	0.014	1					
市场开拓优势	0.068	-0.063	1				
网络优势	0.237***	0.253***	0.050	1			
协调整合能力	0.010	0.432***	-0.121	-0.004	1		
资源整合能力	-0.021	0.060	-0.137*	0.027	0.037	1	
组织学习能力	0.192**	0.097	0.228***	0.036	-0.263***	-0.099	1
均值	116.896	1263899.000	0.070	8.50×10^8	0.628	14.922	0.244
标准差	633.889	1070925.000	0.081	2.11×10^9	0.364	6.501	0.146

注：＊＊＊表示 $p<0.01$，＊＊表示 $p<0.05$，＊表示 $p<0.1$。

二　基准回归

对数据按照第Ⅰ组（非投资和绿地投资）、第Ⅱ组（非投资和跨国并购）、第Ⅲ组（绿地投资和跨国并购）分组进行二元 Logistic 回归，企业竞争优势对外向国际化行为选择影响的分组回归结果如表 6-3 所示。第Ⅰ组和第Ⅱ组回归结果均表明，企业竞争优势中的设计研发优势和网络优势对非投资和投资选择的影响差异显著，且二者对企业绿地投资、跨国并购决策的回归系数显著为正，说明企业在面临非投资（出口等）和绿地投资选择或者非投资（出口等）和跨国并购国际化决策时，企业的设计研发优势越强或者其在生产网络中的网络优势越明显，企业就越可能利用绿地投资或者海外并购开展国际化业务，同时，选择非投资（出口等）形式的概率越低。或者说，随着企业的设计研发优势增强或生产网络位置越接近中心并且网络密集度较高时，相对于非投资方式来说，企业越倾向于以绿地投资或者跨国并购的方式进行国际化。

表6-3　企业竞争优势对外向国际化行为选择影响的分组回归结果

变量	第Ⅰ组 （非投资和绿地投资）	第Ⅱ组 （非投资和跨国并购）	第Ⅲ组 （绿地投资和跨国并购）
RD	0.061* (1.76)	0.176*** (2.81)	0.0536** (2.10)
PTC	-0.053 (-0.59)	0.182 (1.41)	0.00669* (1.91)
MDC	-0.274 (-0.45)	0.426 (0.51)	0.455** (1.94)
NS	0.151*** (3.02)	0.154* (1.94)	0.01268 (0.03)
$SIZE$	-0.134* (-1.94)	-0.236** (-2.06)	-0.137 (-0.29)
CS	-0.075 (-0.28)	-0.222 (-0.52)	-0.301 (-0.52)
AGE	-0.229 (-0.38)	-1.797 (-7.02)	-1.227*** (-7.02)
$TYPE$	0.106 (0.98)	-0.074 (-0.41)	-0.3066** (-2.03)
C	1.106 (0.47)	3.506** (2.00)	3.506** (2.00)
R^2	0.371	0.627	0.6003

注：***、**、*分别代表在1%，5%，10%水平下显著，括号内为对应t值。

从第Ⅲ组回归结果来看，设计研发优势、生产技术优势和市场开拓优势比较显著，意味着企业在面临绿地投资和跨国并购二选一决策时，设计研发优势、生产技术优势和市场开拓优势是企业决策着重考虑的因素，系数显著为正说明这三个优势越强，企业进行跨国并购的概率就越大，选择绿地投资的概率就越小，或者说，随着这三个优势

第六章 企业竞争优势对外向国际化行为影响的实证研究

逐渐增强，在进行绿地投资和跨国并购决策时，大部分企业会选择跨国并购，小部分企业会选择绿地投资；相对于第Ⅰ组和第Ⅱ组来说，第Ⅲ组的网络优势是不显著的，意味着企业在进行绿地投资和跨国并购决策时，网络优势不是其重要考虑的因素，这可能是因为有能力进行绿地投资和跨国并购的企业，已经处于网络中心或者关键网络节点位置，网络优势也处于高位，再持续增加网络质量会存在增速下降甚至边际递减效应，因此，网络优势作用的体现就不再显著。

对于其他解释变量，第Ⅰ组和第Ⅱ组生产技术优势和市场开拓优势不显著，说明企业面临非投资和绿地投资，或者在非投资和跨国并购决策时，生产技术优势和市场开拓优势对企业国际化行为决策无显著影响；同时，第Ⅲ组的生产技术优势和市场开拓优势较为显著，说明企业在面对绿地投资和跨国并购决策时，拥有生产技术优势和市场开拓优势的企业选择跨国并购国际化行为的概率较大，选择绿地投资国际化行为的可能性较小，或者说随着企业的生产技术优势和市场开拓优势逐渐增强，面临绿地投资和跨国并购决策，大部分企业会选择跨国并购，小部分企业会选择绿地投资。

就控制变量而言：一是第Ⅰ组和第Ⅱ组企业规模对企业外向国际化投资行为决策的影响显著为负，表明企业规模在一定程度上限制了企业投资，这应该与选择的样本有关，样本企业均为A股上市公司，规模体量较大，这些上市公司在本书考察的样本期间之前已经完成了跨国并购和绿地投资，样本期间内没有新增对外直接投资并且一直保持着出口等非投资行为。第Ⅲ组企业规模不显著，意味着在面临绿地投资和跨国并购决策时，企业规模大小不重要，或者说规模大小对这一决策的影响不大。二是这三组的企业资本结构对外向国际化投资行为决策均无明显影响，表明企业资本结构对企业对外投资决策的作用不大，说明成熟的企业国际化是经过理性决策的，企业重大决策都会考虑合理的债务、股权、长短期融资比例和价值构成等资本结构。三是第Ⅰ组和第Ⅱ组企业上市年限和公司类型对其外向国际化投资行为均无显著影响，这可能是因为中国上市公司上市年限还不长，且开启国际化进程的时间不久，面对非投资和绿地投资或非投资和跨国并购决策,上市年限并不是其投资决策的主要影响因素;此外,第Ⅰ组和第Ⅱ组企业与其他类型企业在投资决策过程中并无明显差别,这可能是由于本章选择的样本数据时间为近期,早年中国在海外投资的企业以国企为主,而近年民营企业也逐渐扩大国际业务,成为海外投资并购的重要力量。但在第Ⅲ组中,企业上市年限和公司类型较为显著,说明面对绿地投资和跨国并购决策时,上市时间越长企业积累的信誉越强,企业在进行跨国并购时会相对顺利,同时,大部分国企进行跨国并购的可能性较大,而进行绿地投资的可能性较小。

三 内生性问题

本章解释变量选自国泰安数据库,部分缺失值则利用 Wind 数据库和对应的企业年报补齐,被解释变量使用国泰安数据库的公司研究子库,这对缓解内生性问题有所帮助,但个体层面的不可观测因素仍然有可能产生遗漏变量等问题。针对内生性问题,本章在样本选择上做了诸多工作,考虑了除解释变量之外的其他因素,对较大可能产生影响的变量进行了控制,以期能够将内生性问题造成的偏误降低到最小。另外,本部分构建了企业竞争优势的四个度量指标的工具变量,以降低在前文分析模型中存在的内生性,具体来说,将企业竞争优势的四个指标分别按照企业所在省份进行分组,并在组内求得该企业之外的其他该省企业的均值作为工具变量。使用两阶段最小二乘法进行估计,结果如表6-4所示,企业竞争优势四个指标的回归系数仍然显著,说明在引入工具变量控制内生性以后得到的结果能够与前文所得到的结果相验证。

表 6-4　　　　　　　　分组的内生性检验结果

项目	第Ⅰ组	第Ⅱ组	第Ⅲ组
ToolRD	1.073 *** (2.82)	0.025 ** (2.31)	0.120 ** (2.09)
ToolPTC	-0.6592 * (-1.83)	0.4525 (1.45)	0.2864 * (1.92)

续表

项目	第Ⅰ组	第Ⅱ组	第Ⅲ组
ToolMDC	-0.5494* (-1.86)	0.3526* (1.82)	0.1517** (2.04)
ToolNS	0.0659* (1.83)	0.0962** (2.34)	0.0043 (0.02)
SIZE	-0.1302** (-2.02)	-0.461 (-1.25)	-0.482* (-1.72)
CS	-0.3390 (-1.26)	-0.1962 (-0.52)	-0.1927 (-0.95)
AGE	-0.784 (-1.06)	-1.052*** (-7.02)	-1.187*** (-8.46)
TYPE	0.0036 (2.02)	-0.074 (-0.41)	-0.053 (-0.59)
C	1.106 (0.47)	3.506** (2.00)	4.506** (2.26)
R^2	0.1484	0.7045	0.665

注：***、**、*分别代表在1%、5%、10%水平下显著，括号内为对应t值。

四 整合与学习能力的中介效应检验

企业竞争优势对外向国际化行为决策有显著影响，不同维度的竞争优势导致企业做出的外向国际化行为决策也不同。这里我们进一步检验整合与学习能力在企业竞争优势对外向国际化行为决策影响的效应，整合与学习能力可归纳为三个维度（协调整合能力维度、资源整合能力维度、组织学习能力维度）指标，分别将其代入回归方程，以验证这三个维度在企业竞争优势和外向国际化行为决策间的中介效应。由此，根据上一章中介作用机制验证以下三个假设。

H6-1：协调整合能力在企业竞争优势和国际化行为选择中具有中介效应。

H6-2：资源整合能力在企业竞争优势和国际化行为选择中具有中介效应。

H6-3：组织学习能力在企业竞争优势和国际化行为选择中具有中介效应。

中介效应成立需满足三个条件：一是 Y（国际化行为模式）对 X（企业竞争优势维度指标）回归，X_i 的系数显著；二是 W_i（整合与学习能力维度指标）对 X（企业竞争优势维度指标）的回归，X_i 的系数显著；三是 Y（国际化行为模式）对 X（企业竞争优势维度指标），W_i（整合与学习能力维度指标）回归，W_i 的系数显著[1]。首先，对全样本进行中介效应回归，检验结果如表 6-5 所示：一是协调整合能力在企业竞争优势与企业国际化行为模式间的中介效应检验：首先企业竞争优势中的设计研发优势 X_1 和网络优势 X_4 对企业国际化行为 Y 具有显著影响。二是企业竞争优势中的设计研发优势 X_1 和网络优势 X_4 对协调整合能力 W_1 影响显著为负。三是协调整合能力 W_1 对国际化行为 Y 的回归系数并不显著，据此判定协调整合能力 W_1 在竞争优势 X 与国际化行为 Y 间不存在中介效应，即不存在企业竞争优势—协调整合能力—企业国际化行为选择的中介效应作用机制。其次，资源整合能力在竞争优势与国际化行为间的中介效应检验：同样根据表 6-5 可得，设计研发优势 X_1 和市场开拓优势 X_3 对资源整合能力 W_2 影响显著为负，但资源整合能力 W_2 对企业国际化行为 Y 的回归系数不显著，据此判定资源整合能力 W_2 在竞争优势 X 与企业国际化行为 Y 间不存在中介效应，即不存在企业竞争优势—资源整合能力—企业国际化行为选择的中介效应作用机制。最后，组织学习能力在竞争优势与国际化行为模式间的中介效应检验：设计研发优势 X_1 和网络优势 X_4 对组织学习能力 W_3 影响显著为正，且组织学习能力 W_3 对外向国际化行为 Y 的回归系数显著，说明设计研发优势 X_1 以及网络优势 X_4 对企业国际化行为 Y 的影响通过中介变量 W_3 组织学习能力发挥了作用，即存在企业竞争优势—组织学习能力—企业国际化行为选择的中介效应作用机制。

---

[1] 温忠麟等：《中介效应检验程序及其应用》，《心理学报》2006 年第 3 期。

表 6-5　　　　　　　整合与学习能力的中介效应检验

变量		国际化行为 Y	整合与学习能力		
			协调整合能力 W_1	资源整合能力 W_2	组织学习能力 W_3
竞争优势 X	设计研发优势 X_1	0.114*** (3.11)	-0.046** (-2.25)	-0.056** (-2.21)	0.030*** (3.60)
	生产技术优势 X_2	0.072 (0.81)	0.338*** (6.79)	-0.009 (-0.16)	0.013 (0.68)
	市场开拓优势 X_3	0.098 (0.17)	-0.248 (-0.78)	-0.677* (-1.71)	0.346 (2.67)
	网络优势 X_4	0.144*** (2.71)	-0.143*** (-4.84)	0.014 (0.39)	0.022* (1.88)
整合与学习能力 W	协调整合能力 W_1	-0.134 (-0.97)	—	—	—
	资源整合能力 W_2	-0.070 (-0.58)	—	—	—
	组织学习能力 W_3	0.828** (2.53)	—	—	—

注：***、**、*分别代表在 1%，5%，10%水平下显著，括号内为对应 t 值。

五　进一步地分析检验

整合与学习能力在企业外向国际化竞争优势对企业国际化行为影响机制中发挥着中介效应。那么更进一步的问题：这一中介效应中是否可能还存在着调节效应呢？本部分进一步探究在"企业竞争优势—组织学习能力—国际化行为"模式中，是否存在调节关系。具体来说，中介效应可进一步分为三种类型：有中介的调节模型、有调节的中介模型和两者兼具的混合模型。

由于企业外向国际化竞争优势是一个多维度变量，竞争优势中的设计研发优势 X_1 和网络优势 X_4 对企业国际化行为影响显著，且二者对中介变量组织学习能力的影响均显著。因此，我们可以进一步探究企业的设计研发优势（X_1）—企业组织学习能力（W_3）—企业国际化行为（Y）这一中介效应机制中是否存在调节变量 U，使调节效应项 UX_1 影响企业组织学习能力 W_3，且企业组织学习能力 W_3 影响企业国际化行为 Y，如图 6-1 所示，若满足条件则说明存在着经过 W_3 的（至少部分地经过）调节效应。参考过往研究，选取企业利润总额代表企业盈利能力作为调节变量 U，有中介的调节变量的检验应满足三个条件①②。

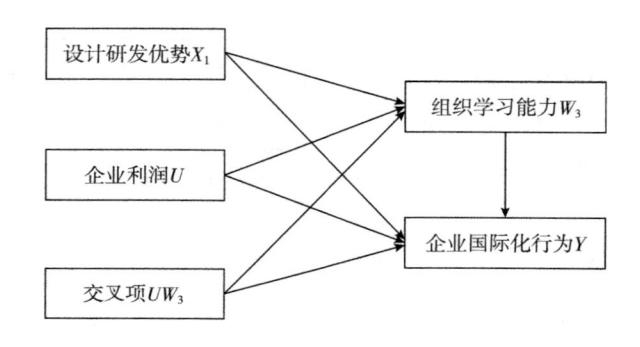

图 6-1 以组织学习能力为中介的调节变量模型

因此，检验有中介的调节效应时，先要检验调节效应，然后检验中介效应，回归结果如表 6-6 所示。在回归方程 1 中 Y（企业国际化行为）对调节效应项 UX_1 的系数显著为正，说明调节变量 U（企业利润）对 Y 与 X_1 关系的调节效应显著，尽管调节效应项的回归系数很小，小于 0.01，且显著水平只有 10%；在回归方程 2 中调节效应项 UX_1 对中介变量 W_3（组织学习能力）的回归系数不显著，表明调节变量 U 并未通过中介变量 W_3 发挥作用，即调节变量 U 不属于以组织学习能力为中介的调节变量。

---

① 温忠麟等：《有中介的调节变量和有调节的中介变量》，《心理学报》2006 年第 3 期。
② 三个条件：第一，做 Y 对 X_1、U 和 UX_1 的回归，UX_1 的系数显著（说明 U 对 Y 与 X_1 关系的调节效应显著）；第二，做 W_3 对 X_1、U 和 UX_1 的回归，UX_1 的系数显著；第三，做 Y 对 X_1、U、UX_1 和 W_3 的回归，W_3 的系数显著。如果在第三个条件中，UX_1 的系数不显著，则 U 的调节效应完全通过中介变量 W 起作用。

表 6-6　　　　　　　　企业利润的调节效应检验

项目	回归方程 1	回归方程 2	回归方程 3
设计研发优势 X_1	0.019 (0.32)	0.044*** (2.89)	−0.007 (−0.13)
企业利润 U	0.009 (0.38)	0.003 (1.14)	0.007 (0.71)
UX_1	0.005* (1.68)	−0.001 (−1.10)	0.005* (1.85)
组织学习能力 W_3	—	—	0.613* (1.89)
常数项 C	7.691*** (12.14)	0.610*** (3.83)	7.316*** (11.11)
R^2	0.496	0.322	0.508

注：***、**、*分别代表在1%、5%、10%水平下显著，括号内为对应 t 值。

若以企业总利润 U 为调节变量、组织学习能力 W_3 为中介变量，则可以建立如图 6-2 所示的模型。此时 U（企业总利润）不是 Y（企业国际化行为）与 X_1（企业设计研发优势）关系的调节变量，而是 Y 与 W_3 关系的调节变量。组织学习能力此时仍然是设计研发优势对企业国际化行为选择的中介变量。也就是说，经过 W_3 的中介效应受到调节变量 U 的影响，因此，W_3 为有调节的中介变量。

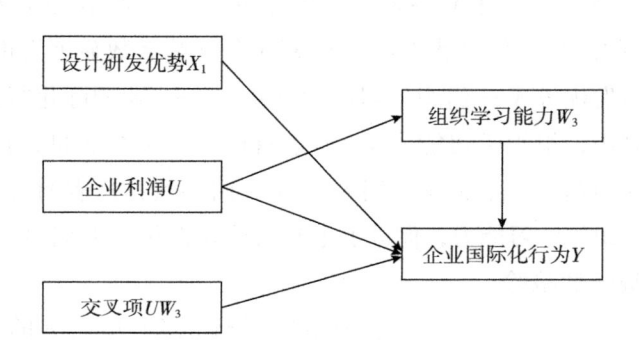

图 6-2　以企业利润为调节变量的中介变量模型

以依次检验为例,有调节的中介效应显著需要满足四个条件[①]:第一,做 Y 对 X_1 和 U 的回归,X_1 的系数显著;第二,做 W_3 对 X_1 和 U 的回归,X_1 的系数显著;第三,做 Y 对 X_1、U 和 W_3 的回归,W_3 的系数显著;第四,做 Y 对 X_1、U、W_3 和 UW_3 的回归,UW_3 的系数显著。从上述分析步骤可知,检验有调节的中介效应时,先要检验中介效应,然后检验调节效应,有调节的中介效应检验结果如图6-3所示。

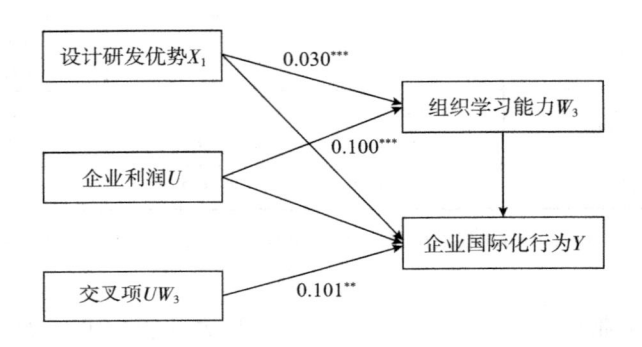

图6-3　有调节的中介效应检验结果

注:＊＊＊、＊＊分别代表在1%、5%水平下显著。

从图6-3可以看出,企业利润(U)与组织学习能力(W_3)的乘积项 UW_3 对企业国际化行为模式(Y)的回归系数显著,即 U 是 $W_3 \rightarrow Y$ 的调节变量,且 $X_1 \rightarrow W_3 \rightarrow Y$ 的中介过程受调节变量 U 的影响(X_1 对 W_3 的影响系数显著为正,W_3 对 Y 的影响系数显著为正)。即在企业设计研发优势 X_1 ——组织学习能力(W_3)——企业国际化行为这一中介效应机制中,组织学习能力 W_3 属于有调节的中介变量,且经过 W_3 的中介效应与调节变量企业利润 U 变化方向一致,这表明盈利能力间接通过影响组织学习能力,促进了企业以投资的方式进入国际市场。

六　稳健性检验

企业经营能力对企业国际化有重要影响,经营能力强的企业通常倾向以增加绿地投资设立子公司的方式打入国际市场,因此,在控制

[①] 温忠麟等:《有中介的调节变量和有调节的中介变量》,《心理学报》2006年第3期。

第六章 企业竞争优势对外向国际化行为影响的实证研究

变量中加入资产报酬率变量（用 ROA 来表示）反映企业的经营能力，使用 Probit 回归方法进行检验，为保持模型可比性，选取第Ⅰ组（非投资和绿地投资）、第Ⅱ组（非投资和跨国并购）和第Ⅲ组（绿地投资和跨国并购）数据研究企业竞争优势对企业不同国际化行为的影响，结果是稳健的，其对比如表6-7所示。

表6-7　　　　加入资产报酬率前后的回归结果对比

项目	添加控制变量前			添加控制变量后		
	第Ⅰ组	第Ⅱ组	第Ⅲ组	第Ⅰ组	第Ⅱ组	第Ⅲ组
RD	0.061* (1.76)	0.176*** (2.81)	0.0536** (2.10)	0.060* (1.71)	0.175*** (2.81)	0.0816** (2.18)
PTC	−0.053 (−0.59)	0.182 (1.41)	0.00669* (1.91)	−0.058 (−0.64)	0.131 (0.97)	0.012* (1.88)
MDC	−0.274 (−0.45)	0.426 (0.51)	0.455** (1.94)	−0.177 (−0.27)	0.532 (0.63)	0.086** (2.09)
NS	0.151*** (3.02)	0.154* (1.94)	0.01268 (0.03)	0.171** (2.59)	0.250** (2.25)	0.0535 (0.73)
$SIZE$	−0.134* (−1.94)	−0.236** (−2.06)	−0.137 (−0.29)	−0.147* (−1.97)	−0.293** (−2.38)	−0.050 (−0.62)
CS	−0.075 (−0.28)	−0.222 (−0.52)	−0.301 (−0.52)	−0.127 (−0.44)	−0.395 (−0.87)	−0.062 (−0.31)
AGE	−0.229 (−0.38)	−1.797*** (−7.02)	−1.227*** (−7.02)	−0.202 (−0.33)	−1.759*** (−6.85)	−1.1047*** (−7.02)
$TYPE$	0.106 (0.98)	−0.074 (−0.41)	−0.3066** (−2.03)	0.101 (0.93)	−0.088 (−0.49)	−0.4293** (−2.08)
ROA				−0.904 (−0.48)	0.540 (0.57)	−0.5629 (−0.53)
C	1.106 (0.47)	3.506** (2.00)	3.506** (2.00)	0.864 (0.36)	2.984 (1.66)	1.582 (1.33)
R^2	0.371	0.627	0.6003	0.373	0.636	0.1724

注：***、**、*分别代表在1%，5%，10%水平下显著，括号内为对应 t 值。

对比加入资产报酬率前后的回归结果，模型主要变量的显著性并未发生明显变化，在第Ⅰ组和第Ⅱ组中，核心解释变量竞争优势反映设计研发优势的企业申请专利数以及反映企业生产网络优势的利润项系数依然显著。劳动生产率和销售成本率两项依然对企业国际化行为无显著影响，这与前文得出的结论相同：竞争优势中的设计研发优势和网络优势对外向国际化行为的影响显著，而生产技术优势和市场开拓优势对企业的非投资、投资决策并无显著影响。就控制变量而言，企业规模和企业上市年限依然是影响企业国际化行为决策的重要因素，企业规模对企业投资决策的回归系数显著为负，表明企业规模在一定程度上限制了企业投资；企业资本结构对企业投资决策无明显影响，因此企业资本结构不是企业对外投资决策的主要影响因素；企业上市年限，企业类型对企业的投资决策均无显著影响，即国企与其他类型企业做出的国际化投资行为选择并无明显差别。在第Ⅲ组中，设计研发优势、生产技术优势、市场开拓优势、上市年限和企业性质依旧显著，验证了基准回归结果。

此外，使用全样本对有调节的中介效应稳健性检验结果如图 6-4 所示，加入企业资产报酬率作为控制变量后，中介效应依然成立，且企业组织能力作为中介变量对企业国际化行为模式的影响依旧受调节变量企业利润的影响。对比图 6-3、图 6-4 后发现，各项指标的显著性几乎没有发生变化，说明实证结果稳健。

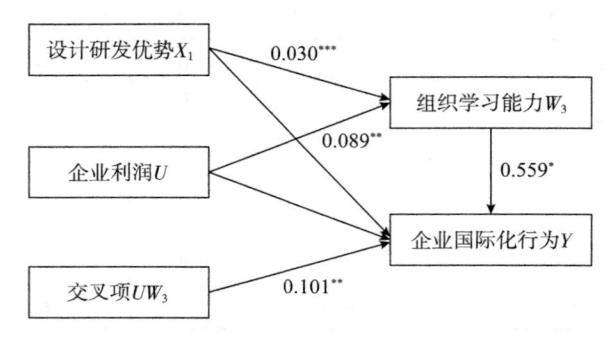

图 6-4　使用全样本对有调节的中介效应稳健性检验结果

注：＊＊＊、＊＊、＊分别代表在 1%、5%、10% 水平下显著。

第六章 企业竞争优势对外向国际化行为影响的实证研究

第三节 结论与启示

本章以 A 股制造业上市公司 2016—2019 年发生的并购交易与部分绿地投资交易及非投资数据为样本,探究了企业竞争优势对外向国际化行为的影响,研究结果如下。

第一,当企业面临非投资和绿地投资选择或者非投资和跨国并购决策时,企业竞争优势中的设计研发优势和网络优势对非投资和两类投资的影响显著,企业的设计研发优势和其在生产网络中的网络优势越强,企业越可能使用绿地投资或者海外并购的投资模式参与国际化市场;企业竞争优势中的生产技术优势和市场开拓优势对企业的非投资、投资决策并无显著影响;企业规模在一定程度上限制了企业投资,近年整体上规模越大的中国企业越趋向于以出口、委托加工等非投资模式开展国际化经营;企业资本结构、企业上市年限、企业类型对企业的投资决策均无显著影响。

第二,当企业面临绿地投资和跨国并购决策时,设计研发优势、生产技术优势和市场开拓优势越强,企业选择跨国并购的可能性越大;上市时间越长的企业越倾向选择跨国并购;国企进行跨国并购的可能性较大,而进行绿地投资的可能性较小;网络优势、企业规模、资本结构对这一决策的影响不明显。

第三,组织学习能力在企业竞争优势与国际化行为之间发挥了中介效应,企业竞争优势中的设计研发优势显著增强了其整合与学习能力中的组织学习能力,对企业国际化行为也产生了显著正向影响,推动企业以绿地投资和海外并购的方式进行国际化;企业利润对组织学习能力具有正向调节作用,即经过企业组织学习能力的中介效应受调节变量企业利润的影响,且影响显著为正。

第七章

基于全球生产网络构建的后发企业竞争优势与国际化行为模式研究

国内经济结构调整和国际投资环境"逆全球化"是当前中国企业国际化面临的双重困难。中兴事件、联想投票风波和华为产品遭多国政府禁用等一系列事件背后,反映的是中国企业在国际化进程中如何保持和增强持续竞争优势的问题。在全球化和网络化时代下,利用全球生产网络来构筑和维护竞争优势是企业国际化的重要战略。在不同的发展阶段选择合适的国际化行为,对企业竞争优势增强和网络构建有重要的促进作用。对全球生产网络与竞争优势相互关系的研究可概括为两个方面:一是以发达国家跨国公司为研究对象,认为先进的跨国制造公司可以利用网络组织来增强自身竞争优势[1][2];随着网络组织的发展,跨国公司总结出一个新的竞争优势,即超出原子企业边界的网络节点之间紧密的连接关系能够增强国际化公司竞争力[3][4]。

---

[1] Ahuja, G., et al., "The Genesis and Dynamics of Organizational Networks", *Organization Science*, Vol. 23, No. 2, pp. 434–448.

[2] Díaz-Mora, et al., "Product Complexity in International Production Networks: Comparing EU Core and Old and New EU Periphery", *Emerging Markets Finance and Trade*, Vol. 55, No. 4, 2018, pp. 950–966.

[3] Pittz T. G., Adler T., "An Exemplar of Open Strategy: Decision-Making Within Multi-Sector collaborations", *Management Decision*, Vol. 54, No. 7, 2016, pp. 1595–1614.

[4] Smith A., et al., "Labor Regimes, Global Production Networks, and European Union Trade Policy: Labor Standards and Export Production in the Moldovan Clothing Industry", *Economic Geography*, Vol. 94, No. 5, 2018, pp. 550–574.

第七章　基于全球生产网络构建的后发企业竞争优势与国际化行为模式研究

二是以第三世界跨国公司为研究对象，研究了当发达国家大型国际化企业纷纷构建全球价值链来维持和强化竞争优势时，发展中国家后发企业也被纳入新的国际分工体系（全球生产网络）。发展中国家应以本土产业链系统集成商为龙头建设自主价值网络实现获得新的比较优势，并最终建立起竞争优势[1]。同时，被动嵌入使越来越多的企业陷入"低端锁定"[2]或者"内部锁定"[3]的竞争弱势状态。当然，中国也有一部分企业通过组织自己主导的全球生产网络获得了持续竞争优势。那么，本就缺乏核心竞争力而处于网络被动状态的后发企业凭什么发展以己为中心的全球生产网络？一种自主构建的网络体系又如何能够促成后发企业由竞争弱势一步步建立起竞争优势？后发企业又是以怎样的行为模式进行国际化的呢？华为以建设全球价值网络为手段，通过点、线、面、网的自主生产网络建设的行为模式获得了竞争优势的持续增强[4]。吉利汽车利用企业内部资源、网络联系间的协同演化关系，采取主动的网络管理策略嵌入全球生产网络，构建自己主导的全球价值链的行为模式以实现升级[5]，后发企业可以通过价值网络的拓展来突破"低端锁定"，实现企业价值最大化[6]。

企业实践和文献研究均表明，发展中国家后发企业要先参与国际专业化分工成为全球生产网络的一个价值环节，不断积累资源，构筑竞争优势并克服组织惯性，然后主动向价值链中高端攀升，积极构建以自己为中心的全球生产网络。但现有文献主要集中于讨论网络构建对企业竞争优势的作用，很少有研究竞争优势对网络组织的反作用和

---

[1]　刘明宇、芮明杰：《价值网络重构、分工演进与产业结构优化》，《中国工业经济》2012年第5期。

[2]　卢福财、胡平波：《全球价值网络下中国企业低端锁定的博弈分析》，《中国工业经济》2008年第10期。

[3]　Avinavazquez C. R., "Social Capital, Networks and Interlocked Independent Directors: A Mexican Case", *Journal of Accounting in Emerging Economies*, Vol. 6, No. 3, 2016, pp. 291-312.

[4]　李放等：《面向全球价值网络的中国先进制造模式构建与动态演进——基于华为公司的案例研究》，《经济管理》2010年第12期。

[5]　唐春辉：《资源、网络与本土企业升级的协同演化机制——基于吉利集团的纵向案例研究》，《经济管理》2012年第10期。

[6]　王树祥等：《价值网络演变与企业网络结构升级》，《中国工业经济》2014年第3期。

两者相互作用中的中间变量,不同网络形态对企业竞争优势影响机制的研究也不充分,并且对于在全球价值网络前提下的企业国际化行为模式也鲜有涉及,本章拟揭示网络形态与持续竞争优势之间相互作用的介质和渠道,竞争优势随着网络构建演进的多种机制,以及在竞争优势变化的情况下企业国际化行为模式的演进规律。这对中国本土跨国公司获取持续竞争优势并优化企业国际化行为具有重要意义和价值。本章各小节安排如下:第一节研究全球生产网络构建与企业竞争优势、国际行为作用关系的概念框架,以及全球生产网络构建的两个类型,并进一步简述了全球生产网络构建视角下企业国际化行为特征;第二节以华为为例研究全球生产网络构建、竞争优势演进和自主发展型国际化行为模式;第三节以万向为例研究全球生产网络构建、竞争优势演进和嵌入—突破型行为模式;第四节研究 TCL 集团国际化案例,研究其全球生产网络构建、竞争优势演进和国际化行为模式;第五节对不同类型的全球生产网络构建与竞争优势、国际化行为模式共演关系进行比较研究。

第一节　全球生产网络构建分类与企业国际化行为特征

一　概念框架与全球生产网络构建的两大分类

在全球生产网络构建过程中企业能够不断建立竞争优势,竞争优势反过来能够促进全球生产网络的发展,竞争优势的建立同时又形成了企业独特的整合与学习能力和国际化行为模式。这几者之间相互作用关系的概念框架如图 7-1 所示。

一方面,从全球生产网络构建来说,全球生产网络是一个涵盖了全部价值创造相关主体的全球生产系统[1]。全球生产网络构建是不同

---

[1] Henderson J., et al., "Global Production Networks and the Analysis of Economic Development", *Review of International Political Economy*, No. 9, 2002, pp. 4436-4464.

第七章　基于全球生产网络构建的后发企业竞争优势与国际化行为模式研究

类型的网络节点根据网络关系对各个价值环节进行持续的解链和拼接治理，借助网络参与节点的力量获得持续竞争优势的过程[①]；网络能力能够为企业创造经济租金，并因此提升企业的竞争优势[②]。由此，我们把企业根据价值创造力提升和竞争优势增强的需要，在全球范围主动与各类相关主体建立网络合作关系，并按照发展需要调整原有网络关系的各种行为视为网络构建行为。

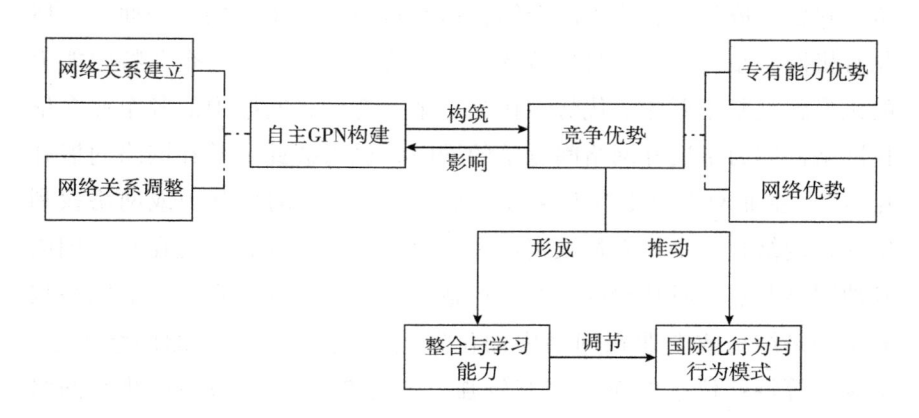

图 7-1　GPN 构建与企业竞争优势、国际行为模式作用关系的概念框架

另一方面，对企业竞争优势的考察，从专有能力优势和网络优势（网络优势又分为网络群体优势和网络结构优势）两方面展开。在传统的单个企业竞争环境下，企业凭借内在的排他性核心能力建立竞争优势。在网络竞争环境下，专业分工细化使价值链各节点企业依托专业性核心能力在特定价值环节获得竞争优势，在同一价值环节的水平竞争中胜出；同时，不同价值环节的价值创造力不同，使拥有价值链高端核心能力的企业得以成为整条价值链的领导者，拥有较多的剩余价值索取权，价值链高端环节的核心能力也就意味着企业能力更具竞

---

① Hear, G., Pace, C., "Value-Creating Ecologies: Understanding Next Generation Business Systems", *Foresight: The Journal of Future Studies, Strategic Thinking and Policy*, Vol. 8, No. 1, 2006, pp. 55-56.

② 杨荣：《网络能力的竞争优势——基于经济租金的视角》，《商业经济研究》2017 年第 8 期。

争性。为了体现网络组织下企业核心能力的这种专业性和层级性特点，我们使用专有能力概念来刻画企业内在的这种竞争能力，由此，企业专业性专有能力的增强和高层次专有能力的建立都表示企业竞争优势的增强。

现代竞争已不仅是企业之间的竞争，更多的是价值链和生产网络之间的竞争。网络竞争的本质特征一体化有机网络整体进行互相竞争，它已经取代了有边界的个体公司单打独斗开拓市场的局面。一体化有机网络整体具有自身独特的竞争优势，这种有别于企业特定能力的优势就是基于群体的优势。作为一个竞合体，网络中的各企业在依托网络群体力量展开网络间竞争的同时，也为彼此利益在网络内展开竞争[1]。企业网络内竞争表现为企业对网络关系的控制力或网络权利争夺，网络权利是拥有稀缺资源和竞争优势的体现，围绕在它周围的其他网络节点会听从吩咐，共同创造产品价值并谋取利益。而网络权利由网络结构或企业在网络中的位置决定[2]，在网络中的网络中心、结构洞等特殊位置的企业拥有较强竞争优势[3][4]。本书将这些与网络结构有关的竞争力称为网络结构优势，它与网络群体优势一起构成了企业的网络优势。

随着竞争优势的变化，形成不同的整合与学习能力，前文把整合与学习能力分为协调整合能力、资源整合能力以及组织学习能力，整合与学习能力的发展来自企业全球生产网络的构建和企业竞争优势，它与竞争优势共同促进企业国际化，并且选择不同的国际化行为模式，而国际化行为的推进会反作用于竞争优势和整合与学习能力，促进竞争优势和整合与学习能力的变化，促使企业调整全球生产网络，

---

[1] 李海舰、魏恒:《新型产业组织分析范式构建研究——从 SCP 到 DIM》,《中国工业经济》2007 年第 7 期。

[2] Kahkonen A., "The Influence of Power Position on the Depth of Collaboration", *Supply Chain Management: An International Journal*, Vol. 19, No. 1, 2014, pp. 17–30.

[3] Burt R., *Structural Holes: The Social Structure of Competition*, Cambridge: Harvard University Press, 1992.

[4] Powell, W. W., et al., "Interorganizational Collaboration and the Locus of Innovation: Networks of Learning in Biotechnology", *Administrative Science Quarterly*, No. 41, 1996, pp. 116–145.

第七章　基于全球生产网络构建的后发企业竞争优势与国际化行为模式研究

这样就形成了企业全球生产网络发展的循环系统。因此,企业在进行国际化时还会受到整合与学习能力的调节。

中国后发企业通过嵌入全球生产网络获取全球资源,巩固竞争优势,这是实现成功国际化的路径。如前文所述,全球生产网络中的网络节点主要有三类,网络中心或网络核心节点、次中心或者关键节点、网络边缘节点,中国后发企业在开始迈向国际市场时需要进行决策:一是不加入现成的全球生产网络,保持相对自主的发展,以自己为中心建立全球生产网络成为网络中心或者网络领导者,如华为、吉利等。二是加入已有的生产网络,成为其中的一个网络节点或参与者,如万向、富士康等。本书将第一类网络构建称为"自主发展型"全球生产网络构建,对应的企业称为自主发展型企业,相应的企业国际化行为模式称为"自主发展型"国际化行为模式;第二类网络构建称为"嵌入—突破型"全球生产网络,对应的企业称为嵌入—突破型企业,相应的企业国际化行为模式称为"嵌入—突破型"国际化行为模式。这两种企业国际化行为模式是两条完全不同的道路,蕴含着迥异的知识资源获取渠道、价值攀升路径、竞争生态等,不同的行为模式选择会使企业从全球生产网络中获取的竞争优势具有较大差异,以及不同的目标、困难、发展渠道和国际化行为轨迹等。

二　全球生产网络构建视角下企业国际化行为特征

全球生产网络形成的情况下构筑了企业竞争优势。网络优势和专有能力优势形成企业竞争优势,企业竞争优势推动形成企业的整合与学习能力,在整合与学习能力和竞争优势的影响下企业将选择适合自己的国际化行为。不同的网络构建形式,构筑不同的竞争优势,对应不同的国际化行为模式,国际化行为模式分类的研究可以明确不同的全球生产网络和竞争优势对企业国际化行为模式的影响。出口、绿地投资、并购以及股权和非股权参与的外向国际化行为模式特征如表7-1所示。

表 7-1　　　　　　　　外向国际化行为模式特征

行为模式特征	出口	绿地投资	并购	股权和非股权参与
优点	成本低，快速切入全球生产网络	控制力强，更好地整合全球生产网络	快速进行全球生产网络节点整合，快速获取当地市场	有一定控制力，能够快速建立全球生产网络
缺点	控制力较弱，不利于企业构建独立的全球生产网络	风险高，成本高，对整合与学习能力要求高	控制力受限，失败率高，对整合与学习能力要求高	对企业竞争优势要求高

在实践中，企业国际化行为一般不仅仅单独使用一种行为，通常是多种方式在纵向发展中的结合使用，在不同的发展阶段有不同的行为模式组合。并且企业的国际化行为又会反作用于企业竞争优势，形成新的竞争优势。作为不同初始网络状态的后发企业，它们在全球生产网络形成和竞争优势演进上经历了不同的发展路径，同时与之相适应的国际化行为模式也有不同的呈现形式。比较它们差异化的成长过程和国际化行为模式，有助于理解网络构建与竞争优势的互动规律，以及了解不同竞争优势和国际化行为模式之间的关系，从而便于不同类型的企业正确认识成长过程中的主要压力和从案例企业的经验中寻找可供借鉴之处。下文将通过案例分析，分析在不同竞争优势下企业国际化的行为模式，以及全球生产网络的构建、竞争优势和国际化行为模式三者之间的互动关系。

第二节　全球生产网络构建、竞争优势演进和自主发展型国际化行为模式
——以华为为例

自主发展型企业的生产网络经历了从小规模网络（以资源、能力并不十分突出的国内运营商等次优节点为主体），到生产网络体系

第七章 基于全球生产网络构建的后发企业竞争优势与国际化行为模式研究

（由各价值环节的不同网络节点构成），再到全球生产网络（由各领域大量合作伙伴和业界领先企业结成）的一个过程。在相应的国际化行为模式中，随着网络构建发展的不同阶段，经历了出口、股权和非股权参与，到自主扩展非股权参与，再到建立自己的子公司，构建起独立的国际化网络。华为是1987年创立的，为世界市场生产可视电话、系统软件、应用软件、计算机系统、存储设备等产品，雇员数量约有19.5万人，服务的国际区域有近180个，是一家员工持股的非上市公司，目标是数字化的万物互联①。华为的全球生产网络构建、竞争优势获取的发展过程以及国际化行为可分为三个阶段，如表7-2所示。

表7-2　华为全球生产网络构建、竞争优势演进与自主发展型国际化行为模式

衡量指标 发展阶段	第一阶段 （1987—1998年）	第二阶段 （1999—2010年）	第三阶段 （2011年至今）
典型事件	1989年，进口国外设备，有利于合资企业； 1993年，推出电信级别的数字交换机； 1994—1998年，进入二三线城市和农村市场	1999—2000年，将制造、组装、包装和物流等非核心环节外包； 2002—2008年，大幅提高研发投入，成立合资企业； 2009—2010年，建立全球5G研发网络	2011年，成立"2012实验室"； 2012年，产业链合作"云帆计划2012"；持续推进全球本地化经营； 2017年，发布EI企业智能； 2018年，华为全联接大会，"+智能"创新与实践
潜在压力	弱势网络低价格竞争的非持续性	优质节点、网络规模有限，难以挑战顶级企业	高层次专有能力动态性和网络不稳定性
全球生产网络建立、调整能力	弱	较强	强
全球生产网络状态	次优节点组成小规模网络	各价值环节多类型合作节点	优质节点组成全球生产网络
专有能力优势	低层次专有能力优势	一定程度专有能力优势	高层次专有能力优势

---

① 数据和资料源于华为官网，https://www.huawei.com/cn/about-huawei/corporate-information。

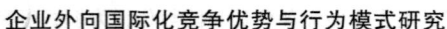

续表

衡量指标 发展阶段	第一阶段 （1987—1998年）	第二阶段 （1999—2010年）	第三阶段 （2011年至今）
网络优势	弱网络群体竞争优势	次核心网络竞争优势	较强网络竞争优势
全球生产网络与竞争优势互动机制	节点间资源能力互补	归核化专有能力优势培育、网络开放创新	网络开放创新、节点间资源能力互补
国际化行为需求导向	市场开拓为需求导向	全球生产网络拓展为需求导向	全球生产网络加强为需求导向
国际化行为模式分类	国际化初级阶段： 股权参与和非股权参与； 转让部分主动权，切入市场，初步建立全球生产网络	国际化扩张阶段： 非股权参与； 开启大规模扩张，拓展全球生产网络	国际化成熟阶段： 绿地投资为主、非股权参与为辅； 加强全球生产网络节点
国际化行为典型事件	1997年进入俄罗斯市场，成立贝托-华为合资公司； 同年，在巴西设立合资企业	2000年，俄罗斯地方城市硬件和软件项目； 2004年，与委内瑞拉电信管理委员会签订合作意向书	2012年，整合巴西地方城市11家区域设施，投资运营配送中心

在这一过程中，自主发展型企业的竞争优势由最初并不算强的群体竞争优势，发展为具有一定竞争力的专有能力优势，再到挑战行业领导地位的高层次专有能力优势和网络优势。对于华为来说，初始发展阶段的弱势网络使其主要在低端市场进行价格竞争，价值链高端专有能力的不足阻碍了华为进军高端市场。这种低层次竞争是困扰大多数自主品牌企业发展的主要问题。这些企业成长初期主要依靠低成本制造能力选择低端利基市场发展，受制于资源、资金、技术积累不足和路径依赖，许多企业无法走出价格竞争的困局，在成本上升压力和质优价廉产品的冲击下很快走向消亡。因此，能否走出低端市场成为这类企业持续发展的关键。为走出低端竞争，华为展开归核化发展，通过分拆价值链和引入各类型网络节点，构建起开放的创新网络，实现了专有能力快速发展，这一突围战略是值得借鉴的。对于自主发展

第七章 基于全球生产网络构建的后发企业竞争优势与国际化行为模式研究

型企业来说，成长初期大多采取全价值链的发展方式，单家企业承担了几乎所有的价值创造活动，这种"非专业化"的发展使企业难以集中资源和能力从事核心能力的培育，而坚持"自主"又常常使一些企业忽视，甚至排斥与其他企业合作（尤其是研发合作）。然而，自主不等于封闭，华为的成功证明了专业分工、网络合作、开放创新对自主发展型企业成长的重要意义。虽然现在华为已经是具有很强竞争力的全球生产网络领导者，但能够带来竞争优势的专有能力是具有动态性的，一些原来可以驱动网络的高端专有能力随着行业发展、需求变化将不再具有竞争力，这需要企业以更快的创新速度来应对专有优势的更替，不断注入新的异质资源来克服能力惯性。同时，作为一个竞合组织，生产网络具有不稳定性和竞争性，当网络节点为自身利益而损害到构建者利益，或者网络节点不再能够提供所需资源能力时，网络构建者就应该及时调整网络，剔除这些不稳定因素和无用节点以获得持续的网络优势。因此，正如我们所看到的，华为还在以更大的步伐建设自己的生态圈，以更快的速度获取竞争优势。

在不同的发展阶段有不同的国际化行为。第一个阶段，华为在国际化发展初期处于弱势网络，专有能力优势和网络优势都处于低层次状态，全球生产网络刚形成小规模网络，这个时期主要使用股权参与和非股权参与的国际化行为模式，战略主要突破的方向在于进入国际市场。20世纪90年代，中国的民营企业刚刚起步，多数大型企业是国有企业，像华为这样的民营技术型企业非常少。在国内市场取得成功之后，华为此时的主要目标就是走向国际市场，虽然作为自主发展型企业有自己的核心技术，也有开发的技术能力，但是自身价值链还锁定于低端，所以在初期国际化的阶段不得不让渡一部分股权参与打入当地市场，而后采取非股权参与的方式进行业务的拓展。充分利用自身的优势与当地企业合作进入市场，而后慢慢开拓。1997年，华为的第一站俄罗斯，以股权参与的形式与当地的贝托康采恩和电信公司成立了合资公司，成功进入俄罗斯市场。第二个阶段，华为的国际化扩张阶段，华为形成了次核心网络竞争优势，专有能力优势得到了增强，全球生产网络也形成价值链之间多类型的节点，处于网络节点拓展阶段，自主发展型企业在此时通常会选择控制力较强的国际化行为模式，如绿地投资和股权参与，而华为在这个阶段与IBM合作，开展了信息科技开发和供应链计划。在这个阶段华为的国际化迅速扩展到东南亚和欧洲。第三个阶段，华为到了国际化成熟阶段，专有能力优势已经发展到高层次阶段，网络优势也具备很强的竞争力，全球生产网络已经在全球范围内建成。华为在国际市场上已经有了一定的影响力，国际化行为模式也主要变为绿地投资为主、兼并为辅，在各个市场建立自己的研发中心、分公司，以形成全球生产网络，形成独特的竞争优势。在这个阶段华为的海外市场销售额超过国内市场销售额，并且超过爱立信成为全球第一通信设备商。

自主发展型国际化行为模式依赖全球生产网络的构建和竞争优势的不断变化。在竞争优势不突出、生产网络未建立的初期主要依靠出口或者股权参与和非股权参与为主的国际化行为进入全球市场以及开拓市场；随着国际市场的逐步开拓，竞争优势形成，优质网络节点增加，将会通过控制较强的国际化行为模式如绿地投资和兼并的方式，逐步拓展网络节点，加强竞争优势，最终形成自主的全球生产网络。华为经历了从弱控制到强控制的国际化行为模式，在全球形成了自己的生产网络，具备了独特的竞争优势。

第三节　全球生产网络构建、竞争优势演进和嵌入—突破型行为模式
——以万向为例

与自主发展型企业不同，嵌入—突破型企业经历了作为单一节点嵌入某一领先企业全球生产网络，到设置和吸纳有控制力的网络节点，发展自主生产网络，再到吸收具备价值链高级要素、管理水平的优质企业和结网各类型研发、生产、销售等节点，形成自主全球生产网络的发展过程，万向集团的网络构建就是如此。表现在国际化行为模式中，在国际化初期利用出口的方式进行国际化，主动嵌入生产网

第七章 基于全球生产网络构建的后发企业竞争优势与国际化行为模式研究

络。在国际化扩张时期，通过兼并的方式拓展网络节点。到了国际化成熟时期，则通过绿地投资成立子公司的方式来加强控制力，形成自己的生产网络，加强网络控制力。万向集团前身最早可以追溯到1969年，全球化制造和销售万向节、轮毂单元、传动轴、制动器、传动系统等汽车零部件，主导产品国内外市场占有率超过56%，在欧美等国家建立了近50家工厂，为世界知名车企提供产品，全球雇员总数超过2万人，如今已经形成了一家现代企业集团①。其全球生产网络构建、竞争优势演进与嵌入—突破型国际化行为模式如表7-3所示。

表7-3　　　万向全球生产网络构建、竞争优势演进与
嵌入—突破型国际化行为模式

衡量指标 发展阶段	第一阶段 （1979—1991年）	第二阶段 （1992—2012年）	第三阶段 （2013年至今）
关键事件	1983年，为美国舍勒代工； 1987年，多渠道拓展世界市场	1994年，成立万向美国公司； 1997—2012年，先后收购英国AS公司、美国舍勒、LT、UAI、Rockford、PS、AI、ACH等公司	2013年，拿到专用车生产牌照； 2013—2014年，收购美国A123、电动汽车制造商Fisker等； 2016年，生产新能源汽车
潜在压力	价值链"低端锁定"	高端资源积累不足和弱网络优势阻碍升级	高层次专有能力动态性和网络不稳定性
全球生产网络建立、调整能力	较弱	弱	较强
全球生产网络状态	嵌入某一全球生产网络	少量次优节点组成自主网络	各类型优质节点组成全球生产网络
专有能力优势	较低层次专有能力优势	低层次专有能力优势	较高层次专有能力优势
网络优势	无	一定程度网络结构优势	较强网络竞争优势
全球生产网络与竞争优势互动机制	网络内学习	网络结构调节	节点间资源能力互补、战略资源获取

① 数据和资料源于万向官网，http：//www.wanxiang.com.cn/index.php/about。

续表

衡量指标 发展阶段	第一阶段 （1979—1991年）	第二阶段 （1992—2012年）	第三阶段 （2013年至今）
国际化行为需求导向	市场寻求需求导向	全球生产网络建立需求导向	全球生产网络完善和加强需求导向
国际化行为模式分类	国际化初级阶段：出口为主，代加工合作利用自身低成本优势，主动嵌入全球生产网络	国际化扩张阶段：设立子公司，兼并当地企业逐步加强控制力度，建立自有全球生产网络	国际化成熟阶段：兼并为主，拓展生产网络专有能力优势形成，大规模扩张，拓展全球生产网络
国际化行为典型事件	1984年，与美国舍勒公司签订订购合同，产品走出国门，随后承接了大量的OEM订单	1992年，在美国设立办事处；1994年，成立美国分公司；1998年，收购舍勒公司，后又相继收购了UAI、洛克福特、PS公司等多家海外公司	收购了A123公司、美国BPI公司和菲斯科电动汽车制造公司

伴随这一过程，万向的竞争优势由最初单一的低层次专有能力优势，发展为低层次专有能力优势和一定程度的网络结构优势，再到较高层次的专有能力优势和较强的网络优势。在这一过程中，万向成功跨越了困死大多数嵌入发展型企业的"网络陷阱"，走出了价值链"低端锁定"。正如许多文献谈到的，以代工企业为代表的嵌入发展常常因为"被俘获"的网络关系而无法持续发展，能否跨越网络陷阱成为这类企业存活和发展的关键。万向引入新网络节点改变了网络结构，在结构调整带来的新动力下走出了"网络陷阱"。此外，嵌入发展型的后发企业成长之初大多是生产制造环节的专业化厂商。企业长期专业化发展积累起来的规模生产和计划执行能力，与作为网络领导者需要具备的创新、品牌与渠道开拓能力并不一致，这成为它们成长的限制因素[①]。为了加强网络领导者的高层次专有能力优势，万向通过对国外高质量节点的纳入获取战略资源，快速建立起了价值链高端的专有能力优势。万向的这一发展战略也凸显了网络构建对嵌入发展型企业的重要意义。

---

① 瞿宛文：《台湾后起者能借自创品牌升级吗?》，《世界经济文汇》2007年第5期。

第七章 基于全球生产网络构建的后发企业竞争优势与国际化行为模式研究

嵌入突破型国际化行为模式呈现非常明显的从弱到强控制的趋势。第一个阶段，万向在国际化初期，万向的主要需求是产品走出国门，寻求更大市场，而万向自身的专有能力优势较弱，网络优势几乎没有，刚刚嵌入某一全球生产网络，国际化行为模式是出口。这个阶段，万向自身没有技术上的优势，有的只是成本优势，因此主要通过出口去打开国际市场，如与美国舍勒公司签订合同，最后通过代工被纳入福特、通用这样大型企业的采购系统。第二个阶段，到了国际化扩张阶段，万向的专有能力已经逐渐发展起来，也具备了一定程度上的网络优势，全球生产网络也逐渐形成了次优的网络节点，万向的产品在国际市场已经有了一定的竞争优势，有了自己的销售市场，主要的任务是建立自己的全球生产网络，本身缺乏核心生产技术的万向，主要依靠绿地投资建立分公司，通过兼并当地企业，不断完善自己的生产网络，加强网络的竞争力。这个阶段，万向进行了大规模收购，如收购舍勒公司、洛克福特等大型企业，还在美国建立了分公司，逐步形成了自己的网络竞争优势。第三个阶段，在国际化成熟阶段，这个阶段的万向形成较高层次的专有能力优势和较强的网络竞争优势，全球生产网络也已建成，战略诉求已经转变为加强和完善现有的全球生产网络。因此，这个阶段，万向的行为模式主要是通过兼并一些具备生产能力的优质企业来扩展自己生产网络节点，形成更加完善的生产网络。

嵌入—突破型国际化行为模式，用出口的方式打开市场、嵌入生产网络，用兼并的方式融入、拓展生产网络节点，最终通过绿地投资的方式加强网络节点的竞争力。其通过国际化不断建立起自己的竞争优势，构建起全球生产网络，并通过加强国际化行为模式的控制力来加强对生产网络的控制力，最终形成有竞争优势的全球生产网络。

第四节　TCL集团全球生产网络构建、竞争优势演进和国际化行为模式研究

加入世贸组织后，中国各个产业大范围嵌入全球价值链，身处浪潮的中国企业凭借自身的优势加入国际化赛道中竞争，前文本书已经列举了华为、万向两例非常成功国际化案例，它们都是通过自身优势或走自主发展或走嵌入突破的道路，建立全球生产网络，形成独特竞争优势和整合与学习能力，从而成功实现国际化的。当然，在国际化浪潮中成功的自是少数，而大多数都经历了失败。从中国企业的国际化之路中可以看出，大多数企业难以建立起自己的全球生产网络，通常都是嵌入某一生产网络，虽然在一定程度上都已经国际化，但是在后续的全球化扩张上陷入"低端锁定"或者"被俘获"，显得后劲不足。家电巨头TCL就在其国际化道路上经历了阶段性的打击。TCL集团前身可追溯到1981年，到如今已经成为国际化规模运行的企业集团，形成了多媒体、通信、家电、电子、房地产与投资、物流与服务六大板块业务[①]。TCL也是国内最早开启国际化的企业之一，在国际市场已经形成了自己的竞争优势，但是其所处的家电行业内卷非常严重，对自身的技术要求非常高，从其发展动态可以看出，TCL大量剥离了核心业务，如曾经帮助它壮大和"走出去"的手机业务如今几乎在市场上消失，白色家电业务虽然依然存续，但终端的业务已经从集团主营业务中剥离，现在TCL集团的主营业务已经转变为高科技含量的半导体面板和芯片生产。TCL集团起步就是以合资的形式，并且后期也在中国香港上市，这注定TCL的发展必须与时代同步，同全球化密不可分，但在其全球化的过程中，曾经历了阶段性的失败，表7-4是对TCL国际化发展历程的梳理，本部分将继续分析为什么这个阶段的TCL集团全球化会失败，后续又是通过怎样的转型和升级，造就了

---

① 数据和资料源于TCL官网，https：//www.tcl.com/cn/zh/about-tcl。

第七章 基于全球生产网络构建的后发企业竞争优势与国际化行为模式研究

今天的 TCL 集团的。

表 7-4　TCL 集团 GPN 构建、竞争优势演进与国际化行为模式

衡量指标 发展阶段	第一阶段 （1981—1991 年）	第二阶段 （1992—1999 年）	第三阶段 （2000 年至今）
关键事件	1985 年，与中国香港企业合资成立生产通信设备的企业；1986 年，最早研发中国本土免提按键电话，始创"TCL"	1993 年，在香港成立 TCL 电子（香港）有限公司；1996 年，使用 TCL 品牌并购香港陆氏公司彩电项目	2005 年，彩电销量雄居全球首位；2019 年 4 月，TCL 决定从多元化转为专业化经营，正式剥离消费电子、家电等终端产品业务，重组为"TCL 科技集团"，仅保留半导体显示产业、产业金融及投资和翰林汇 O2O 业务
潜在压力	价值链"低端锁定"	专有能力优势不足和分散网络导致升级困难	专有能力优势不足及网络不稳定性
全球生产网络状态	未开始构建	较为分散的节点组成网络	多个弱节点组成网络
专有能力优势	低层次专有能力优势	低层次专有能力优势	低层次专有能力优势强化
网络优势	无	无	逐步建立网络优势
国际化行为需求导向	国际化萌芽阶段：市场多样化需求导向	国际化开启阶段：国际市场初步开启需求导向	国际化发展阶段：国际市场拓展和新兴技术需求导向
国际化行为模式	以 OEM 为主的出口行为模式	绿地投资和 OEM 为主的出口行为模式	跨国并购为主、绿地投资为辅的行为模式
国际化行为典型事件	主要是国内市场，少部分代加工	1999 年，TCL 国际控股集团在中国香港上市；1999 年 TCL 进军越南，成立越南分公司	2002 年，TCL 收购德国施耐德彩电业务 2004 年，收购法国汤姆逊，并成立了 TEE（TCL 汤姆逊电子有限公司） 2004 年，收购法国阿尔卡特，并成立 TA（TCL 阿尔卡特移动电话有限公司）

可以看出，第一阶段，最初的 TCL 几乎没有自己的核心技术，只能依靠劳动力优势以代工的方式少量地出口；第二阶段，到了国际化发展阶段，才真正开启国际化，这个时候，TCL 踏出了国际化经营重

要的一步，TCL 国际控股集团在香港上市，同年在越南市场开设分公司，开始了艰难的国际化历程；第三阶段，在国际化拓展阶段，即 2000 年至今，本可以顺风顺水的 TCL 遭遇了国际化的滑铁卢，这个时期的 TCL 已经在国内和东南亚树立了良好的品牌形象，也拥有自己的核心产品电视机和手机，并且手机业务在国内更是打败了当时所有的外国品牌，在移动通信领域居第一位，到了 2004 年 TCL 通信业务贡献了集团 80% 的利润。

在国内市场获得巨大成功之后，集团的战略主要开始面向国际市场，2004 年先后收购法国汤姆逊和阿尔卡特，并成立了合资公司，意图通过收购的方式拓展家电业务和手机业务的市场，并且获取先进的技术。但这两次并购没有带来预期的效应，反而带来了集团几年的亏损和沉寂。分析 TCL 集团国际化阶段性失败的原因，首先在前期发展阶段即国际化萌芽阶段，这个阶段的 TCL 主要深耕于国内市场，在国内市场逐步取得优势之后就开启了国际化，集团只具备低层次的专有能力优势，网络优势和全球生产网络都没有形成，主要以低成本优势为其他企业代工出口，集团的核心技术没有竞争力，只能通过劳动力优势进行代加工出口，量非常少，几乎没有数据。到了国际化正式开启阶段，TCL 还是只有低层次的专有能力优势，网络优势和全球生产网络都没有形成，因而 TCL 选择了就近的东南亚市场，在越南开设分工厂、建立分公司，用较强控制力的方式绿地投资进行国际化经营，通过资本优势和营销战略优势进入国外市场，区位上也选择了较近的东南亚市场，可谓是充分利用了自己的竞争优势选择地缘上较近的市场。到了国际化扩展阶段，由于彩电业务的壁垒极高，东南亚市场的进入方式难以应用于欧美市场，这个阶段的 TCL 的需求主要是市场和技术，彩电业务是 TCL 的核心业务，但是在国际化扩展初期，TCL 的彩电对液晶和等离子电视面板完全依赖进口，而面板占彩电价值的大部分，这使 TCL 的彩电业务利润较低，自主设计研发优势较弱。而彩电和手机行业的技术更新换代非常快，这对于企业动态能力机会识别能力要求非常高。根据上文理论整合与学习能力对于国际化行为形成，开发新兴市场的 TCL 由于规模相对较小并缺乏核心技术和资源，

第七章 基于全球生产网络构建的后发企业竞争优势与国际化行为模式研究

又在距离选择了较为遥远的欧洲市场，且国内没有先行者，没有经验可以借鉴，因此理论上选择并购的方式进行国际化是可行的。

然而，这个阶段的两次并购活动都以相对失败告终，原因在于：首先，理论上自身竞争优势还未建立，也未构建全球生产网络，整合与学习能力欠缺。具体表现在前期建立的竞争优势主要在国内市场，对国际市场仍然没有优势；前期的国际化只在东南亚地区，生产网络和网络优势没有建立起来；虽然在东南亚市场大获成功，但是其在管理经验上的积累还是相对缺乏的。其次，集团实际面临的内外部条件，TCL集团没有全球经营的经验，并购也是国内"第一个吃螃蟹的人"，欧美市场也有长期占据主导地位同行业企业，TCL并没有太大优势，而且当时可以参考的国内企业案例较少，这些内外部条件对于当时的TCL都是不利的，缺乏并购和整合管理经验，也进一步促使这个阶段国际化的失败。当然，失败是短暂的，欧美市场的短暂失败对后期TCL战略的调整具有重要的意义。当前，TCL集团在全球160多个国家和地区开展业务，同时设立了28个研发机构，技术研发实验室共10个。大型制造基地达到22个，员工总数近9万人；海外营收超过50%[①]，建立了自己的生产网络和营销网络，并且在重组之后着力开展新业务，向半导体面板和芯片进军。其在国际化初期短暂的失败，虽然暂时影响了集团的发展，但是对后期割舍没有竞争优势的业务、专注核心业务的成长具有重要意义。

第五节 全球生产网络构建与竞争优势、国际化行为模式共演关系比较研究

从华为和万向两个案例的分析可以发现，尽管自主发展型企业和嵌入—突破型企业有着不同的网络发展和竞争优势、企业国际化行为

---

① 数据和资料源于TCL官网，https://www.tcl.com/cn/zh。

模式的演进路径，但其背后都有着同样的演进规律，即网络构建、竞争优势和企业国际化行为之间的共演关系。如图7-2所示，网络建设通过各种动力机制促进企业专有能力优势和网络优势的发展，不同的网络关系和差异化的网络节点带给企业各异的竞争优势；同时，企业对竞争优势的不断追求驱动其发展新的网络关系，带来网络形态的演变，而企业已经形成的竞争优势是其建立这些网络关系的基础和条件。

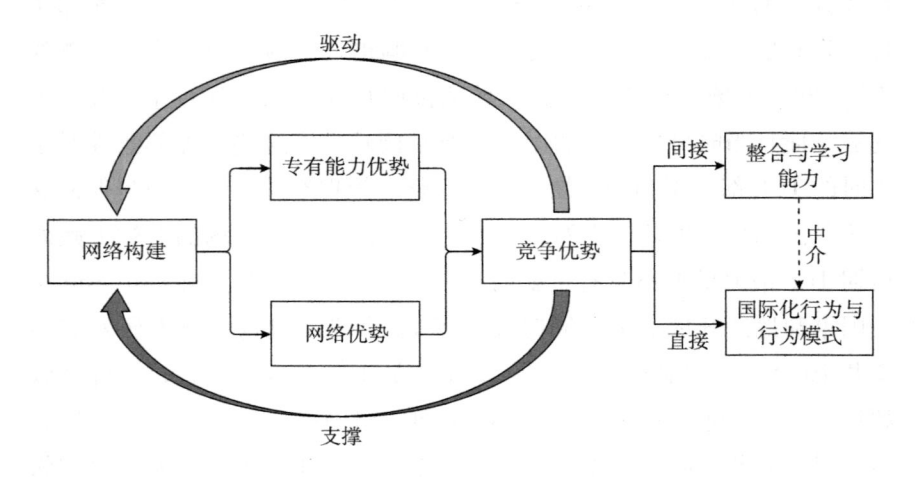

图7-2　GPN构建与竞争优势、国际化行为模式的共演关系

同时，国际化行为模式随着企业的网络构建和竞争优势发展而变化，而国际化的发展会推动竞争优势的变化，从而驱动网络进一步构建，并且形成新的整合与学习能力。在新的竞争优势和整合与学习能力下，国际化行为模式也会随之发生变化。从上文的案例中也可以看出，国际化行为模式随着网络构建和竞争优势发展而变化。由此，全球生产网络构建、竞争优势与国际化行为模式有一种相互影响、相互促进的关系，三者之间有着一种整合与学习能力，这样的整合与学习能力作为中介推动网络构建、竞争优势和国际化行为模式相互演进，形成一种良性的循环。

就自主发展型国际化行为模式的企业来说，在发展的初级阶段，

第七章　基于全球生产网络构建的后发企业竞争优势与国际化行为模式研究

由于没有技术、没有资金、没有国资背景，使它不能像国有先进企业那样赢得与先进跨国公司合资的机会，但通过与次优节点结网获得了弱网络优势。这个阶段的企业通常通过出口或者合作的方式来打开国际市场，利用这个机会让自己的产品在国际市场上立足。然而，这种网络关系难以支撑其建立价值链高端的专有优势，对高层次专有优势的追求驱动企业进行下一阶段的网络建设。此时，依托弱网络优势获得的国内市场份额和积累起来的资金满足了其进行归核化发展所需的市场规模和建设海外研发机构的资金需求，使其可以顺利建立起开放创新网络。这个阶段也就可以利用原先积累起来的经验，通过兼并、股权和非股权参与的方式，拓展国际化深度，加快网络节点的形成。对于华为来说，它在进军高端市场和 ICT 行业时所需要的专有能力优势和网络优势已由前期网络构建获得，已经有足够的创新能力与业界领先企业开展研发合作，有相当的品牌影响力吸引众多合作者，这些资源和能力优势成为其成功建立起由优质节点组成全球生产网络的保障。因此，随着华为的发展，其国际化行为模式也由初期的让渡股权参与，逐渐转变为非股权参与，再到大规模的绿地投资，建立自己的全资子公司，把握自己独特的竞争优势，增强自己的网络控制，从而推动其国际化。

对于类似万向的嵌入—突破型国际化行为模式的企业，初期因为自身资源、能力薄弱，虽结网了技术领先的跨国公司，但仍处于边缘节点的地位，面临"低端锁定"风险。这个时期的企业国际化行为模式通常为出口或者代加工出口，是以劳动力为优势的，控制力弱，难以形成长期竞争力。为获得一定的网络结构优势，跨越网络陷阱，嵌入—突破型企业需要发展新的网络关系和设置新的网络节点。初期阶段嵌入发展培养起来的生产制造环节的专有能力优势，以及借此积累起来的发展资金使其以国际标准提供优质产品，从而在资金与技术支持下推进成长阶段的网络建设。这个阶段企业的国际化行为模式往往是控制力较强的兼并，通过建立子公司和大规模的兼并收购，扩展网络节点，完善健全生产网络。凭借成长期的网络结构调整，嵌入—突破型企业在新网络合作伙伴的帮助下向更广阔的市场销售产品，在海外节点的努力下渗入东道国社会网络，这些收入和关系成为它在现阶段成功实施跨国并购的重要基础，这个阶段的国际化行为模式演变为控制力很强的兼并，充分利用前面积累起来的竞争优势和构建成的网络，加强网络节点的控制力和完善网络节点，形成与市场需求相适应的全球生产网络。

对于像 TCL 这样的制造业企业来说，初期在国内市场快速发展形成了竞争优势，但国内市场的成功并不能快速应用于国际市场的开发，国际化初期的 TCL 并不具备自主建立起全球生产网络的能力，缺乏核心技术，用于主营业务家电生产的核心技术全部靠进口，很难降低成本，建立起网络优势。由于自身的低成本优势只能选择嵌入某一全球生产网络，但是 TCL 明白嵌入生产网络的低端不利于集团的发展。因而到了国际化正式开启阶段，凭借自身在国内的形成的竞争优势，通过绿地投资的方式进入了东南亚市场，也获得了成功，但网络优势仍未建立起来，依然依靠外部技术供给。到了国际化发展阶段，TCL 选择了并购的方式进行国际化，然而这个阶段并不像万向那样顺利。并购的初衷是获得市场和技术，但是自身对于外部技术的依赖，使 TCL 并不具备议价权，只能以高成本并购，并且由于缺乏并购整合经验，这个阶段的并购使集团的发展一度陷入僵局。后来 TCL 也选择了和华为一样的归核化发展，找到了扩张的核心问题，通过重整集团业务，实现了从终端业务为主到以科技为中心的上游面板业务为主，在一定程度上摆脱了对外部技术的依赖，建立了专有能力优势和网络优势，最终形成自主的全球生产网络，成功实现了转型。中国很多制造企业都具备 TCL 集团的发展特征，虽然经历了失败，但可以通过自身竞争优势的变化，归核化发展专注专有能力优势和网络优势的打造，成功实现国际化。或者，通过长期积累起来的资金和专有能力优势，突破"低端锁定"和"网络陷阱"，最终形成更加强劲的专有能力优势和网络优势，建立全球生产网络。

本章以自主发展型国际化行为模式企业、嵌入—突破型国际化行为模式企业为研究对象，探讨了中国制造业企业自主全球生产网络的构建过程和由此带来的竞争优势演化路径，并讨论了其作用机制。研

第七章 基于全球生产网络构建的后发企业竞争优势与国际化行为模式研究

究发现：一是无论是成长初期选择自主发展还是作为节点嵌入先进企业的全球生产网络，后发企业都可以通过主动构建全球生产网络建立起能够与领先企业抗衡的专有能力优势和网络优势。二是自主全球生产网络构建对企业竞争优势的形成具有不同的作用机制。就专有能力优势的提升来说，网络构建可以支持企业进行归核化专有能力优势培育，为企业输入战略资源，拓展企业学习渠道和创造网络内学习环境，使企业实现开放式创新。就网络优势的建立来看，网络构建可以利用节点间资源能力互补使企业获得群体竞争优势，通过网络结构调整使企业获得网络结构优势。三是后发企业能够在不具备价值链高端专有能力优势的情况下建设起自主全球生产网络，得益于网络构建与竞争优势之间的共演关系。成长初期看似弱小或缺乏行为主动性的网络关系，也能够在一定程度上推动企业专有能力优势和网络优势的发展，从而积累起下一阶段吸引新网络合作伙伴的资本，通过不断利用竞争优势扩展和优化网络关系，后发企业终将由全球生产网络边缘者成为自主全球生产网络的主导者。四是全球生产网络构建构筑了竞争优势，并通过直接和整合与学习能力的中介作用对企业的国际化行为模式产生影响，对自身未处于价值链高端的后发企业来说，可以通过构建自身的竞争优势，选择合适的国际化行为模式。而合适的国际化行为模式可以反过来推动竞争优势的增强和发展，从而推动全球生产网络的构建，进一步国际化。

对于中国后发企业来说，无论初始阶段是如何融入全球生产网络的，都可以选择以下方式：一是可以借网络之力推进竞争优势。与具有雄厚资金、技术优势的先进企业相比，自身资源能力基础薄弱的后发企业更需要借网络之力来实现能力赶超和优势构筑。自主网络构建的多种动力机制能够以更有保证和高效的方式将后发劣势转化为后发优势，站在巨人肩膀上，利用众人之力实现专有能力优势和网络优势的快速发展。二是企业需要循序渐进地推动网络建设。与先进企业站在自主全球生产网络中心，凭借高端专有能力驱动网络发展不同，大部分后发国家制造企业缺乏高层次专有能力优势，由此注定了后发企业的网络建设只能是从弱到强、从局地到全球、从网络边缘走向网络中心的过程。为此，企业需要不断根据既有网络与竞争优势发展的矛盾调节网络关系，利用已有的竞争优势推动新网络的建设，才能最终形成具有竞争力的自主全球生产网络。三是再选择合适的路径，确定科学战略。除了受自身资源能力限制，企业初始网络关系的选择还可能受到习俗、法律和政治等外部因素的影响。正如我们在案例分析中看到的，这种初始选择的差异导致了企业发展路径的不同，不同发展路径面临的困境各异，企业需要明确发展道路上的障碍和陷阱，及时地以科学的网络发展战略调整网络关系，才能实现持续发展。四是灵活选择合适的国际化行为模式。每种国际化行为模式有各自的特点，在不同发展阶段适应不同的行为模式，因此灵活选择合适的国际化行为模式可以推动网络的构建及竞争优势形成。企业要明确每个阶段的发展目标和这一阶段国际化行为的需求导向，根据自身的发展情况，制定合适的国际化战略，而不应盲目地用某种模式进行扩张，在构建网络形成竞争优势后，能够形成一种良性循环，推动企业的国际化向更高层次发展。

附　录

全球生产网络构建与企业竞争优势调查问卷

尊敬的先生/女士：

　　非常感谢您在百忙之中对本次问卷调查的支持与配合！

　　本问卷调查为学术研究所需，旨在对中国制造业企业全球生产网络构建情况，以及其对企业竞争优势产生的影响进行客观数据收集。我们郑重承诺将会对调研数据严格保密，所有数据仅供学术研究之用。

　　由于本书对象为已开展全球生产网络构建活动的中国制造业企业，请以网络化组织方式进行全球生产体系布局的中国本土制造业企业高管或熟悉企业经营管理情况的人员对以下题项（共三个部分）进行填写。

第一部分　企业与个人基本信息

请您根据实际情况填空并在相应的"□"内打"√"

1. 贵企业主导业务所属行业为＿＿＿＿＿＿＿＿＿＿＿＿（请填写行业名称）

2. 您在贵企业工作的年限：＿＿＿＿＿＿年

3. 您在贵企业的职务：＿＿＿＿＿＿

4. 您所在企业性质属于？

□国有独资或控股　□民营（除国有独资或控股外）

5. 您所在企业资产总额：

☐小于 5000 万元　　☐5000 万—4 亿元　　☐大于 4 亿元

6. 您所在企业已存续：

☐5 年以下　　　　☐5—9 年　　　　　☐10 年及以上

请您根据所在企业情况，对第二部分和第三部分的题项表述进行评分（在相应的"☐"内打"√"）：完全同意 5 分，同意 4 分，一般 3 分，不同意 2 分，完全不同意 1 分。

第二部分　企业全球生产网络构建情况

一　企业的全球化布局情况

1. 与同行业其他企业比较，贵企业设立了更多海外研发机构

☐5 分　☐4 分　☐3 分　☐2 分　☐1 分

2. 与同行业其他企业比较，贵企业在更多国家和地区设立了海外研发机构

☐5 分　☐4 分　☐3 分　☐2 分　☐1 分

3. 与同行业其他企业比较，贵企业建设了更多海外工厂和制造基地

☐5 分　☐4 分　☐3 分　☐2 分　☐1 分

4. 与同行业其他企业比较，贵企业在更多国家和地区建立了海外工厂和制造基地

☐5 分　☐4 分　☐3 分　☐2 分　☐1 分

5. 与同行业其他企业比较，贵企业建设了更多海外营销机构

☐5 分　☐4 分　☐3 分　☐2 分　☐1 分

6. 与同行业其他企业比较，贵企业在更多国家和地区建立了海外营销机构

☐5 分　☐4 分　☐3 分　☐2 分　☐1 分

二　企业生产组织网络化建设情况

1. 与同行业其他企业比较，贵企业拥有更多直接供应商

☐5 分　☐4 分　☐3 分　☐2 分　☐1 分

2. 贵企业积极建立与大学、科研院所的长期合作关系

☐5 分　☐4 分　☐3 分　☐2 分　☐1 分

3. 贵企业积极建立与政府、机构和各类协会的密切合作关系

☐5分 ☐4分 ☐3分 ☐2分 ☐1分

4. 贵企业重视发展与重要合作伙伴的竞争对手的合作关系

☐5分 ☐4分 ☐3分 ☐2分 ☐1分

5. 贵企业有意识地加强与重要合作伙伴的合作机会、交流频率和合作范围

☐5分 ☐4分 ☐3分 ☐2分 ☐1分

6. 贵企业善于发掘合作伙伴间彼此的需求，并努力促成合作

☐5分 ☐4分 ☐3分 ☐2分 ☐1分

第三部分　企业竞争优势状况

一　企业专有能力优势

1. 与竞争对手比较，贵企业新产品开发速度较快

☐5分 ☐4分 ☐3分 ☐2分 ☐1分

2. 与竞争对手比较，贵企业新产品开发效率较高

☐5分 ☐4分 ☐3分 ☐2分 ☐1分

3. 与竞争对手比较，贵企业生产能力和解决技术问题、改造现有技术的能力较强

☐5分 ☐4分 ☐3分 ☐2分 ☐1分

4. 与竞争对手比较，贵企业市场开拓能力较强

☐5分 ☐4分 ☐3分 ☐2分 ☐1分

5. 与竞争对手比较，贵企业品牌影响力更大

☐5分 ☐4分 ☐3分 ☐2分 ☐1分

二　企业网络优势

1. 贵企业能有效地影响合作伙伴的行为

☐5分 ☐4分 ☐3分 ☐2分 ☐1分

2. 相对于网络合作伙伴，贵企业能更快地获取信息、知识等关键资源

☐5分 ☐4分 ☐3分 ☐2分 ☐1分

3. 贵企业拥有多种类型的网络合作伙伴

☐5分 ☐4分 ☐3分 ☐2分 ☐1分

4. 贵企业在网络合作中居于主导地位

□5分 □4分 □3分 □2分 □1分

5. 网络中其他成员经常通过贵企业获得行业、市场或他人信息

□5分 □4分 □3分 □2分 □1分

本问卷到此结束,再次劳烦您检查一遍有无漏答的题目。

衷心感谢您的热心参与和积极合作!如果您对我们的研究结果感兴趣,可以将您的E-mail留下,我们会将本书最终的研究结论反馈给您!E-mail:_____

主要参考文献

一 中文文献

（一）著作

［以色列］埃尔赫南·赫尔普曼、［美］保罗·R·克鲁格曼：《市场结构和对外贸易：报酬递增、不完全竞争和国际贸易》，尹翔硕、尹翔康译，上海人民出版社2009年版。

安娜·格兰多里主编：《企业网络：组织和产业竞争力》，刘刚等译，刘刚校，中国人民大学出版社2005年版。

［美］奥利弗·E.威廉姆森、［美］西德尼·G.温特编：《企业的性质》，商务印书馆2010年版。

［美］保罗·克鲁格曼：《克鲁格曼国际贸易新理论》，黄胜强译，中国社会科学出版社2001年版。

［美］保罗·萨缪尔森、威廉·诺德豪斯：《经济学》（第19版），萧琛译，商务印书馆2013年版。

［美］保罗·萨缪尔森、［美］威廉·诺德豪斯：《宏观经济学》（第18版），萧琛译，人民邮电出版社2008年版。

［美］彼德·德鲁克：《成果导向——有效的管理思路和分析方法》，雷心一译，中国财政经济出版社1990年版。

［瑞典］伯特尔·俄林：《区际贸易与国际贸易》，逯宇铎等译，华夏出版社2013年版。

［英］彼罗·斯拉法主编：《李嘉图著作和通信集》（第一卷），商务印书馆1962年版。

邓智团：《产业网络进化论：城市—区域竞合范式的理论与实践》，社会科学文献出版社2010年版。

董保宝：《网络结构，动态能力与企业竞争优势》，世界图书出版广东有限公司2014年版。

冯德连：《中小企业外向国际化理论与实践研究》，经济科学出版社2010年版。

梁能：《公司治理结构：中国的实践与美国的经验》，中国人民大学出版社2000年版。

刘春生：《全球生产网络的构建与中国的战略选择》，中国人民大学出版社2008版。

刘德学等：《全球生产网络与加工贸易升级》，经济科学出版社2006年版。

鲁桐：《中国企业跨国经营战略》，经济管理出版社2003年版，第60页。

［美］迈克尔·波特：《国家竞争优势》，华夏出版社2002年版。

［美］迈克尔·波特：《竞争战略》（第2版），华夏出版社2005年版。

王方华等：《长三角都市圈制造业企业国际化战略研究》，上海三联书店2007年版。

王国顺等：《企业国际化理论的演进》，人民出版社2009年版。

［美］沃西里·里昂惕夫：《1919—1939年美国经济结构：均衡分析的经验应用》，商务印书馆1993年版。

［英］亚当·斯密：《国富论》，唐日松译，华夏出版社2005年版。

杨小凯：《经济学：新古典与新兴古典经济学框架》，华夏出版社2003年版。

［瑞典］伊菲·赫克歇尔、［瑞典］戈特哈德·贝蒂·俄林：《赫克歇尔-俄林贸易理论》，商务印书馆2020年版。

（二）期刊

边春鹏等：《中国企业国际化竞争优势评价——基于内生异质性视角》，《现代管理科学》2015年第11期。

蔡文著：《构建民营企业国际化经营竞争优势研究》，《科技管理研究》2005年第12期。

曹监平：《生产要素国际流动的政治经济学分析——基于全球生产网络的视角》，《国际经贸探索》2013年第6期。

岑丽君：《中国在全球生产网络中的分工与贸易地位——基于TiVA数据与GVC指数的研究》，《国际经贸问题》2015年第1期。

柴宇曦、张洪胜、马述忠：《数字经济时代国际商务理论研究：新进展与新发现》，《国外社会科学》2021年第1期。

陈立敏：《波特与李嘉图的契合点——从国家竞争力角度对竞争优势理论和比较优势理论框架及核心概念的对比分析》，《南大商学评论》2006年第4期。

陈丽娴：《全球生产服务贸易网络特征及其对全球价值链分工地位的影响——基于社会网络分析的视角》，《国际商务（对外经济贸易大学学报）》2017年第4期。

陈丽娴、沈鸿：《生产性服务贸易网络特征与制造业全球价值链升级》，《财经问题研究》2018年第4期。

陈柳钦：《有关全球价值链理论的研究综述》，《重庆工商大学学报》（社会科学版）2009年第6期。

陈蕊、刘逸：《全球生产网络（GPN）的理论问题和中国实践启示》，《地理研究》2021年第12期。

陈婉蓉等：《开发区对企业全球价值链地位的影响研究》，《福州大学学报》（哲学社会科学版）2018年第4期。

陈小勇：《基于"全球价值网络"的企业内生优势生成路径研究》，《当代经济管理》2017年第2期。

陈小勇：《基于全球价值网络的企业行为研究》，《国际商务（对外经济贸易大学学报）》2015年第2期。

陈岩、郭文博：《跨国并购提高了中国企业的竞争优势吗？——基于区域性与非区域性企业特定优势的检验》，《外国经济与管理》2019年第4期。

陈雁铭：《企业战略联盟的稳定性研究——基于不完全契约理论的视角》，《技术经济与管理研究》2008年第3期。

陈志红等：《CEO开放性特征、创新能力和企业国际化程度》，《中国科技论坛》2020年第2期。

陈祖胜、叶江峰：《联盟企业的网络位置差异、行业环境与网络位置跃迁》，《管理科学》2018年第2期。

程恩富、丁晓钦：《构建知识产权优势理论与战略——兼论比较优势和竞争优势理论》，《当代经济研究》2003年第9期。

程恩富、廉淑：《比较优势、竞争优势与知识产权优势理论新探——海派经济学的一个基本原理》，《求是学刊》2004年第6期。

程立茹、周煊：《企业价值网络文献综述及未来研究方向展望》，《北京工商大学学报》（社会科学版）2011年第6期。

程新章：《全球价值链治理模式——模块生产网络研究》，《科技进步与对策》2006年第5期。

邓光耀：《全球价值链下中国增加值贸易的核算及网络特征研究》，《首都经济贸易大学学报》2019年第5期。

杜萌等：《全球生产网络与贸易竞争力研究评述》，《当代经济》2015年第30期。

樊纲：《"发展悖论"与"发展要素"——发展经济学的基本原理与中国案例》，《经济学动态》2019年第6期。

樊纲：《"发展悖论"与发展经济学的"特征性问题"》，《管理世界》2020年第4期。

樊茂清、黄薇：《基于全球价值链分解的中国贸易产业结构演进研究》，《世界经济》2014年第2期。

房帅等：《外国直接投资、比较优势与发展中国家产品出口持续时间》，《世界经济研究》2020年第7期。

冯磊：《中国企业国际化路径选择的现状及建议》，《国际经济合作》2011年第5期。

符正平：《比较优势与竞争优势的比较分析——兼论新竞争经济学及其启示》，《国际贸易问题》1999年第8期。

傅昌銮、潘伟康：《我国集群企业国际化典型模式和路径研究——基于全球价值链治理的理论拓展》，《苏州大学学报》（哲学社会科学版）2015年第6期。

高柏、朱兰：《从"世界工厂"到工业互联网强国：打造智能制造时代的竞争优势》，《改革》2020年第6期。

高疆、盛斌：《贸易协定质量会影响全球生产网络吗?》，《世界经济研究》2018年第8期。

龚一萍：《企业动态能力的度量及评价指标体系》，《华东经济管理》2011年第9期。

龚宜君：《半边陲之台湾企业在世界体系的镶嵌》，《台湾东南亚学刊》2005年第1期。

郭娟娟、冼国明：《最低工资标准与中国制造业企业国际化策略选择：微观基础与实证检验》，《国际贸易问题》2021年第7期。

韩莹：《跨国公司经营与管理分析——以壳牌公司为例》，《北方经贸》2013年第7期。

郝斌、任浩：《企业间领导力：一种理解联盟企业行为与战略的新视角》，《中国工业经济》2011年第3期。

郝臣：《信任、契约与网络组织治理机制》，《天津社会科学》2005年第5期。

贺灿飞、陈航航：《参与全球生产网络与中国出口产品升级》，《地理学报》2017年第8期。

洪银兴：《参与全球经济治理：攀升全球价值链中高端》，《南京大学学报》（哲学、人文科学、社会科学）2017年第4期。

洪银兴：《经济全球化条件下的比较优势和竞争优势》，《经济学动态》2002年第12期。

洪银兴：《以创新支持开放模式转换——再论由比较优势转向竞争优势》，《经济学动态》2010年第11期。

胡欣悦等：《跨国企业国际化研发合作网络结构演化——以华为为例》，《技术经济》2016年第7期。

华晓红等：《全球价值链与东亚生产网络》，《国际贸易》2013年第7期。

黄嫚丽、蓝海林：《基于案例的出口导向企业国际竞争优势概念诠释》，《管理学报》2010年第8期。

黄嫚丽等:《中国企业国内横向整合与国际化所有权优势》,《管理学报》2015年第3期。

黄梅波、郑燕霞:《全球生产网络与中国对非洲的投资》,《国际经济合作》2013年第10期。

黄烨菁、钱颖:《如何认识中小企业特有的出口竞争优势?——以天生国际化理论为视角》,《国外社会科学前沿》2020年第5期。

黄中伟、游锡火:《社会网络、组织合法与中国企业国际化绩效——来自122家中国企业海外子公司的实证》,《经济管理》2010年第8期。

黄梓豪:《国际贸易的理论依据:从比较优势到国际竞争优势》,《环渤海经济瞭望》2018年第2期。

贾利军等:《全球生产网络下行业关联度对跨国并购的影响》,《金融与经济》2021年第10期。

江小涓、杜玲:《国外跨国投资理论研究的最新进展》,《世界经济》2001年第6期。

焦军普:《产业国际化的内涵与演进路径研究》,《经济纵横》2013年第6期。

鞠建东等:《全球价值链网络中的"三足鼎立"格局分析》,《经济学报》2020年第4期。

瞿宛文:《台湾后起者能借自创品牌升级吗?》,《世界经济文汇》2007年第5期。

康江江等:《苹果手机零部件全球价值链的价值分配与中国角色演变》,《地理科学进展》2019年第3期。

康淑娟、安立仁:《知识距离视角下全球价值链网络嵌入与创新能力的关系研究》,《财经理论与实践》2019年第4期。

孔瑞:《跨国公司全球生产网络的形成——基于国际分工角度的理论探讨》,《云南财经大学学报》2009年第6期。

黎峰:《全球生产网络下的国际分工地位与贸易收益——基于主要出口国家的行业数据分析》,《国际贸易问题》2015年第6期。

李长书:《企业国际化竞争优势理论的发展研究》,《重庆科技学院学报》（社会科学版）2012 年第 3 期。

李东阳等：《中国战略性新兴产业企业国际化能力影响因素研究》，《财经问题研究》2018 年第 6 期。

李放、刘扬：《面向全球价值网络的中国先进制造模式动态演进与实证研究》，《北京交通大学学报》（社会科学版）2011 年第 1 期。

李放等：《面向全球价值网络的中国先进制造模式构建与动态演进——基于华为公司的案例研究》，《经济管理》2010 年第 12 期。

李钢等：《比较优势与竞争优势是对立的吗？——基于中国制造业的实证研究》，《财贸经济》2009 年第 9 期。

李国学、何帆：《全球生产网络的性质》，《财经问题研究》2008 年第 9 期。

李海舰、郭树民：《从经营企业到经营社会——从经营社会的视角经营企业》，《中国工业经济》2008 年第 5 期。

李海舰、魏恒：《新型产业组织分析范式构建研究——从 SCP 到 DIM》，《中国工业经济》2007 年第 7 期。

李健等：《计算机产业全球生产网络分析——兼论其在中国大陆的发展》，《地理学报》2008 年第 4 期。

李江帆、顾乃华：《从内向国际化到外向国际化——CEPA 背景下珠三角国有服务企业国际化路径安排》，《南方经济》2004 年第 3 期。

李俊江：《评〈世界经济概论〉》，《世界经济》2012 年第 5 期。

李莉：《跨国公司因素对 FDI 进入方式的影响——基于 Logistic 模型的实证分析》，《经济与管理研究》2010 年第 11 期。

李曼：《比较优势理论与竞争优势理论关系探究》，《国际商务研究》2008 年第 6 期。

李佩璘、黄国群：《跨国并购促进我国产业升级的典型案例、效应与对策研究》，《经济问题探索》2018 年第 10 期。

李小建：《跨国公司对区域经济发展影响的理论研究》，《地理研究》1997 年第 3 期。

李晓钟：《产业比较优势动态性的实证分析》，《国际贸易问题》2004 年第 7 期。

李玉龙、潘志勇：《企业战略联盟理论综述》，《中国商界（下半月）》2008年第8期。

李再扬、杨少华：《企业战略联盟理论的新发展：一个综述》，《经济学家》2003年第3期。

梁丹：《突破比较优势理论的束缚　推进竞争优势战略的实施——河南经济贸易发展战略选择研究》，《河南教育学院学报》（哲学社会科学版）2007年第6期。

梁经伟等：《东亚地区嵌入全球生产网络的演变路径研究——基于生产分割的视角》，《国际贸易问题》2019年第3期。

梁经伟等：《全球生产网络是否提升了全要素生产率？》，《北京工商大学学报》（社会科学版）2022年第4期。

林斌：《比较优势理论：文献综述》，《全国商情（经济理论研究）》2007年第1期。

林季红：《跨国公司全球生产网络与中国产业的技术进步》，《厦门大学学报》（哲学社会科学版）2006年第6期。

林建红、徐元康：《比较优势与竞争优势的比较研究》，《商业研究》2004年第9期。

林秀梅、唐乐：《全球生产网络下出口贸易价值含量的国际比较——基于金砖国家国际投入产出模型》，《国际经贸探索》2015年第10期。

林毅夫：《比较优势、竞争优势与区域一体化》，《河海大学学报》（哲学社会科学版）2021年第5期。

林毅夫、李永军：《比较优势、竞争优势与发展中国家的经济发展》，《管理世界》2003年第7期。

刘爱东、阮捷：《浅议企业战略联盟财务管理模式的构建》，《内蒙古科技与经济》2004年第S2期。

刘德学、苏桂富：《中国加工贸易升级状况分析：基于全球生产网络视角》，《国际商务（对外经济贸易大学学报）》2006年第4期。

刘德学等：《全球生产网络、知识扩散与加工贸易升级》，《经济问题探索》2005年第12期。

刘德学等：《中国加工贸易升级对策研究——基于全球生产网络视角》，《国际经贸探索》2006年第4期。

刘国亮、薛欣欣：《比较优势、竞争优势与区域产业竞争力评价——以山东省制造业为例》，《产业经济研究》2004年第3期。

刘明宇、芮明杰：《价值网络重构、分工演进与产业结构优化》，《中国工业经济》2012年第5期。

刘培林、刘孟德：《发展的机制：以比较优势战略释放后发优势——与樊纲教授商榷》，《管理世界》2020年第5期。

刘晓燕：《论我国制造业企业国际化经营的竞争优势》，《求索》2006年第5期。

刘岩、张秋生：《企业并购战略惯性形成机制及规律》，《中国国情国力》2009年第5期。

刘奕等：《生产性服务业集聚与制造业升级》，《中国工业经济》2017年第7期。

刘芸、朱瑞博：《架构创新与战略性新兴产业全球价值网络的自主建构及其治理挑战》，《中国地质大学学报》（社会科学版）2018年第4期。

刘中伟：《东亚生产网络：全球价值链整合与东亚区域合作的新走向》，《当代亚太》2014年第4期。

卢锋：《产品内分工》，《经济学（季刊）》2004年第4期。

卢福财、胡平波：《全球价值网络下中国企业低端锁定的博弈分析》，《中国工业经济》2008年第10期。

卢进勇等：《加快构建中国跨国公司主导的跨境产业链》，《国际贸易》2015年第4期。

鲁桐：《企业的国际化——兼评中国企业的海外经营》，《世界经济与政治》1998年第11期。

鲁桐：《中国企业如何向外发展？——兼评企业国际化阶段论》，《国际经济评论》1998年第Z2期。

吕越等：《金融发展与"一带一路"沿线国家绿地投资——基于母国和目标市场特征的异质性分析》，《世界经济文汇》2019年第2期。

马丽、刘卫东：《经济全球化下地方生产网络模式演变分析——以中国为例》，《地理研究》2004年第1期。

马述忠、刘梦恒：《全球价值链背景下中国OFDI的网络化趋势及其默会知识逆向溢出研究》，《国际商务（对外经济贸易大学学报）》2017年第3期。

马述忠、任婉婉：《一国农产品贸易网络特征及其对全球价值链分工的影响——基于社会网络分析视角》，《管理世界》2016年第3期。

毛其淋、许家云：《中国企业对外直接投资是否促进了企业创新》，《世界经济》2014年第8期。

毛蕴诗、刘富先：《双重网络嵌入、组织学习与企业升级》，《东南大学学报》（哲学社会科学版）2019年第1期。

蒙丹：《竞争优势、跨国并购与全球价值网络的关联度》，《改革》2013年第1期。

蒙丹：《能力二重性与全球价值链上的企业升级》，《中国经济问题》2011年第4期。

蒙丹：《全球价值网中的逆向并购》，《现代经济探讨》2013年第12期。

蒙丹、姚书杰：《全球生产网络下后发企业构建式成长机制研究》，《湖北社会科学》2016年第4期。

缪国书：《比较优势、竞争优势与中部崛起的路径依赖》，《中南财经政法大学学报》2006年第3期。

乔小勇等：《全球价值链嵌入的制造业生产分工、价值增值获取能力与空间分异》，《中国科技论坛》2018年第8期。

乔小勇等：《中国制造业、服务业及其细分行业在全球生产网络中的价值增值获取能力研究：基于"地位—参与度—显性比较优势"视角》，《国际贸易问题》2017年第3期。

邱斌、闫志俊：《异质性出口固定成本、生产率与企业出口决策》，《经济研究》2015年第9期。

邱斌、叶龙凤：《参与全球生产网络对我国制造业价值链提升影响的实证研究——基于出口复杂度的分析》《中国工业经济》2012年第

1期。

邱斌等：《参与全球生产网络对我国制造业价值链提升影响的实证研究——基于出口复杂度的分析》，《中国工业经济》2012年第1期。

阮福华：《我国企业国际化经营的战略、动因及竞争优势分析》，《对外经贸》2021年第4期。

邵云飞、庞博：《网络嵌入与突破性技术创新：结构洞与关系强度的协同影响机制研究》，《科技进步与对策》2017年第10期。

沈灏等：《关于企业国际化的国外理论研究综述》，《管理学报》2009年第12期。

沈能、周晶晶：《参与全球生产网络能提高中国企业价值链地位吗："网络馅饼"抑或"网络陷阱"》，《管理工程学报》2016年第4期。

盛斌、杨丽丽：《企业国际化动态能力的维度及绩效作用机理：一个概念模型》，《东南大学学报》（哲学社会科学版）2014年第6期。

石军伟：《比较优势陷阱、创新偏差与后发大国全球价值链突破——一个新的理论视角与经验证据》，《产业经济评论（山东大学）》2020年第1期。

孙少勤、邱斌：《全球生产网络条件下FDI的技术溢出渠道研究——基于中国制造业行业面板数据的经验分析》，《南开经济研究》2011年第4期。

邰鹿峰、闫林楠：《全球价值链分工网络下的企业国际化战略与绩效关系研究》，《国际经贸探索》2020年第8期。

谭伟强等：《规模竞争还是范围竞争？——来自中国企业国际化战略的证据》，《管理世界》2008年第2期。

谭云清、翟森竞：《关系嵌入、资源获取与中国OFDI企业国际化绩效》，《管理评论》2020年第2期。

唐春辉：《资源、网络与本土企业升级的协同演化机制——基于吉利集团的纵向案例研究》，《经济管理》2012年第10期。

陶锋等：《地方产业集群、全球生产网络与企业生产率——基于双重网络嵌入视角》，《国际经贸探索》2018年第5期。

陶然、周巨泰：《从比较优势到竞争优势——国际经济理论的新视角》,《国际贸易问题》1996 年第 3 期。

田海峰等:《CEO 国际化背景促进企业国际化了吗?——基于认知与动机视角的研究》,《财经问题研究》2021 年第 6 期。

汪行东、贾荣:《承接地比较优势、竞争优势与产业转移——基于上海企业对外投资数据的实证研究》,《投资研究》2020 年第 1 期。

王昌盛等:《本土企业在全球价值网络中的建构性升级——分工、技术与市场内生互动的"第三条路径"》,《世界经济与政治论坛》2014 年第 2 期。

王冬:《基于企业竞争优势的国际化方式选择》,《华东经济管理》2008 年第 8 期。

王海兵等:《价值链断裂、新产业生态系统形成与我国企业全球研发》,《经济管理》2014 年第 6 期。

王珏、黄光灿:《全球价值链下制造业嵌入式升级研究》,《区域经济评论》2017 年第 5 期。

王世军:《比较优势理论的学术渊源和评述》,《杭州电子科技大学学报》(社会科学版)2006 年第 3 期。

王树祥等:《价值网络演变与企业网络结构升级》,《中国工业经济》2014 年第 3 期。

王伟、丁焕强:《中国企业国际化战略路径选择——中国企业应如何走出国门?》,《价值工程》2007 年第 4 期。

王亚星、张磊:《国际市场分工定位下的企业国际化经营模式选择》,《经济管理》2009 年第 7 期。

王益民、宋琰纹:《全球生产网络效应,集群封闭性及其"升级悖论"——基于大陆台商笔记本电脑产业集群的分析》,《中国工业经济》2007 年第 4 期。

王增涛:《企业国际化:一个理论与概念框架的文献综述》,《经济学家》2011 年第 4 期。

王智新、黄瑞玲:《国家间政治关系、制度差异与企业国际化模式》,《世界经济与政治论坛》2020 年第 6 期。

魏敏:《论我国高星级饭店业提升竞争优势的战略路径》,《财贸经济》2007 年第 12 期。

魏明亮、冯涛：《从全球价值链到全球价值网络——谈产业经济的全球化发展趋势》，《华南理工大学学报》（社会科学版）2010 年第 5 期。

魏萍：《浅谈中小企业内部控制的建立和完善》，《湖北经济学院学报》（人文社会科学版）2008 年第 11 期。

魏旭光等：《全球价值链中的网络权力及其对企业竞争优势影响路径——基于扎根理论的探索性研究》，《软科学》2016 年第 4 期。

温忠麟等：《有中介的调节变量和有调节的中介变量》，《心理学报》2006 年第 3 期。

温忠麟等：《中介效应检验程序及其应用》，《心理学报》2006 年第 3 期。

邬爱其等：《跨境数字平台参与、国际化增值行为与企业国际竞争优势》，《管理世界》2021 年第 9 期。

吴崇、胡汉辉：《不确定性和动态能力互动下企业投资竞争决策》，《管理科学学报》2013 年第 5 期。

吴群刚、冯其器：《从比较优势到竞争优势：建构西部地区可持续的产业发展能力》，《管理世界》2001 年第 4 期。

吴先明、苏志文：《将跨国并购作为技术追赶的杠杆：动态能力视角》，《管理世界》2014 年第 4 期。

夏辉、薛求知：《论服务型跨国公司全球价值网络模块化——以跨国银行为例的实证检验》，《复旦学报》（社会科学版）2012 年第 6 期。

肖鹏等：《企业国际化与竞争优势：动态能力的中介效应》，《科技进步与对策》2019 年第 11 期。

肖远飞等：《全球生产网络嵌入对我国西部制造业创新能力的影响》，《科技进步与对策》2017 年第 22 期。

谢晓晖等：《中小企业国际化成长的竞争优势构建》，《工业技术经济》2008 年第 6 期。

辛娜、袁红林：《全球价值链嵌入与全球高端制造业网络地位：基于增加值贸易视角》，《改革》2019 年第 3 期。

熊贤良：《比较优势与竞争优势的分离和结合》，《国际贸易问题》1991年第6期。

徐康宁、陈健：《跨国公司价值链的区位选择及其决定因素》，《经济研究》2008年第3期。

徐炜等：《家族涉入、国有股权与中国家族企业国际化》，《经济管理》2020年第10期。

许和连等：《离岸服务外包网络与服务业全球价值链提升》，《世界经济》2018年第4期。

许晖、单宇：《打破资源束缚的魔咒：新兴市场跨国企业机会识别与资源"巧"配策略选择》，《管理世界》2019年第3期。

薛求知、周俊：《国际新创企业竞争优势形成机理研究》，《外国经济与管理》2007年第5期。

闫立罡、吴贵生：《中国企业国际化模式研究》，《科学学与科学技术管理》2006年第8期。

杨勃等：《新兴市场跨国企业国际化的来源国劣势研究——基于组织身份视角》，《经济与管理研究》2020年第4期。

杨杰、胡飞：《多维距离对我国企业国际化经营模式的影响——基于"一带一路"沿线国家面板数据的PPML回归分析》，《西南石油大学学报》（社会科学版）2022年第1期。

杨丽丽等：《国际化动态能力、国际扩张战略与企业绩效：基于江苏制造业企业的经验研究》，《国际商务（对外经济贸易大学学报）》2015年第3期。

杨荣：《网络能力的竞争优势——基于经济租金的视角》，《商业经济研究》2017年第8期。

杨小凯、张永生：《新贸易理论及内生与外生比较利益理论的新发展：回应》，《经济学（季刊）》2002年第4期。

杨小凯、张永生：《新兴古典发展经济学导论》，《经济研究》1999年第7期。

姚凯、王亚娟：《海归高管与企业国际化——基于我国高科技上市公司的实证研究》，《经济理论与经济管理》2020年第11期。

姚书杰、蒙丹：《后发企业自主构建全球生产网络的成长机制——基于专有能力和网络优势的互动研究》，《科技与经济》2018年第4期。

姚志毅、张亚斌：《全球生产网络下对产业结构升级的测度》，《南开经济研究》2011年第6期。

余东华、田双：《嵌入全球价值链对中国制造业转型升级的影响机理》，《改革》2019年第3期。

俞荣建、吕福新：《由GVC到GVG："浙商"企业全球价值体系的自主构建研究——价值权力争夺的视角》，《中国工业经济》2008年第4期。

喻登科、严红玲：《核心竞争力与竞争优势形成路径：知识资本与组织性格整合视角的解释》，《科技进步与对策》2019年第1期。

岳经纶、庄文嘉：《全球化时代下劳资关系网络化与中国劳工团结——来自中国沿海地区的个案研究》，《中山大学学报》（社会科学版）2010年第1期。

曾可昕等：《全球生产网络构建与浙江民营企业创新绩效——以企业家才能为视角》，《全国流通经济》2022年第12期。

曾铮、张路路：《全球生产网络体系下中美贸易利益分配的界定——基于中国制造业贸易附加值的研究》，《世界经济研究》2008年第1期。

詹湘东、谢富纪：《网络结构对企业技术能力的作用机制——外部知识管理的中介效应》，《软科学》2018年第12期。

张冲：《从比较优势到竞争优势——中国贸易模式的选择》，《中国证券期货》2013年第3期。

张红霞、赵丽娜：《国际贸易理论的演进与发展趋势研究》，《山东理工大学学报》（社会科学版）2008年第6期。

张继彤、宋超杰：《全球生产网络的研究方法及影响因素：文献综述与展望》，《商业经济研究》2022年第11期。

张洁：《试析传统国际贸易理论的研究路径——基于方法论的探讨》，《商场现代化》2012年第34期。

张清正：《基于比较和竞争优势的中国农产品竞争力路径选择》，

《经济问题探索》2014年第5期。

张少兵：《长三角纺织服装业发展透视：从比较优势到竞争优势》，《华东经济管理》2008年第3期。

张少军、刘志彪：《全球价值链与全球城市网络的交融——发展中国家的视角》，《经济学家》2017年第6期。

张醒洲、唐莹莹：《合作企业间交易信任理论综述》，《现代管理科学》2005年第5期。

张燕林、郑礼明：《从比较优势到知识产权优势为主导的竞争优势——论我国外贸发展的战略转变》，《现代经济探讨》2005年第11期。

张英、张倩肖：《开放型技术双元、交互吸收能力与企业国际化进入模式选择》，《科技进步与对策》2021年第18期。

张增臣：《现代企业的网络型组织模式》，《经济论坛》2003年第4期。

张战仁、占正云：《全球研发网络等级分工的形成——基于发达国家对全球生产的控制转移视角》，《科学学研究》2016年第3期。

张志明、代鹏：《中国分行业总出口的分解——兼论中国在全球价值链与全球生产网络中的地位》，《国际经贸探索》2016年第8期。

张志元：《企业跨国并购的原则、方法及程序》，《经济工作导刊》1998年第4期。

赵兰洋、段志蓉：《内向与外向国际化的联系机理及其对中国企业的启示》，《特区经济》2006年第4期。

赵立斌：《从全球生产网络的视角看中国与东盟，美国的不平衡贸易》，《首都经济贸易大学学报》2013年第2期。

赵立斌：《东盟区域一体化与参与全球生产网络——基于GTAP-Dyn模型的研究》，《国际贸易问题》2013年第9期。

赵丽红：《比较利益原则与拉美国家的发展悖论》，《拉丁美洲研究》2011年第1期。

赵卫军、朱玉胜：《基于价值网络的装备制造企业竞争优势构建研究——以太重集团为例》，《科技与经济》2019年第4期。

郑淑芳等：《经济政策不确定性与中国 OFDI 企业国际化模式——来自微观企业的证据》，《大连理工大学学报》（社会科学版）2022 年第 4 期。

郑准、王国顺：《关系网络多维性及其对企业国际化影响的实证研究》，《软科学》2009 年第 6 期。

郑准、王国顺：《全球生产网络、俘获效应与集群企业转型升级——整合性分析框架与政策建议》，《国际经贸探索》2012 年第 2 期。

钟惠芸、黄建忠：《中国在全球生产网络中的角色演进：基于解耦争论的研究》，《亚太经济》2018 年第 3 期。

周建：《企业战略联盟的竞争力研究：核心竞争能力的观点》，《南开管理评论》2000 年第 1 期。

周茂等：《企业生产率与企业对外直接投资进入模式选择——来自中国企业的证据》，《管理世界》2015 年第 11 期。

朱春兰：《浙江民营科技企业国际化影响因素分析——基于 200 家浙江民营科技企业的实证调查》，《改革与战略》2014 年第 11 期。

庄丽娟：《比较优势、竞争优势与农业国际竞争力分析框架》，《农业经济问题》2004 年第 3 期。

宗文：《全球价值网络与中国企业成长》，《中国工业经济》2011 年第 12 期。

邹国伟等：《中国制造业的产业链竞争力研究——基于全球生产网络背景》，《东岳论丛》2021 年第 7 期。

（三）学位论文

曹晓超：《中澳农产品贸易发展策略研究》，硕士学位论文，湖南科技大学，2013 年。

曹亚娟：《发展中国家跨国公司阶跃式演进分析》，硕士学位论文，复旦大学，2004 年。

邓勇兵：《中国企业国际化进程中的网络演进与构建机制研究》，博士学位论文，南开大学，2014 年。

龚秀东：《CA 汽车价值链成本管理研究》，硕士学位论文，中国财政科学研究，2021 年。

海本禄：《国际化背景下的企业动态能力绩效机制研究》，博士学位论文，华中科技大学，2012年。

郝璐：《中国对外贸易制度研究》，博士学位论文，吉林大学，2017年。

何文靓：《集群企业国际化成长进程中知识租金获取机制研究》，博士学位论文，南昌大学，2014年。

何勇：《我国中小企业国际化经营与竞争力问题研究》，硕士学位论文，安徽大学，2005年。

黄睿：《K手机公司越南市场进入模式研究》，硕士学位论文，华南理工大学，2018年。

姜延书：《寡头垄断条件下的中国大宗商品进口可持续发展问题研究——基于大豆和铁矿石进口实证分析》，博士学位论文，对外经济贸易大学，2010年。

赖雨盟：《全球价值链嵌入对中国企业国际化影响研究》，硕士学位论文，华东政法大学，2020年。

梁嘉庆：《奥迪品牌汽车的进口策略研究》，硕士学位论文，吉林大学，2011年。

刘英：《中国企业对外直接投资和技术能力提升研究》，硕士学位论文，武汉大学，2005年。

马腾：《从资本主义基本矛盾看经济全球化》，博士学位论文，中国社会科学院大学，2003年。

马添翼：《服务外包对制造业发展的影响研究》，硕士学位论文，湖南大学，2010年。

庞娟：《跨国公司在华R&D投资区位布局研究》，博士学位论文，兰州理工大学，2018年。

沈佳楠：《亚太区域生产网络背景下的中国制造业——从国际分工角度出发》，硕士学位论文，外交学院，2018年。

孙启俊：《跨国公司全球生产网络的形态研究——基于产业层面的分析》，博士学位论文，南开大学，2009年。

吴航：《企业国际化，动态能力与创新绩效关系研究》，博士学位论文，浙江大学，2013年。

谢高峰：《基于关系网络的企业国际化知识获取研究——以我国制造业为例》，硕士学位论文，中南大学，2007年。

徐元康：《从比较优势到竞争优势：论我国外贸发展的战略转变》，硕士学士论文，华南师范大学，2003年。

杨东辉：《我国对外贸易贫困化增长问题及政府战略对策研究》，硕士学位论文，重庆大学，2007年。

姚璐：《全球化背景下的跨国公司与全球秩序——基于三维的分析框架》，博士学位论文，吉林大学，2012年。

赵春艳：《比较优势与竞争优势的关联机理及转化机制研究》，博士学位论文，武汉理工大学，2010年。

(四) 其他

朱帅：《中国科技与国际共生而非"脱钩"》，环球网 https://www.huanqiu.com/a/de583b/48Ph21hvGNt。

二　外文文献

Adrian Smith, "The State, Institutional Frameworks and the Dynamics of Capital in Global Production Networks", *Progress in Human Geography*, Vol. 39, No. 3, 2015.

Afuah A., "Are Network Effects Really All About Size? The Role of Structure and Conduct", *Strategic Management Journal*, Vol. 34, No. 3, 2013.

Ahuja, G., et al., "The Genesis and Dynamics of Organizational Networks", *Organization Science*, Vol. 23, No. 2.

Altinay L., Roper A., "The Entrepreneurial Role of Organisational Members in the Internationalisation of a Franchise System", *International Journal of Entrepreneurial Behavior & Research*, Vol. 11, No. 3, 2005.

Anderson E., Gatignon H., "Modes of foreign entry: A transaction cost analysis and propositions", *Journal of International Business Studies*, Vol. 17, No. 3, 1986.

Anderson S., "The Internationalization of the Firm From an Entrepreneurial Perspective", *International Studies of Management and Organization*, Vol. 30, No. 1, 2000.

Anderson S., "The Internationalization of the Firm from an Entrepreneurial Perspective", *International Studies of Management and Organization*, Vol. 30, No. 1, 2000.

Athukorala P. C., "Joining Global Production Networks: Experience and Prospects of India", *Asian Economic Policy Review*, Vol. 14, 2018.

Avinavazquez C. R., "Social Capital, Networks and Interlocked Independent Directors: A Mexican Case", *Journal of Accounting in Emerging Economies*, Vol. 6, No. 3, 2016.

Barney J. B., "Firm Resources and Sustained Competitive Advantage", *Journal of Management*, No. 17, 1991.

Barney, J. B., "Resource-Based Theories of Competitive Advantage: A Ten-Year Retrospective on the Resource-Based View", *Journal of Management*, No. 27, 2001.

Bartlett G., "The Multinational Corporation as an Interorganizational Network", *Academy of Management Review*, Vol. 15, No. 4, 1990.

Bell G. G., Clusters, "Networks, and Firm Innovativeness", *Strategic Management Journal*, Vol. 26, No. 3, 2005.

Bernard A. B., et al., "Plants and Productivity in International Trade", *American Economic Review*, Vol. 93, 2003.

Bernard A. B., et al., "Production Networks, Geography and Firm Performance", CEP Discussion Papers, 2016.

Bilkey W. J., Tesar G., "The Export Behavior of Smaller-Sized Wisconsin Manufacturing Firms", *Journal of International Business Studies*, Vol. 8, No. 1, 1977.

Borgatti S. P., Halgin D. S., "On Network Theory", *Organization Science*, Vol. 22, No. 5, 2011.

Borrus B. M., Al D., "International Production Networks in Asia: Rivalry or Riches?", *Journal of Southeast Asian Economies*, Vol. 19, August 2000.

Brander J., Krugman P., "A 'Reciprocal Dumping' Model of International Trade", Working Paper, Vol. 65, No. 3, 1982.

Buckley P. J., Casson M. C., *The Future of the Multinational Enterprises*, London: The Macmillan Press, 1976.

Burt R., *Structural Holes: The Social Structure of Competition*, Cambridge: Harvard University Press, 1992.

Caner T., "Geographical Clusters, Alliance Network Structure and Innovation in the US Biopharmaceutical Industry", Unpublished Doctoral Dissertation Paper of University of Pittsburgh, 2007.

Chandler, A. D., Cortada, J. W., "The Information Age: Continuities and Differences", In: Chandler, A. D., Cortada, J. W. (Eds.), *A Nation Transformed by Information*, Oxford University Press, New York. 2000.

Chen Shin-Horng, "Global Production Networks and Information Technology: The Case of Taiwan", *Industry and Innovation*, Vol. 9, No. 3, 2002.

Chung, S. A., et al., "Complementarity, Status Similarity and Social Capital as Drivers of Alliance Formation", *Strategic Management Journal*, No. 21, 2000.

Coe N. M., Yeung H. W., *Global Production Networks: Theorizing Economic Development in an Interconnected World*, Oxford: Oxford University Press, 2015.

Coe N. M., Yeung H. W., "Global Production Networks: Mapping Recent Conceptual Developments", *Journal of Economic Geography*, Vol. 19, No. 4, 2019.

Contractor F. J., et al., "A Three-Stage Theory of International Expansion: The Link Between Multi-Nationality and Performance in the Service Sector", *Journal of International Business Studies*, No. 34, 2003.

Dass P., "Relationship of Firm Size, Initial Diversification and Internationalization with Strategic Change", *Journal of Business Research*,

Vol. 48, No. 2, 2000.

Dhanasai C., Parkhe A., "Orchestrating Innovation Networks", *Academy of Management Review*, Vol. 31, No. 3, 2006.

Dicken P. & J. Henderson, "Making the Connections: Global Production Networks in Britain, East Asia and Eastern Europe", A Research Proposal to the Economic and Social Research Council (July), 1999.

Dicken P., *Global Shift, Reshaping the Global Economic Map in the 21 Century*, London: SAGE Publications Ltd., 2003.

Dicken P., *Global Shift: Transformation the World Economy*, London: Paul Chapman, 1998.

Dicken P., Henderson J., "Making the Connections: Global Production Networks in Britain, East Asia and Eastern Europe", https://www.researchgate.net/publication/24287097.

Dicken P., "Global-local Tensions: Firms and States in the Global Space-economy", *Economic Geography*, Vol. 70, No. 2, 1994.

Dunning J. H., *International Production and the Multinational Enterprises*, London: Allen and Unwin, 1981.

Dunning J. H., "Some Antecedents of International Theory", *Journal of International Business Studies*, Vol. 34, No. 2, 2003.

Dunning J. H., "The Eclectic Paradigm of International Production: An Update and Some Possible Extensions", *Journal of International Business Studies*, Vol. 19, No. 1, 1988.

Dunning J. H., "Trade Location of Economic Activity and the Multinational Enterprise: A Search for An Eclectic Approach", In B., Ohlin Per Ove Hessel-born and Per Magnus Wijkman (Ed.), *International Allocation of Economic Activity*, London: Macmillan, 1977.

Dunning J. H., "Trade Location of Economic Activity and the Multinational Enterprise: A Search for An Eclectic Approach", In B. Ohlin Per Ove Hessel-born and Per Magnus Wijkman (ed.), *International Allocation of Economic Activity*, London: Macmillan, 1977.

Díaz-Mora, et al., "Product Complexity in International Production Networks: Comparing EU Core and Old and New EU Periphery", *Emerging Markets Finance and Trade*, Vol. 55, No. 4, 2018.

Eisenhardt K., Martin J., "Dynamic Capacity: What are They?", *Strategic Management Journal*, No. 21, 2000.

Ernst D., Kim L., "Global Production Networks, Knowledge Diffusion, and Local Capability Formation", *Research Policy*, No. 31, 2002.

Ernst D., *Standards, Innovation, and Latecomer Economic Development: A Conceptual Framework*, Oxford: Pergamon Press, Inc, 2014.

Ernst D., "From Partial to Systemic Globalization: International Production Networks in the Electronics Industry", Ernst D., "Global Production Networks and the Changing Geography of Innovation Systems. Implications for Developing Countries", *Economics of Innovation and New Technology*, Vol. 11, No. 6, 2002.

Ernst D., "How Globalization Reshapes the Geography of Innovation Systems: Reflections on Global Production Networks in Information Industries", Unpublished paper (first draft), Copenhagen Business School, Denmark, 1999.

Foss N. J., "Networks, Capabilities, and Competitive Advantage", *Scandinavian Journal of Management*, No. 15, 1999.

Fujita M., et al., *The Spatial Economy: Cities, Regions, and International Trade*, Mit Press Books, Vol. 1, No. 1, 2001.

Gereffi G., et al., "The Governance of Global Value Chains", *Review of International Political Economy*, No. 12, 2005.

Gereffi G., Joonkoo Lee, "Economic and Social Upgrading in Global Value Chains and Industrial Clusters: Why Governance Matters", *Journal of Business Ethics*, No. 133, 2016.

Gereffi G., "A Commodity Chains Framework for Analyzing Global Industries", 1999, Http://Eco.Ieu.Edu.Tr/Wp-content/Gereffi_CommodityChains99.

Gereffi G., "Beyond the Producer-driven/buyer-driven Dichotomy-the Evolution of Global Value Chains in the Internet Era", *IDS Bulletin*, No. 3, 2001.

Gereffi G., "International Trade and Industrial Upgrading in the Apparel Commodity Chain", *Journal of International Economics*, Vol. 48, No. 1, 1999.

Gomes C., *The Alliance Revolution: The New Shape of Business Rivalry*, Harvard University Press Cambridge, 1996.

Grhovac J., Miller D. J., "Competitive Advantage and Performance: The Impact of Value Creation and Costliness of Imitation", *Strategic Management Journal*, Vol. 30, No. 11.

Gulati R., "Network Location and Learning: The Influences of Network Resources and Firm Capabilities On Alliance Formation", *Strategic Management Journal*, Vol. 20, 1999.

Hagedoorn J., Schakenraad J., "The Effect of Strategic Technology Alliances on Company Performance", *Strategic Management Journal*, No. 5, 1994.

Hall S. G., Petroulas P., "Spatial Inter-dependencies of FDI Locations: A Lessening of the Tyranny of Distance?", Discussion Papers in Economics, 2008.

Hannan M. T., Freeman J., "Structural Inertia and Organizational Change", *American Sociological Review*, Vol. 49, No. 2.

Hear, G., Pace, C., "Value - Creating Ecologies: Understanding Next Generation Business Systems", *Foresight: The Journal of Future Studies, Strategic Thinking and Policy*, Vol. 8, No. 1, 2006.

Henderson J., et al., "Global Production Networks and the Analysis of Economic Development", *Review of International Political Economy*, No. 9, 2002.

Henderson J., Nadvi K., "Greater China, the Challenges of Global Production Networks and the Dynamics of Transformation", *Global Networks*, Vol. 11, No. 3, 2011.

主要参考文献

Horner R., "Beyond Facilitator? State Roles in Global Value Chains and Global Production Networks", *Geography Compass*, Vol. 11, No. 2, 2017.

Hymer S., *The International Operations of National Firms: A Study of Direct Foreign Investment*, MIT Press, 1976.

Hymer S. H., The International Operations of National Firms: A Study of Direct Foreign Investment, *Doctoral Dissertation*, MIT, 1960.

Jan Johanson, Finn Wiedersheim-Paul, "The Internationalizaton of the Tirm - Four Swedish Cases", *Journal of Management Studies*, Vol. 12, No. 3, 1975.

Jan Johanson, Jan-Eric Vahlne, "The Internationalization Progress of the Firm - A Model of Knowledge Development and Inceasif Foreign Market Commitments", *Journal of International Business Studies*, Vol. 8, No. 1, 1977.

Jason P., "Agency and Knowledge Problems in Network Dynamics: Brokers and Bridges in Innovative Interorganizational Relationships", http://faculty.Chicagobooth.edu/workshops/orgs - markets/archive/pdf/networkpruning.pdf. 2010 (working paper).

Jeffrey Henderson, et al., "Global Production Networks and the Analysis of Economic Development", *Review of International Political Economy*, Vol. 9, No. 4, 2002.

Jeffrey Henderson, Khalid Nadvi, "Greater China, the Challenges of Global Production Networks and the Dynamics of Transformation", *Global Networks*, Vol. 11, No. 3, 2011.

Johanson J., Vahlne J. E., "The Internationalization Process of the Firm—A Model of Knowledge Development and Increasing Foreign Market Commitments", *Journal of International Business Studies*, Vol. 8, No. 1, 1977.

Johanson J., Wiedersheim-Paul F., "The Internationalization of the Firm: Four Swedish Case Studies", *Journal of Management Studies*, No. 12, 1975.

Johanson J., Wiedersheim-Paul F., "The Internationalization of the

Firm: Four Swedish Case Studies", *Journal of Management Studies*, No. 12, 1975.

Johanson, J. and Vahlne, "The Mechanism of Internationalization", *International Marketing Review*, Vol. 7, No. 4, 1990.

John Humphrey, Hubert Schmitz, "How does Insertion in Global Value Chains Affect Upgrading in Industrial clusters?", *Regional Studies*, Vol. 36, No. 9, 2002.

Kahkonen A., "The Influence of Power Position on the Depth of Collaboration", *Supply Chain Management: An International Journal*, Vol. 19, No. 1, 2014.

Kano L., et al., "Global Value Chains: A Review of a Multidisciplinary Literature", *Journal of International Business Studies*, Vol. 51, No. 4, 2020.

Kaplinsky R., Morris M., *Governance Matters in Value Chain's*, Developing Alternatives, Vol. 9, No. 1, 2003.

Knickerbocker F. T., *Oligopolistic Research and the Multinational Enterprise*, Boston: Harvard University Press, 1973.

Koh S., et al., "Could Enterprise Resource Planning Create a Competitive Advantage for Small Businesses?", *Benchmarking An International Journal*, Vol. 14, No. 1, 2007.

Krugman P. R., "Increasing Returns, Monopolistic Competition, and International Trade", *Journal of International Economics*, Vol. 9, No. 4, 1979.

Kyläheiko K., et al., "Innovation and Internationalization as Growth Strategies: The Role of Technological Capabilities and Appropriability", *International Business Review*, Vol. 20, No. 5, 2011.

Lall S., *The New Multinationals: The Spread of Third World Enterprises*, New York: John Wiley & Sons, 1983.

Lecraw, and J. Donald, "Performance of Transnational Comporations in Less Developed Countries", *Journal of International Business Studies*, No. 1,

1983.

Levine J. M. D., Antonio C. M., "Forecasting Biological Invasions with Increasing International Trade", *Conservation Biology*, Vol. 17, No. 1, 2010.

Luo Y. D., Tung R. L., International Expansion of Emerging Market Enterprises: A Springboard Perspective", *Journal of International Business Studies*, Vol. 38, No. 4, 2007.

Manolova T. S., et al., "In Good Company: The Role of Personal and Inter-Firm Networks for New-Venture Internationalization in a Transition Economy", *J WORLD BUS*, Vol. 45, No. 3, 2010.

Mathews J. A., "Dragon Multinationals: New Players in 21st Century Globalization", *Asia Pacific Journal of Management*, Vol. 31, No. 1, 2006.

Matthew Alford, et al., "Multi-scalar Labor Agency in Global Production Networks: Contestation and Crisis in the South African Fruit Sector", *Development and Change*, Vol. 48, No. 4, 2017.

McDougall P. P., Oviatt B. M., "International Entrepreneurship: The Intersection of Two Paths", *Academy of Management Journal*, Vol. 53, No. 5, 2000.

McDougall P. P., "International Versus Domestic Entrepreneurship: New Venture Strategic Behavior and Industry Structure", *Journal of Business Ven-turing*, Vol. 4, No. 6, 1989.

Melitz M. J., "The Impact of Trade on Intra-Industry Reallocations and Aggregate Industry Productivity", *Econometrica*, Vol. 71, No. 6, 2003.

Michael A., et al., "Structural Change, Trade and Global Production Networks: An 'Appropriate Industrial Policy' for Peripheral and Catching-Up Economies", *Structural Change and Economic Dynamics*, Vol. 48, 2019.

Michael E. Porter, *Competitive Advantage: Creating and Sustaining Superior Performance*, New York: Free Press, 1985.

Morrow J. F., "International Entrepreneurship: A New Growth Opportunity", *New Management*, Vol. 3, No. 1, 1988.

Mtigwe B. , "Theoretical Milestones in International Business: The Journey to International Entrepreneurship Theory", *Journal of International Entrepreneurship*, Vol. 4, No. 1, 2006.

Neil M. Coe, et al. , "Globalizing' Regional Development: A Global Production Networks Perspective", *Transactions of the Institute of British Geographers*, Vol. 29, No. 4, 2004.

Neil M. et al. , "Global Production Networks: Realizing the Potential", *Journal of Economic Geography*, Vol. 8, 2008.

Nolan P. , "China and the Global Business Revolution", *Cambridge Journal of Economics*, Vol. 26, No. 1, 2002.

O Donnell A. , et al. , "Competitive Advantage in Small to Medium-Sized Enterprises", *Journal of Strategic Marketing*, Vol. 10, No. 3, 2011.

Ohlin B. , "Interregional and International Trade", *Journal of Political Economy*, Vol. 6, No. 3, 1935.

Ozawa T. , "The New Economic Nationalism and the Japanese Disease: The Conudrurn of Managed Economic Growth", *Journal of Economic Issues*, No. 30, 1996.

Pangarkar N. , et al. , "Too Much of a Good Thing? Alliance Portfolio Size and Alliance Expansion", *European Management Journal*, Vol. 35, No. 4, 2017.

Paquin R. L. , Howard-Grenville J. , "Blind Dates and Arranged Marriages: Longitudinal Processes of Network Orchestration", *Organization Studies*, Vol. 17, No. 8, 2013.

Pederson T. , Petersen B. , "Explaining Gradually Increasing Resource Commitment to a Foreign Market", *International Business Review*, No. 7, 1988.

Penrose E. , *The Theory of the Growth of the Firm*, Oxford: Basil Blackwell, 1959.

Pittz T. G. , Adler T. , "An Exemplar of Open Strategy: Decision-Making Within Multi-Sector collaborations", *Management Decision*, Vol. 54, No. 7, 2016.

Poon T. S‐C, "Beyond the Global Production Networks: A Case of Further Upgrading of Taiwan's Information Technology Industry", *Technology and Globalization*, Vol. 1, 2004.

Porter M. E., *Competitive Advantage: Creating and Sustaining Superior Performance*, New York: Free Press, 1985.

Posner M. A., *International Trade and Technical Change*, Oxford Economic Papers, Oxford University Press, 1961.

Powell W. W., et al., "Interorganizational Collaboration and the Locus of Innovation: Networks of Learning in Biotechnology", *Administrative Science Quarterly*, Vol. 41, 1996.

Pérez‐Nordtvedt L., et al., "Effectiveness and Efficiency of Cross Border Knowledge Transfer: An Empirical Examination", *Journal of Management Studies*, Vol. 45, No. 4, 2008.

Rainnie, et al., "Review and Positions: Global Production Networks and Labor", *Competition and Change*, Vol. 15, No. 2, 2011.

Rauch J. E. Trindade V., "Ethnic Chinese Networks in International Trade", Nber Working Papers, Vol. 84, No. 1, 1999.

Reid, Stan, "Firm Internationalization, Transaction Cost and Strategic Choice", *International Marketing Review*, Vol. 1, No. 2, 1983.

Robinson R. D., *Internationalization of Business: An Introduction*, Dryden Press, 1984.

Rugman A. M., D'Cruz J. R., *Multinationals as Flagship Firms: Regional Business Networks*, Oxford: Oxford University Press, 2011.

R. Luostarinen, "Internationalization of the Firm", Ph. D. dissertation, Hdsinki School of Economics, 1979.

Salavisa I., et al., "Topologies of Innovation Networks in Knowledge-intensive Sectors: Sectoral Differences in the Access to Knowledge and Complementary Assets through Formal and Informal Ties", *Technovation*, Vol. 32, No. 6, 2012.

Shiri G., et al., "Bridge and Redundant Ties in Networks: The Impact on Innovation in Food Smes", *European Journal of Innovation Management*, Vol. 18, No. 3, 2015.

Smith A., et al., "Labor Regimes, Global Production Networks, and European Union Trade Policy: Labor Standards and Export Production in the Moldovan Clothing Industry", *Economic Geography*, Vol. 94, No. 5, 2018.

Sturgeon T. J., Lee J. R., *Industry Co-Evolution and the Rise of a Shared Supply-base for Electronics Manufacturing Manufacturing*, Paper Presented at Nelson and Winter Conference, Aalgborg, 2001.

Tamir Agmon and Charles P. Kindleberger (ed.), In Multinationals from Small Countries, Cambridge, MA: MIT Press, 1977.

Teece D. J., "Explicating Dynamic Capabilities: The Nature and Micro-Foundations of (Sustainable) Enterprise Performance", *Strategic Management*, Vol. 28, No. 13, 2007.

Thomas R., et al., "Managing Organizational Change: Negotiating Meaning and Power-Resistance Relations", *Organization Science*, Vol. 22, No. 1, 2011.

Tripsas M., "Technology, Identity, and Inertia through the Lens of 'The Digital Photography Company'", *Organization Science*, Vol. 57, No. 2, 2009.

Ucais Berkeley Roundtable on the International Economy Working Paper, Vol. 30, No. 1, 1997.

Vanninen H., et al., "Rapid Multi-nationalization: Propositions for Studying Born Micro Multinationals", *International Business Review*, Vol. 26, No. 2.

Vernon R., *The Location of Economic Activity*, in john H. Dunning (Ed.), *Economic Analysis and the Multinational Enterprise*, London: Allen and Unwin, 1974.

Vernon R., "International Investment and International Trade in the Product Cycle", *Quarterly Journal of Economics*, Vol. 80, No. 2, 1966.

Vernon R., "International Investment and International Trade in the

Product Cycle", *Quarterly Journal of Economics*, Vol. 80, No. 2, 1966.

Walter A., et al., "The Impact of Network Capabilities and Entrepreneurial Orientation on University Spin-off Performance", *Journal of Business Venturing*, Vol. 21, No. 4, 2006.

Welch L. S., Luostatinen R. K., "Inward-outward Connection in Internationalization", *Journal of International Marketing*, Vol. 1, No. 1, 1993.

Welch L. S., Luostatinen R. K., "Inward-outword Connection in Internationalization", *Journal of International Marketing*, No. 4, 1993.

Welch S., R. Luostatinen, "Inward-outward Connection in Internationalization", *Journal of International Marketing*, No. 4.

Wells L. T., *Third World Multinationals: The Rise of Foreign Investment from Developing Countries*, Mass: MIT Press, 1983.

Wells L. T., "The Internationalization of Firms from Developing Countries", Wright R. W., Riks D. A., "Trends in International Business Research: Twenty-Five Years Later", *Journal of International Business Studies*, Vol. 25, No. 4, 1994.

Wu L., "Applicability of the Resource-based and Dynamic-capability Views Under Environmental Volatility", *Journal of Business Research*, No. 63, 2010.

Yeung H. W., Coe N. M., "Toward a Dynamic Theory of Global Production Networks", *Economic Geography*, Vol. 91, No. 1, 2015.

Yeung H. W., "Governing the Market in a Globalizing Era: Developmental States, Global Production Networks and Inter-Firm Dynamics in East Asia", *Review of International Political Economy*, Vol. 1, 2014.

Yeung H. W., "Regional Worlds: From Related Variety in Regional Diversification to Strategic Coupling in Global Production Networks", *Regional Studies*, Vol. 55, No. 6, 2021.

Yip G S., et al., "The Role of the Internationalization Process in the Performance of Newly Internationalizing Firms", *Journal of International Marketing*, Vol. 8, No. 3, 2000.

Young S., et al., "International Market Entry and Development Strategies and Management", *Joural of Wilollife Diseases*, Vol. 31, No. 2, 1989.

Zahra S. A., "Entrepreneurship and Financial Performance: A Taxonomic Approach", *Journal of Business Venturing*, Vol. 8, No. 4, 1993.

Zhang J., "International Production Fragmentation, Trade in Intermediate Goods and Environment", *Economic Modelling*, Vol. 87, 2020.